売場の科学

セルフサービスでの買い方と売り方

渡辺隆之 著

沖縄大学地域研究所叢書

芙蓉書房出版

はじめに

　本書は、沖縄大学において2012年4月から翌年2月まで計10回開催された公開講座「購買の科学」での私の講演内容を中心に書き起こしたものです。この講座は沖縄大学が主催し、株式会社アイディーズ、ならびに株式会社リウボウストアの後援により、40社に及ぶ消費財メーカー、卸売業の方々の協力を得て実現した講座でした。一般市民の皆さまにも多数受講いただき、延べ700名を超えることが出来ました。2013年度は、株式会社アイディーズの後援、ならびに、株式会社りゅうぎん総合研究所、那覇商工会議所の協力によって継続され、6回開催されました。さらに、2014年度は、株式会社沖縄ファミリーマートと沖縄大学の共同主催という形を取り、株式会社りゅうぎん総合研究所、那覇商工会議所に加え、那覇市、沖縄県中小企業家同友会、沖縄県中小企業団体中央会の方々の後援をいただき、継続して開催されています。今後も公開講座「購買の科学」は継続して開催していくつもりです。

　「沖縄をマーケティングする！」と意気込んで、私が沖縄大学に赴任したのは2011年4月でした。じっくりと自分自身の目と足で沖縄の可能性を発掘し、全国に、全世界に発信して行こうと目論んでいました。しかしながら、諸般の事情により東京に戻らざるを得なくなってしまいました。そもそも、この講座を開催しようとした意図は、このままでは私の気持ちが収まらない、私の大好きな沖縄に何か貢献したい、自分が出来ることは何かないだろうかという素朴な意欲でした。と同時に、沖縄の皆さん自身が「もっと売る気を出したなら、きっともっと売れるはず！」という確信もありました。であるなら、私が知りうる、消費者が「どのように買っているのか」に関する知見、そこから導き出される「売れるための工夫」を惜しみなく沖縄の皆さんにお伝えしよう、という意図でこの公開講座を企画したのです。

　沖縄を活性化させることは、日本を活性化させる第一歩だと信じています。沖縄を活性化させるために、観光業に依存した経済から脱却し、様々

な産業の可能性を追求しつつ、沖縄の内需そのものを拡大し沖縄の消費購買力を高める必要があります。そのためには、人々の日々の生活を支える流通業の役割は重要であり、その機能の向上が求められていると考えます。

こうした意図・企画に、株式会社リウボウストアの茂木正徳社長（当時）、ならびに、株式会社アイディーズの山川朝賢社長のご賛同をいただき、お二人から沖縄の企業に呼びかけをしていただきました。その結果、企画を立ててから準備期間はわずか2か月間で多くの皆さまのご賛同を得て開講することが出来たのです。

改めて、購買とは買物のことです。モノを買うことの実際を直視して、具体的にどう買っているのか、買わないのか、ということを解説してきました。『販売の科学』（唐津一著）という名著があります。モノが売れる売れないを決定する要素には、モノ以外の理由が多々あることを示唆してくれました。販売の前提として購買があり、購買をつぶさに観察することの意義を教えてくれました。効果的な販売を志向すればするほど、購買について深く知ることが必須になり、購買のメカニズムにより焦点を当てて追究しなければならない、という意味を込めて、講座のタイトルを「購買の科学」と名付けました。

モノの買物では、インターネットでの購買が目覚ましく伸びてきているのが現状ですが、まず実店舗での購買を観察することから注目する必要があると思っています。ネットでの購買を無視するのではなく、ネットでの購買が伸長してきている理由も実店舗での購買と比較することによってより明快に説明できるようになるからです。

特に、スーパーマーケット、コンビニエンスストア、ドラッグストアなど、セルフサービスのお店での購買がすでに主流となっています。まず、こうしたセルフサービス売場での購買に着目します。その理由は3つあります。まず一つ目は、これらの店舗で販売されている商品は食品や日用品であり、決してファッション衣料ではないことが理由です。というのも、ファッション衣料の「購買」を観察し、分析し、一般化して行くことは実はそう簡単ではありません。何故なら、商品そのものの要素が購買に大きな影響を与えるからです。二つ目に、一般化するには、数多くの購買の実際に触れる、あるいは、数多くの購買データを何らかの方法で収集しなければなりません。そうなると、購買頻度の高い商品のほうが効率的に一般

化しやすいと考えられます。最後の理由は、圧倒的にセルフサービスのお店が多いからに他なりません。偶然にセルフサービスのお店が増加したとは考えられず、セルフサービスが何らかの理由で、現代の消費者の購買方法にマッチしているからここまで成長した、と考えるほうが自然です。であれば、セルフサービス店舗あるいはセルフサービス売場に対応した購買を科学することに意味があり、実務的な要請にも適っているはずです。

　さて、以上のように購買に着目した講座なのですが、購買のすべてを解明できたわけでは毛頭ありません。セルフサービス売場に関わる購買が多少なりとも見えてきたかな、というレベルです。購買は、売場という場での行為であり意思決定ですから考えるまでもなく、売場という場の考察が不可欠となります。具体的な売場とのかかわりの中で購買の考察があるからこそ、小売業にとって解明せねばならない購買の側面が浮き彫りになると言えるでしょう。

　そうした意図から、本書では、この後も継続する「購買の科学」研究と講座の脈絡の中から、特に、セルフサービスを中心とした売場を視座に置いて記述することにいたしました。おそらく、売り手の方々にとっては、購買そのものを解説するよりは、「売り方の示唆を示しながら」記述したほうが興味が湧くに違いないからです。本書は決してアカデミックな成果を披露するつもりはなく、読者の皆さまの「売る気が高まる」ことを目的としているのですから。

　そこで本書は、『売場の科学——セルフサービスでの買い方と売り方———』と題することにいたしました。これは「購買の科学」第1弾のタイトルです。セルフサービスのお店でモノが売れる、売れないという基本の原理を確認しようと思います。改めて小売って何なのかということからスタートしましょう。もちろん、常に同時に購買者の行動や意識について整理をしていきたいと思っています。

　繰り返しになりますが、こうした研究成果を私はどうしても、沖縄という土地で発表したかったのです。沖縄で販売に関わる皆さまに、より効果的な販売方法を実践していただき、沖縄経済を活性化する原動力となっていただくことを願っています。個々の企業として儲からねばなりませんが、その結果として、沖縄に住む方々が豊かな生活をして、地域がどんどん発展していくことを願っております。

そもそも、沖縄大学の正規教員を離れたのちも、客員教授として在籍することを認めていただいた加藤彰彦前学長、仲地博学長にも感謝いたします。沖縄における自らの居場所が存在することに改めて感謝申し上げます。そして、本書のベースとなった10回分の講義録を丁寧に書き続けてくれた当時の学生の高倉美和さんに感謝します。几帳面に仕上げられた記録があったからこその本書に他なりません。さらに、最終稿が出来上がるまでたびたび叱咤激励いただき、様々な助言をいただいた沖縄大学地域研究所の名幸妙子さんには感謝に堪えません。

　そして、本書に記述されている様々な知見は、私が公益財団法人流通経済研究所に所属していたころに同所に同時期に在籍していた研究員諸氏とともに仮説を形成し実証してきた成果、あるいは、その後今日に至るまで、様々な企業の皆さんとともに研究してきた成果がベースになっています。こうした研究に携われたことを関係者の皆さんに深く感謝いたします。

　　2014年10月1日

渡辺　隆之

『売場の科学』発刊に寄せて

　渡辺先生との出会いは、2012年の2月でした。「沖縄で小売業やメーカー、卸売業も巻き込んで、消費者の購買行動に関する勉強会」を開催したい、という意向を伺いました。また、売り手を集めるだけでなく、買い手である消費者の皆さんにも参加してもらって、「売場で実際にどのように購買がなされているのか、売り手と買い手で一緒に解明していこう」という趣旨でした。

　すでに私は、アイディーズという会社を設立しており、まさに渡辺先生がおっしゃることを事業として推進しておりました。会社の本社がある沖縄で、そうした勉強会なり研究会が設立され、関係者が集い、小売店頭における購買の実態が解明され、沖縄発で新たな知見が発信されることに強い共感を覚えました。

　早速、組織化を図りました。株式会社リウボウストアの茂木正徳社長（当時）の協力を得て、同社とお取引先との勉強会をも立ち上げることが出来ました。この勉強会を広く一般の消費者の皆さんにも開放し、沖縄大学の公開講座「購買の科学」として開講するに至ったのです。

　沖縄大学は、その建学理念として「地域共創、未来共創」を掲げ、様々なテーマ・分野での講座を市民・県民の皆さまに提供なさっています。まさに地域密着の大学としてその地位を獲得していると伺っております。しかしながら、これまで、こうした本格的なビジネス講座を開講されるのは初めてのこと。であるからこそ、渡辺先生が講座の設立と開講を望んでいたのでしょう。2012年4月に開講した「購買の科学」は翌年2月まで10回に渡り継続され、延べ700名を超える受講者があったと聞いています。まさに「購買を科学する」ことへの沖縄のニーズは高かったといえるでしょう。同講座は2013年も継続され今日に至っています。

　さて、私共アイディーズについて少々、ご紹介致します。日本の流通業界初のロイヤルティ・プログラムを考案、開発し、1998年に設立いたしました。

ロイヤルティ・プログラムとは、飛行機に乗ればマイレージが貯まることは皆さんご存知だと思いますが、この仕組みを小売店舗で採用したものです。お客様が同一店舗（企業）での購入を継続すれば、ポイントが貯まる仕組みの運用を強力な販促手段として応用したものです。ただ単にポイントが貯まるだけでなく、顧客を特定し（IDを付与し）、購買内容もデータとして記録し、蓄積することによって、「誰がどのような買物をしているのか」がつぶさに把握できるような仕組みを開発しました。

　そもそも、なぜ、このような仕組みを開発したかと言えば、多くのスーパーマーケットでは、従来から大量の折込チラシを配布し、このポイントカードは更なる価格誘因を目的として販促を行ってきました。しかしながら、新聞購読世帯数は減少しつつあり、チラシの到達率（閲覧率）もそもそも高くないのですが、さらに低くなりつつあるのが現状なのです。こうした旧態依然たるやり方では効果は見込めないだけでなく、大きな社会的なロスといえるでしょう。そこで、単なるポイントカードを脱して、顧客毎の購買データに基づいて、情報発信する「one to one マーケティング」を実践できる仕組みを開発しました。

　マス・マーケティングではなく、顧客毎に販促情報を提供し、そして、よりロイヤルな顧客にターゲットを絞り、かつ、ロイヤルな顧客を育てる仕組みを完成させ今日に至っております。お陰様で現在、日本のスーパーマーケット45社、約2,700店舗にこの仕組みが導入されております。

　さて、この購買データベースを活用した新しいプロモーション手法の背景にあるのは、売り手が勝手に販促を考え、誰であろうが構わずに売り手の都合で売るという発想ではなく、買い手の買い方に沿って、買い手の立場から購買をサポートしてあげよう、という発想の転換です。渡辺先生がよく仰る「販売促進ではなく、購買促進を」なのです。より効果的な販売を目指すならば、より正確に購買の実態を捉え、そこから何かしらの知見や仮説を導き出すことでしょう。購買行動に関して私達は知っているようで、実はまだ何も知らないと考え、謙虚に地道に購買行動について考察していかねばなりません。

　また、私は沖縄で生まれ、沖縄で育ち、沖縄を愛しています。アイディーズも沖縄で生まれ育ってきました。沖縄から全国、否、全世界に向けてのビジネスが可能であると信じています。そのためには沖縄で知見を蓄え、

先験的なノウハウを蓄積していくことが不可欠です。その意味で、沖縄の地で継続的に「消費者とその購買」について、その基本的な知見を整理しつつ、売場・小売店舗における実際の販売への反応の中から、新たな仮説や知見を生み出していく仕組みが不可欠といえるでしょう。

　沖縄の小売店舗の現状にはまだまだ改善の余地があり、それだけに大きなチャンスが潜んでいると実感しています。沖縄の皆さんがより効果的な販売を実践し、全国からあるいは世界から沖縄の店舗を勉強しに視察に来る、それが実現するまでアイディーズも、そして、渡辺先生もまだまだやらねばならないことがたくさんありそうです。

　今回の『売場の科学』の刊行は、2012年度の公開講座「購買の科学」での講演内容を中心にまとめられたと聞き、嬉しい気持ちでいっぱいです。あの時に勉強会の発足に賛同してよかった、と思っています。読者の方が、この一冊によって新たな地平を見出せることを信じております。

　2014年10月　沖縄、本社豊崎にて
　　　　　　　　　株式会社アイディーズ　代表取締役社長
　　　　　　　　　　　　　　　　　山川　朝賢

売場の科学──セルフサービスでの買い方と売り方●目次

はじめに　1
『売場の科学』発刊に寄せて（山川朝賢）　5

第1章
小売店舗経営の根源的な課題の整理と店舗・売場マネジメントの基本の整理　11
　1．売場生産性の概念と効率と効果　11
　2．「売上構造」とマーチャンダイジング　19
　3．「売上構造」とプロモーション　23
　4．買上個数と利用客数　29

第2章
ISM（インストア・マーチャンダイジング）の視点　33
　1．セルフサービス売場の基本　33
　2．フロア・レイアウトと購買行動の理解　39
　3．買物目的と買物意欲　50
　4．店舗施策の見直しの必要性　54

第3章
売場づくりの基本と手順　59
　1．売場の優位置と劣位置　59
　2．劣位置改善の方法　68
　3．プラノグラムの策定方法　75
　4．POSデータの活用の原点　84

第4章
購買者視点からの小売経営課題の整理　91
　1．購買の実態と小売業の技術革新　91
　2．セルフサービスと売場の命題　99
　3．売れる売場と売れない売場の違い　104

第5章
「購買価値」の向上と価値判断の容易化 ……… *111*
 1．買っていただくことの意味　*111*
 2．価値向上の5つのパターン　*114*
 3．価値判断の容易化の方法　*116*
 4．広義の「購買価値」（消費者価値）　*121*

第6章
マンネリ化しないISP（インストア・プロモーション）……… *131*
 1．「異なる情報」を提供する　*131*
 2．購買の「きっかけ」と購買の「理由」を知る　*137*
 3．購買決定の「手順」を考慮する　*142*

第7章
ISP（インストア・プロモーション）の諸視点 ……… *149*
 1．店舗内外での情報提供を連動させる　*149*
 2．「消費の脈絡」を形成・想起する　*158*
 3．購買阻害要因を除去する　*163*

第8章
カテゴリー・マネジメントの諸視点 ……… *175*
 1．小売経営のパラダイムの転換　*175*
 2．カテゴリーの購買特性と売り方　*180*
 3．カテゴリー・マネジメントの背景　*187*
 4．カテゴリー・マネジメントの手順　*197*

終章
新しいマーケティングの発想と方法 ……… *207*
 1．そもそもマーケティングとは？　*208*
 2．満足を向上させることの意義　*216*
 3．期待を高めることの意義　*222*
 まとめに変えて：買い手と売り手の協働を　*226*

注釈　*229*
おわりに　*235*

第1章
小売店舗経営の根源的な課題の整理と店舗・売場マネジメントの基本の整理

　お店の課題をどのような視点で把握するのか、また、どのように診断するのか、について私たちの認識を共有したいと思います。まずは、日本の小売業の実態を把握し、今後の小売業の根源的な課題を整理しましょう。売上を増加しようとする発想だけでは限界があり、どのように発想しなければならないのかを考えてみましょう。また、物事は断片的に把握してはなりません。全体を「構造的」に理解することの重要性を理解し、「構造的」にお店を変えていくことの意義とその手順を確認してください。

1．売場生産性の概念と効率と効果
　図表1-1は、経済産業省が公表している平成6年（1994年）および平成19年（2007年）の商業統計と平成21年（2009年）に創設された経済センサスの一部です。商業統計とは昭和27年（1952年）から行われている調査で日本のすべての小売・卸売の事業所（メーカーの営業所も含む、すなわち生産をしていない拠点）を調査し、様々なデータを取集しています。商業をも含むすべての企業・事業所を対象とする「経済センサス」により、従来の単独の商業統計調査は中止となりました。商業統計調査（本調査）は「経済センサス - 活動調査」実施年の2年後に同センサスの一環として実施されています(注1)。

　これらの統計はネットでダイジェスト版を見ることができます。日本の小売・卸売の状況が分かりやすく書いてありますので、参考にされるとよいでしょう。

　平成6年度の商業統計ではショッキングな出来事がありました。日本の

図表1-1 その後の日本の小売業

商業統計から

	平成6年	平成19年	伸び率
小売店舗数(万)	150	114	▲ 24.0%
売場面積(万㎡)	12,000	15,000	25.0%
(1店舗当たり)(㎡)	90	133	47.8%
小売販売額(兆円)	143	134	▲ 6.3%

経済センサスによる比較(平成19年vs平成24年)

	平成19年	平成24年
小売業事業所数(万)	115 ＊	103
年間商品販売額(兆円)	134 ＊＊	110
1事業所当たり年間商品販売額(万円)	11,839	14,114
売場面積1㎡当たり年間商品販売額(万円)	66	60
就業者1人当たり年間商品販売額(万円)	2,022	2,187

＊=平成21年
＊＊=商業統計より

(出所)経済産業省　商業統計表および経済センサス

小売店舗数が1,499,948店と、きりの良い150万店を切ってしまったのです。1,605,583店だった平成3年(1991年)と比べてマイナス6.6%です。統計を取り始めて、こんなに減少したのは初めてのことです。店舗数は昭和57年(1982年)がピークで、172万店ありましたが、平成19年の商業統計で114万店となってしまいました。その後も減少が続き、今後さらに減り続けるといわれています。

反面、売場面積は飛躍的に高い伸び率で、平成6年は平成3年に比べ10.7%増え、1店舗あたりに換算すると約18.9%増となり、それ以降も年々伸びています。平成19年には平成6年対比で47.8%増と驚くほど増えています。店舗数は減るけれども、売場面積は確実に増えているという状況です。ところで、販売額もピークの平成9年(1997年)には147兆円となりますが、平成に入ってから大きな伸びはなく、平成6年から平成19年にかけて6.3%減少しています。この間、売場面積全体では25.0%も増加しているにも関わらず、売上は減少傾向が継続しているのです。

平成19年以降も、1事業所(店舗)当たりの販売額は増加したものの、

第1章　小売店舗経営の根源的な課題の整理と店舗・売場マネジメントの基本の整理

小売事業所（店舗）数は減少し、年間商品販売（小売売上）額が減少しつつ、かつ、1㎡当たりの販売額が減少している様子を伺うことができます。

店舗数が減った理由は3つ考えられます。

① そのお店が扱う商品の需要が減少してきている場合。例えば、フローリングの部屋が多くなると、畳の需要は減り、結果として畳屋さんは少なくなってしまいます。消費傾向が変化すれば、それに応じて減少する需要品目を扱っていたお店が少なくなるからです。

② 大型の「業態」店が増加し、個別の「業種」店が競争上、不利となって減少していること。商店街が不振な点も同様な問題としてとらえることが出来ます。「業態」とはスーパー、コンビニエンスストア、ドラッグストアなど「どのように売るか」によって分類されるお店のことで、「業種」とは「○○屋さん」と称されるお店、肉屋さん、魚屋さんをはじめ、乾物屋さん、下駄屋さんなど、「何を売るか」で分類されるお店のことです。

③ ネット販売などの無店舗販売の進展。店舗小売業をはるかにしのぐスピードで成長してきています。商業統計では捕捉できていない小売業で、ここでの買い物の増加は、店舗小売業に大きな影響を与えていることは明らかでしょう(注2)。

売場面積が大きくなっている理由は簡単です。これは単純な論理で、競争に勝つためにはどんどんお店を大きくしたほうが良かったからです。しかし、すでにこの論理は成り立たなくなっているということを、ここでは強調したいと思います。

「生産性」とは、例えば労働生産性、資本生産性などという言葉をご存じだと思いますが、使った金額に対して、どれだけのリターン（売上や利益などの見返り）があったかという指標です。使ったお金が人件費であれば労働生産性、資本であれば資本生産性といいます。売場に掛かったお金に対するリターンを「売場生産性」と呼ぶことが出来ます。日本の小売業はこの「売場生産性」が悪化しているのです。

すなわち、売場面積は広がっているのですが、小売店舗の販売額はどんどん落ち込んでいます。店舗小売業を取り巻く環境は大きな問題を抱えていて、お店を大きくしても、売れない、儲からない、という状況です。

そこで、改めて「生産性」という概念とその向上方法について考えてみましょう。図表1-2をご覧ください。

図表1-2 売場生産性とは

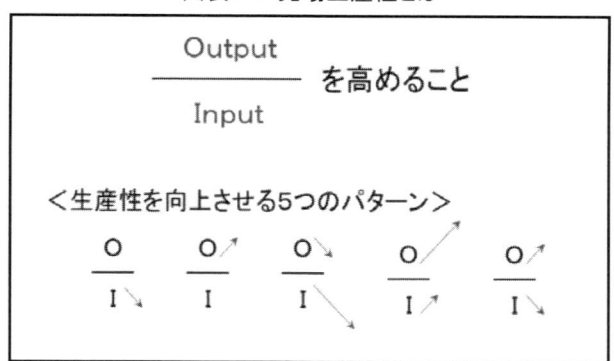

　どれだけのInput（お金、労力、時間などのコスト）を使って、どれだけのOutput（売上や利益などの成果）が上がるのか、この割り算の答えが高いほど、生産性が高いことを表します。よって、生産性を高めるには5パターンあることに気付きます（矢印の長さは、大きさの度合いを示しています。矢印が無いものは、変化がないことを意味します）。
　① 売上や利益（O）は変わらないけど、コスト（I）を少なくします。正規雇用ではなくパートを雇う、省エネ機器を導入するなど、経費を削減する様々な工夫が当てはまります。
　② コスト（I）はこのままにしておいて、より儲かる（O）方法を考えます。本書が提案する売り方の工夫はまさしくこれに該当します。
　③ 売上や利益（O）は若干下がっても、それよりコスト（I）が大きく下がれば生産性が高まります。コンビニエンスストアなど小さなお店、さらにはローコストなお店ならかかる費用は少なくて済みます。営業時間を短縮して売り上げが下がっても、それ以上にコストが下がるなら、ここに当てはまる工夫となります。
　④ コスト（I）をかけた以上に、売上や利益（O）が上がればよいのです。言うなれば高級スーパーの発想です。商品で例えるなら、「付加価値の高い」商品ということになります。
　⑤ コスト（I）が下がって、かつ、売上や利益（O）が増える方法を考えます。ネット販売がこれに該当する、と考えれば、その成長理由も頷けます。本書で取り上げるセルフサービスがまさにこれに当てはまるのです。

第1章　小売店舗経営の根源的な課題の整理と店舗・売場マネジメントの基本の整理

　皆さんが日々行っている仕事の一つ一つを、この５パターンのどれかに当てはめてみてください。あるいは、何かをやろうとするとき、どれに該当するのかを考えて下さい。どれにも該当しなければ、少なくとも「生産性向上」という観点からは評価するに値しないことを意味しています。この５パターンは２つの要素の組み合わせ方であることにお気付きでしょうか。

　ここで「効率」と「効果」の違いについて、確認しておきましょう。図表1-3に示すように、「効率」とは、売上や利益（O）を一定としたときにコスト（I）を下げること。「効果」とはコスト（I）を一定とした時により多くの売上や利益（O）を上げることです。普段この２つの言葉を皆さんは使い分けているでしょうか。異なる概念であり、それぞれ別に発想しなければなりません。効率と効果の向上方法をそれぞれ明確にすることが重要です。

図表1-3　効率と効果

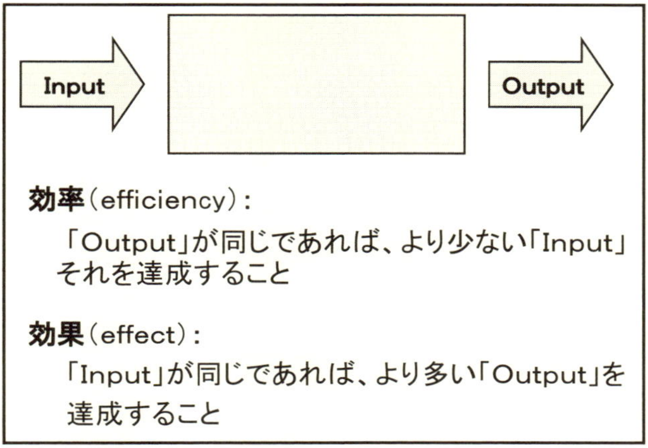

```
Input ▶              ▶ Output
```

効率（efficiency）：
　「Output」が同じであれば、より少ない「Input」それを達成すること

効果（effect）：
　「Input」が同じであれば、より多い「Output」を達成すること

　ところで、小売業は「効率」についてはよく考えられていますが、「効果」については見落としがちです。メーカーでは、常に生産性を高める工夫をして新たな工場をつくります。しかし、小売業が新店をつくる場合、それまでの店舗より必ず生産性が高い店舗だと言えるでしょうか。既存店舗でも、売上が上がらないと経費削減に傾注しますが、どのように効果を上げるか、その見直しはとかく後回しです。効果的なお店を作るのがより

重要なポイントであるはずです。なぜ小売業は「効率」のことばかりを考えるのでしょうか。それは小売業の技術革新の歴史と関係があるように思うのです。図表1-4でその仮説を説明します。

図表1-4 小売業の技術革新の成果

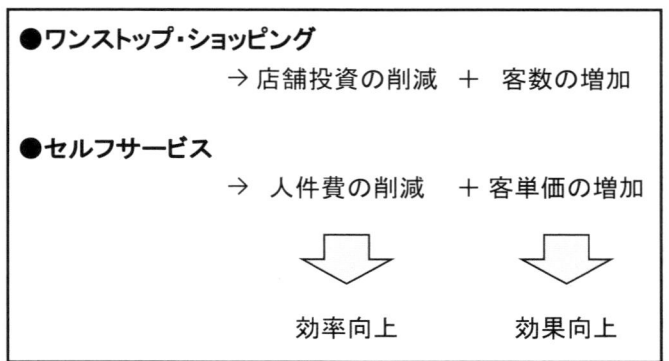

「ワンストップ・ショッピング」：一箇所でモノが買える。そこに行けば何でも揃うお店です。1852年、フランスで「ボン・マルシェ」という百貨店が生まれました。いろいろな部門を一つのお店に入れるという新たな販売方法を採用しました。百貨店はデパートメント・ストアの訳語です。デパートメントは部門のことで、紳士服部門や婦人服部門などの様々な部門を扱うお店なので、こう呼ばれました。

1軒ずつ専門店を作るより投資が削減出来て、効率的であったわけですが、同時に、お店を大きくした結果として大幅に客数が増えました。店舗投資の削減という「効率」を目的とした施策を実施したら「効果」も一緒に上がったというわけです(注3)。

「セルフサービス」：1930年にニューヨークに「キング・カレン」というスーパーが生まれました。商品を安く売るために、人件費をはじめ、様々なコストを削減するという「効率」を目的としたお店を開き、お客さんに自由に買い回ってもらった結果、買上個数が増えて客単価が上がり、「効果」が上がったというのです。実は、セルフサービスはすでに存在していたようですが、スーパーマーケットという業態を明示して「効果」を明確に実現したのは「キング・カレン」と言ってよいでしょう。セルフサービスでの買い回りを促進する道具としてショッピングカートを採用したアイ

第1章　小売店舗経営の根源的な課題の整理と店舗・売場マネジメントの基本の整理

デアが有効でした。

チェーンストア経営はどうでしょうか。そもそも大量に仕入れることによって、仕入れ単価を下げるのは「効率」ですが、その分安価で販売することによって買上個数を増加することを実現しました。小売業は、「効率」を高めると「効果」も同時に獲得した歴史の中に存在してきたので、2つの意味を区別して考えることが苦手なのかもしれません。

ところで、私たちは社会において様々な関係性の中で生活していますし、ビジネスを行っています。それぞれの対外的な関係者に対して、「効率」と「効果」という2つの視点で貢献が出来ているかを考えてみてはいかがでしょうか。図表1-5は卸売業の立場を想定して作成してみました。チェーン本部も機能的には卸売業ですから、同様に考えることが出来ます。その場合は、「メーカーへの貢献」は「お取引先への貢献」、「小売業への貢献」は「各店舗への貢献」と置き換えて理解してください。

図表1-5　卸売機能(チェーン本部)のポジションの見直し

		小売業への貢献	
		効率性	効果性
メーカーへの貢献	効率性		
	効果性		

卸売業の方、あるいは小売チェーン本部の方は、現在の業務を、4象限に当てはめてみてください。どこにも当てはまらない業務であれば、川上・川下の関係者いずれの「効率」と「効果」にも寄与していない可能性があります。同時に、この4象限でさらにやるべきことはないかを考えていただきたいと思います(注4)。

かつて、「流通革命」が唱えられ、「機能していない」卸売業の存在が否定されましたが、「機能するためには」この4象限のどこかに、具体的な業務が位置付けられていることが必要になってきます。すべての象限の業務を行えば、全機能卸売業となりますし、どこかの象限に限定している場

合は、限定機能卸売業と言えます(注5)。

　さらに、チェーン経営を行う本部においても象限毎にどのような業務を実行するかが位置付けられていることが必要でしょう。

　図表1-6は小売店舗の生産性を高める要素を樹形図で表したものです。点線で分けられた下の方が「効率」を高めるための領域です。投資群、経費群、原価など、これらをどう下げるかということになります。上の方は「効果」を上げる領域です(注6)。

図表1-6　小売店舗の戦略体系と技術革新の方向

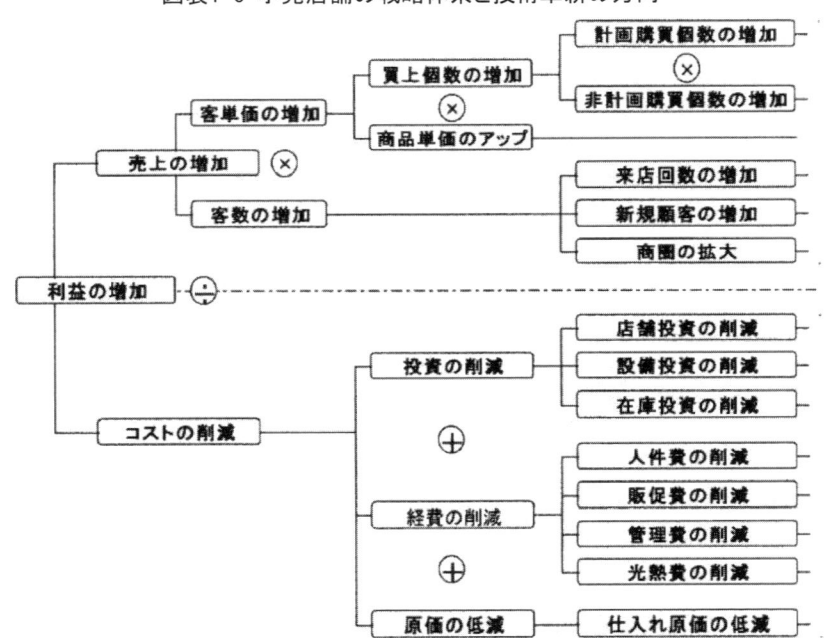

(出所)田島義博(編)(1989)『インストア・マーチャンダイジング：流通情報化と小売経営革新』ビジネス社)P.51

　店舗小売業において効率の追求（コストの削減）はかなり限界に近いかもしれません。その効率の限界を超え、「効果追求型」へとシフトチェンジしたネット販売は革新といえるでしょう。店舗小売業も、今こそ、効果追求に本格的に取り組まないといけない時期なのです。

第5章で述べますが、店舗の生産性にとどまらず発想を変え、消費者・購買者の「買物の生産性」を高めることを目的とすると、まだ「効率」と「効果」の両方を向上させることが出来そうです。

2.「売上構造」とマーチャンダイジング

　小売業にとって、「生産性」ならびに「効率」と「効果」とともに重要な概念が「売上構造」です。

　図表1-7は、お店の売上を構造的に表したものです。お店の売上は様々な要因によって、上がったり下がったりします。漠然と売上の変化を眺めているだけでは、次の施策を具体的にどうすればよいか、皆目分からないはずです。売上が上がる場合も下がる場合も、図表1-7の4つの要素が変化したからに他なりません。原因が分かってこそ、より効果的なお店の生産性を向上させる施策の立案と実施が可能となるのです。

図表1-7 売上構造の体系

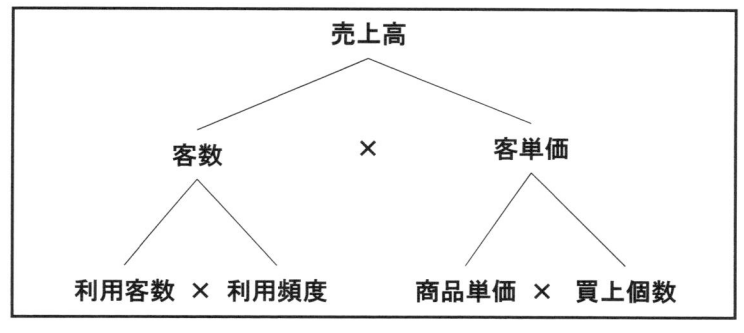

　売上を改善しようとする時、具体的にはまず「客数」、「客単価」のどちらを増やすのかを考えなくてはなりません。同様に、売上が下がった場合も、どちらに問題があるのかを把握しなくてはなりません。さらに「客数」は「利用客数」と「利用頻度」に、「客単価」は「商品単価」と「買上個数」に分解して把握する必要があります。つまり、効果的に売上を変える第一歩は、売上の増減を「構造的に」把握し、理解する。そして、「構造的に」売上を改善・向上させる方法を考えるところからスタートします。「戦略」という言葉をご存だと思いますが、戦略とは「構造を変えて戦うこと」です。売上の構造をどのように変革するのか、まさに小売業

の戦略に他なりません。

　今は幸いPOSシステム（Point of Sales system）が多くのお店に導入されています。POSデータは「利用客数」、「利用頻度」の区分以外はすべて区別して情報提供してくれます。「利用客数」、「利用頻度」、このふたつの要素を区別して把握するために、小売業は「ポイントカード」を導入しているのです。消費者にとっては、ポイント付加の利点がありますし、多くの小売業にとっては固定客づくりのためかもしれません。しかし、もう一方の側面では、売上を構造的に把握し得る仕組みが整いつつあるのです。ですからこのようなカードシステムを活かして、我々は何ができるのかを考えるべきだと思います。サービス業でも同様です。売上が下がる、上がるのはこの4つの要因（利用客数、利用頻度、商品単価、買上個数）で把握することが経営の基本です。

　すでにお気付きかもしれませんが、ネット販売業者は、買物客を個別に把握していますから、カードシステムを取り入れた小売業と同じなのです。すなわち、売上構造の4つの要素をそもそも把握できる仕組みを持った小売業です。ネット販売は、個別の顧客を認識できるIDカードを持った小売業である、と考えればネットの強さの秘密も納得できます。すなわち「誰がいつ来店（利用）し、どのような商品・サービスをどれだけいくらで購入したのか」に関するデータが蓄積されるわけですから、蓄積されたデータを集計すれば、お店の部門あるいは商品カテゴリー毎に「売上構造」を把握することが出来ます。店舗小売業で顧客IDを識別できるカードの導入が進んでいる背景はまさにここにあります。

　このデータの蓄積は、他方で、顧客毎のロイヤルティ（お店への貢献度）を把握することも同時に可能ですから、いわゆる、ロイヤルティ・マーケティングと呼ばれるお店への貢献度に応じた顧客サービスの実施が可能となってきます。そのお店やサービスをよく利用する顧客の方が、より手厚い待遇を得られる方法です。航空会社のマイレージサービスや携帯電話会社の顧客サービスは皆さんもご存じだと思います。

　さて、次に「品揃え」と「売上構造」の関係について考えてみましょう。「品揃え」とはお店・売場にどのような商品群（品揃えの広さ）をどのくらいの品目数（品揃えの深さ）並べるのか、ということです。小売業の意思決定の中で最も重要なものに他なりません。この品揃え、2つの要素か

第1章　小売店舗経営の根源的な課題の整理と店舗・売場マネジメントの基本の整理

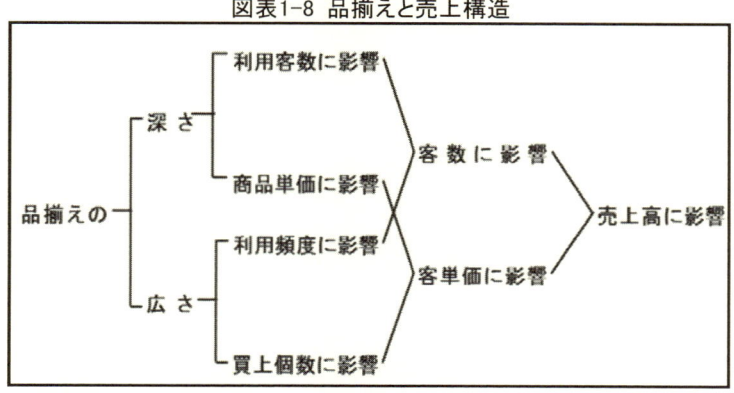

図表1-8　品揃えと売上構造

(出所)田島義博(編)(1989)『インストア・マーチャンダイジング:流通情報化と小売経営革新』ビジネス社P.136を修正

ら検討されなければなりません。図表1-8は品揃えと売上構造の関係を表しています。

　一つは「深さ」という要素です。例えばシャツやブラウスという限定した商品カテゴリーのみしか扱っていないお店があります。これは専門店型の品揃えをしたお店です。その商品カテゴリーの深さを追求し、その商品に関する様々なニーズに対応します。「あそこに行けばどんな○○でもある」からこそ、遠くからもお客様が来てくれます。品揃えの「深さ」は「利用客数」にプラスの影響を与えます。

　専門店は品揃えを「深く」することによって、「利用客数」を増やすと同時により専門的な商品によって「商品単価」も上げることが可能となり、売上を上げることが出来るのです。

　もう一つの要素は「広さ」です。例えばコンビニエンスストアでは、生活に必要な様々なものが広く置かれています。品揃えの「広さ」は「利用頻度」にプラスの影響を与え、関連購入が期待できることから「買上個数」にもプラスの影響を与えます。

　では、スーパーやドラッグストアはどうでしょうか。実は、「深さ」と「広さ」をどのようにバランスさせるかが結構難しいのです。コンビニ型のドラッグストア、専門店型のドラッグストアも最近出てきています。ス

ーパーも食品中心なものや、衣料品なども扱う GMS（総合スーパー）などがあります。どのような店舗戦略を想定するかによって、どの程度「広く」「深く」するのかという意思決定が極めて重要な業態なのです。言い方を変えれば、状況に応じて、様々な対応と可能性を持っていて、様々な業態を創設することも可能だと考えるべきでしょう。百貨店は、基本的には「より広く、より深く」品揃えする業態と言えるでしょう。

「品揃え」の良し悪しが売上を左右することは誰もが知っていることです。売上の増減の原因を「品揃え」視点から探るためには、POS データ、さらには ID 付き POS データがあるとかなり見えてきますが、その後どうしたら良いかを考える際に、この図表1-8が役に立つはずです。

売上の増減に影響を与える直接的な要因は競合店にあることが多いでしょう。そこで、競合店と品揃えの「深さ・広さ」を比較してみてください。深さと広さのどちらが劣るのかによって（あるいはどちらが優れているのかによって）、4つの要素（客数、頻度、単価、個数）への影響の出方が変わってくるはずです。品揃えの優劣によって売上が下がったと考えられる時は、この4つのどれを改善するかを明らかにして品揃えの見直しをしなくてはなりません。

したがって、個々の商品カテゴリーの品揃えはマトリックスで考える（メーカー、卸売業であれば「提案する」）ことが必要です（図表1-9参照）。

一つのカテゴリーで、どれだけの「サブカテゴリー」（商品グループと

図表1-9　品揃えはマトリックスで考える（提案する）

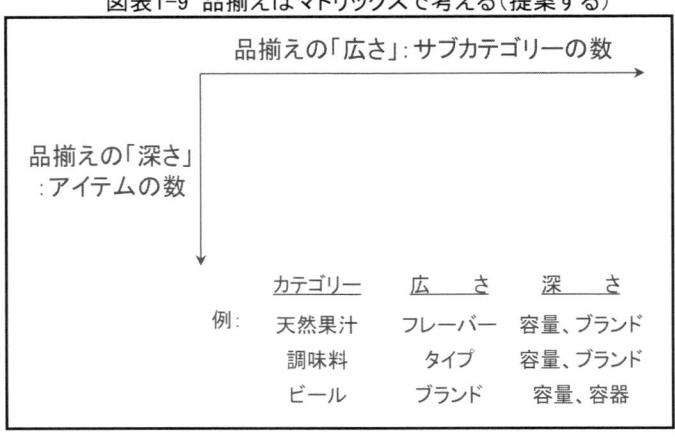

考えてください）があるのかは、品揃えの「広さ」を意味します。そして、それぞれの「サブカテゴリー」にどれだけの「アイテム数」があるのかは、品揃えの「深さ」を意味しています。

3．「売上構造」とプロモーション

お店で売上改善の何らかの行動を企画する際には当然ですし、日々の様々なセール（売り出し）の企画を立てる際にも、今まで紹介した4つの要素をどのように向上させるか、と発想しなければなりません。図表1-10で考えてみましょう。

図表1-10 売上構造要因から見たプロモーション提案

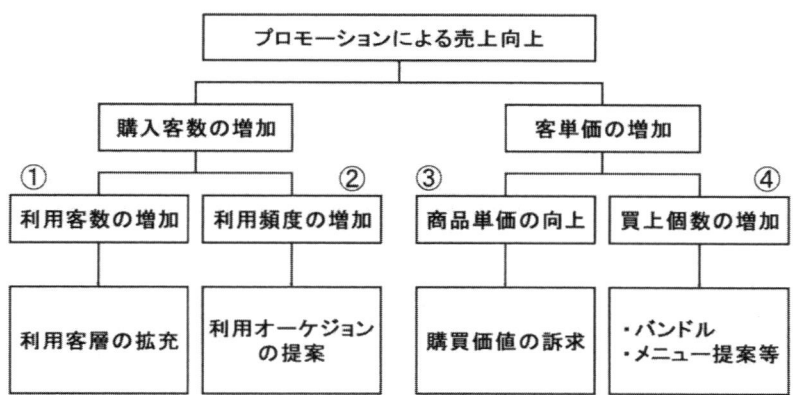

(出所)渡辺・守口共著(2011)『セールス・プロモーションの実際：第2版』日本経済新聞社P.59

売上が下がった場面を考えてみましょう。まずはどの要素が下がったかを最初に考えます。前述のようにまず、品揃えと対応させて考えてみましょう。そして、次にどんな仕掛けをつくり、売上を改善するのか、その有効な「プロモーション」方法を考えることにします。

①「利用客数」が減ったので何とか増やしたいと考えたとします。この場合、「客層」という視点がポイントになります。客数が減った時は、「誰（どんな客層）」が来なくなったのかということを第一に明らかにします。年齢、性別、どのエリアの人…など。客数はすべての客層が万遍なく減る

ことはまずありません。特定の客層が減った結果、客数が減ってしまったのです。客数が減ってしまった場合、「減った客層をどう取り戻すのか」を考えるか、あるいは「別の客層を増やす方がたやすい」のかを考えてみましょう。そして、それぞれの部門、カテゴリーで同じ傾向にあるのかを調べます。改めて、自分たちを支持してくれているお客様は、どのような人なのかを考える機会としてください。

　②「利用頻度」が減った場合、それを改善するにはどうしたら良いでしょうか。ポイントカードを導入したり、テナントでクリーニング店、花屋さんなど様々なテナントを入れたりするのも一つの方法です。お取引先のメーカーはこのような場合にどのような提案を小売業にするべきでしょうか。ここでは改めて部門、商品およびカテゴリーの「買物（購買）の頻度」を高めることに着目してみましょう。結論から述べると、「消費量を増やす」ことしか方法がありません。

　一人あたりの消費量を増やすには、消費する「オケージョン」を増やす、一回あたりの「消費量」を増やすなどありますが、ここで注目したいことは、消費するオケージョン（機会・場面）を増やすということです。オンタイム・オフタイム、家の中・家の外など、あらゆるオケージョンでの消費を提案していくのがメーカーのマーケティング、営業活動の基本となります。別の表現をすれば、需要を創造・開発し「消費する価値」を提案して、購買に結び付けることが必要となります。本来、小売業もそのカテゴリーの「消費量を増やす」ことが「利用頻度」改善の第一の優先事項であることを認識しなければなりません。

　③「客単価」が下がってしまった時はどうすべきでしょうか。「購買する価値」があることを、どう訴求できるかがポイントとなります。第５章でこのことに改めて触れます。買う価値を高めるための方法を後に考えましょう。

　④「買上個数」、これは実は取り組みが容易です。先程セルフサービスの例を挙げました。自由に買い回ってもらったら、買上個数が増える。セルフサービスには複数買ってくれる要素があるのです。さらに複数個買うことのメリットを訴求すれば、買上個数は増えるはずです。

　「バンドル」とは束ねるという意味で、２個いくら、３個いくら…といった売り方をします。「メニュー提案」とは、「消費の脈絡」づくりです。

第1章　小売店舗経営の根源的な課題の整理と店舗・売場マネジメントの基本の整理

メニューという脈絡でお買い物をしてもらうのです。婦人服などの衣料品で言えば「コーディネーション」。日用品で言えば「ライフスタイルの提案」。様々な「生活場面での商品の脈絡づくり」を提案することが、買物場面で有効なのです。

　売上構造を把握する重要性はお店全体に限らず、特定の部門やカテゴリーに関しても同様です。この場合、図表1-11のようなデータの把握の仕方が可能です。

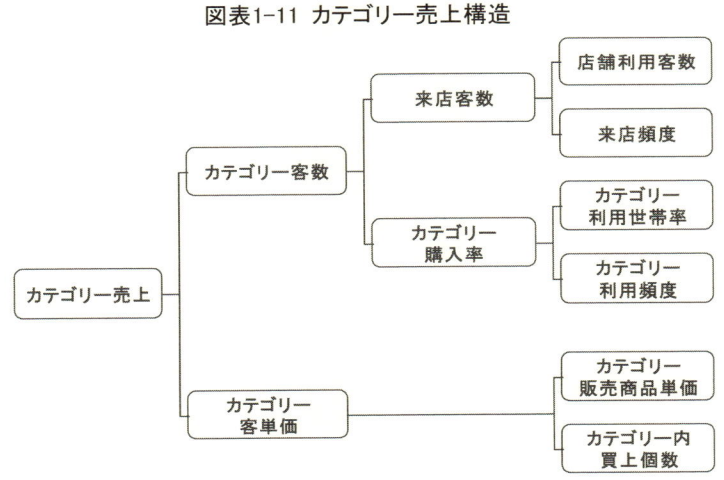

図表1-11　カテゴリー売上構造

(出所)(公財)流通経済研究所

　例えば「菓子」というカテゴリーでは、ある一定期間中に何人が購入し、菓子を一人平均いくら購入しているのか、さらに、「カテゴリー客数」から枝分かれして、お店全体の「来店客数」とそのうちどのくらいの割合の人が菓子を購入したのかが分かります。これを「購入率」と言いますが、こうしたデータが昨今では取れるようになっています。この購入率は小売業によって「支持率」「カテゴリー PI（Purchase Incidence）」と呼んだりしています（Incidence：出現率が正解で、Index は誤りです）。来店した人のうち何人が購入しているかを表す指標ですから、数値が高いほどお店にとって重要なカテゴリーとなります。「購入率」はさらにその期間中の来店者における「利用世帯率」と「利用頻度」に分けて捉えられます。

25

例えば、ある施策をする前と後で売上構造がどのように変化するかを、この図表に基づいて比較します。来店客数は前後で固定して考えます。あるチェーン小売業では、PB（プライベート・ブランド）の積極的な導入をした結果、意図と反してカテゴリー売上は下がりました。その背景にカテゴリーの購入率が下がり、カテゴリー客数が減ったことが大きな要因となっていたのです。このお店では、安さを武器にした商品を売場に導入したのですが、付加価値の訴求や消費する場面の提案をしていなかったのです。PBが安価な分、商品単価が下がり、買上個数も増加していませんので、カテゴリー売上減となってしまいました。買っていただきたい世帯を意識して、頻度高く消費する提案を添えて「構造的」に売らないと、強力なPBでも実は売れないということが分かった事例です。

　「売上構造」の意義について、図表1-12にまとめておきました。

図表1-12「売上構造」の意義

> 1. カテゴリーの売上減（増）の原因（要素）を知る
> 2. 問題のある要素により対策の方向が異なる
> 3. 特定のアクションが構造要素にどのように
> 　　　　　　　　　　　　影響を与えたかを知る
> 4. 特定の構造要素の向上・改善を意識した
> 　　　　　　　　　　　　アクションを行う
> 5. カテゴリー固有の問題と
> 　　　　店舗全体の問題（来店客数）を区分できる
> 6. 売上増のための戦略的な代替案が作成できる

　① カテゴリー（およびお店全体でも）の売上増減の原因を知ることが出発点です。
　② お医者さんに例えると、きちんと診察しなければ、正しい処方も出来ないのと同じです。
　③ お店が採用した何らかのアクション（PB、安売り、チラシ配布など）が、構造にどんな影響を与えたかを知ることです。様々な状況における変化・影響を見てください。この時にぜひ競合店の状況や、TVCMやメーカーのキャンペーンの有無などの情報を把握しておくと良いでしょう。

④ 1～3を正確に実施していると4ができるようになります。ただ漠然と売上を上げようと思うのではなくて、どこを「改善」するかという事を明確に意識して、はじめて的確なアクションがとれるのです。

⑤ 個々のカテゴリーに関しても、また店舗全体についても、同一の視点に基づいて構造的に把握してこそ、それぞれの「効果的」な次の対策を考えることが可能になります。

⑥ 複数の代替戦略が立案できるようになります。代替案を列挙しておけば、もしある方策がうまくいかない場合でも、すぐさま他の方策に切り替えることが出来ます。ものごとを構造的に考えるのが「戦略」です。構造的に考えてこそ、代替案をつくることが容易となるのです。

基礎的なことですが、通常のPOSデータの集計の仕方も売上構造を意識してたものでなければなりません。

現在のPOSは、客数、客単価、カテゴリー購入率などの情報が収集されますので、簡易的な構造把握が可能だと思っていただいてよいでしょう（図表1-13参照）。

図表1-13 カテゴリー・マネジメントのためのPOSデータ

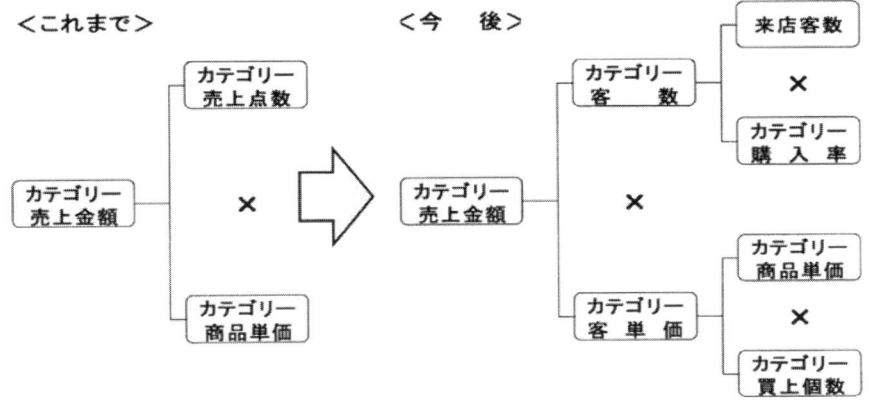

ただ、特定個人（客層）のデータからの示唆は抽出不可能ですし、結果として「利用頻度」に関するデータは収集できないという限界があることを知った上で活用しましょう。

「売上構造」は店舗全体であったり、特定の部門やカテゴリーで把握・

理解すべきものです。では、常日頃、個々の単品の販売状況に関して我々が把握しておくべきことは何でしょうか。それは、その商品の売上に影響を与えた要因を明らかにすることに他なりません。一つの商品のその時々の売上は、様々な要因が重なって変化しています。POSデータは単なる結果としての販売データです。それだけを見てもなぜそのような売上になったのかは何もわかりません。陳列の仕方を変えると売上がどのように変化するのか、天候や気温、湿度等と売上の関係など、様々な要因が売上に影響を与えているということを普段の仕事の中で実感として捉えてほしいのです。相関関係が分かり、さらには因果関係まで何らかの仮説を探ることが出来たら、しめたものです。

図表1-14 店頭における売上変化要因の把握

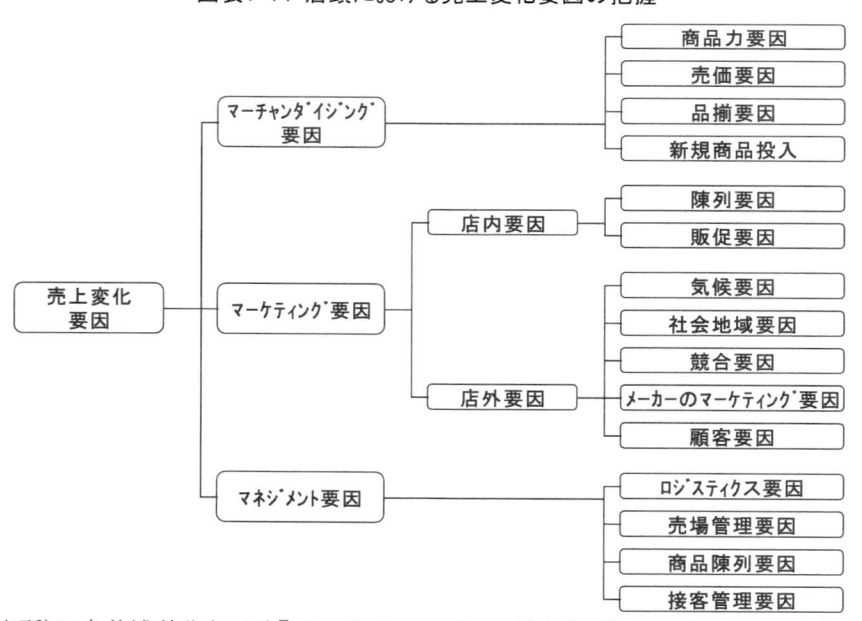

(出所) 田島義博 (編)(1989)『インストア・マーチャンダイジング：流通情報化と小売経営革新』ビジネス社P.81

　図表1-14には売上に影響を与える主な要因群を列挙してみました。例えば、豆腐の売上が気温だけでなく、湿度が絹豆腐と木綿豆腐の売上の違い

第1章　小売店舗経営の根源的な課題の整理と店舗・売場マネジメントの基本の整理

に大きく相関していたことを、売場の新入社員が発見したり、あるいは、陳列の仕方を変え、それを毎回写真に収めてPOSデータを参照して、売上に貢献する陳列の極意を発見したメーカーの営業マンがいたり、まさしく日々の観察の成果が重要であることを物語っています。

4．買上個数と利用客数

　さて、「売上構造」視点で考えることの意義を説明してきましたが、いきなり売上構造の4つの要素を把握し、それぞれの対策を練るのは実際には少々難しい、と思われている方もいらっしゃるでしょう。その場合は、まず、「売上は客数のことではない」と理解・周知することからスタートしましょう。

図表1-15　買上個数と利用店数(1)

```
【大型店】
 月商2.5億円、年商30億円の
　　スーパーを実現するために・・・

 商品単価 × 買上個数 × 利用客数／日 × 営業日数

（A案）215円×10個×4,150人×28日（×12ヵ月）
（B案）215円× 8個×5,190人×28日（×12ヵ月）

　　※2個の買上増は、1,000人／日の利用客数増に等しい
```

（出所）田島義博（編）(1989)『インストア・マーチャンダイジング：流通情報化と小売経営革新』ビジネス社　P.59

　ある大型スーパーの例を挙げます（図表1-15参照）。売上を伸すにはどうしたら良いか、店長は考えました。A案とB案の結果は同じ30億円です。A案は、今来ているお客様の「買上個数」を上げようというアイデアです。B案は、「利用客数」を伸ばそうというアイデアです。

　店長はこの図表1-15の内容を大きく書き出し、社員食堂に張り紙をし「買上2個増は来店客1000名に等しい」ことを明示しました。「あと1個運動」と題して、部門を超えてアイデアをお店全体で出してもらいました。

その結果、売上30億円を達成することができたのです。

　図表1-16は、小規模な店舗で「買上個数」を上げるためのアイデアを実践した例です。もし客数が上がらないことで悩んでいるのであれば、まずA案をやってみることを働き掛けてはいかがでしょうか。「売上構造」といったやや難しい表現をしなくても、こうした分かりやすい表で「買上個数」の重要性を追求するのも一つの方法です。

図表1-16　買上個数と来店店数（2）

```
【中小店】
　月商1.0億円、年商12億円の
　　　スーパーを実現するために・・・

　商品単価 × 買上個数 × 利用客数／日 × 営業日数

（A案）195円×10個×1,832人×28日（×12ヵ月）
（B案）195円× 8個×2,290人×28日（×12ヵ月）

　※2個の買上増は、450人／日の利用客数増に等しい
```

（出所）田島義博（編）（1989）『インストア・マーチャンダイジング：流通情報化と小売経営革新』ビジネス社　P.59

　業態によっては「商品単価」を上げる追求をしてみてもよいでしょう。
　実際にこれまでの多くの小売業で行ってきた「客数増」のための施策は、なかなか来て下さらないお客様に何とか来ていただこうとするものでした。お店の費用もかなりのものですが、お客様にとっても、そのお店への来店はコストが高かったのではないでしょうか。「今来て下さっているお客様」にまだ出来ることが本来あるはずなのです。
　図表1-17は、小売店舗の戦略ステップを表したものです。
　ステップ１：現在来てくれているお客様に、それぞれの売場でもっと買ってもらう工夫。
　ステップ２：様々な売場でいろいろな商品を買っていただく方法。
　ステップ１、２とも、この発想の原点は「お客様の買物の中身」を増やすということです。買物カゴにどういう商品を一緒に入れてもらうか、と

第1章　小売店舗経営の根源的な課題の整理と店舗・売場マネジメントの基本の整理

いう発想が必要です。

まず、ステップ１、２が重要です。ステップ３はその後でも良いのです。今来てくださっているお客様にベストを尽くすことです。それが第一歩のはずです。まだまだやれることが必ずあるはずです。

図表1-17　小売店舗の戦略の優先順位

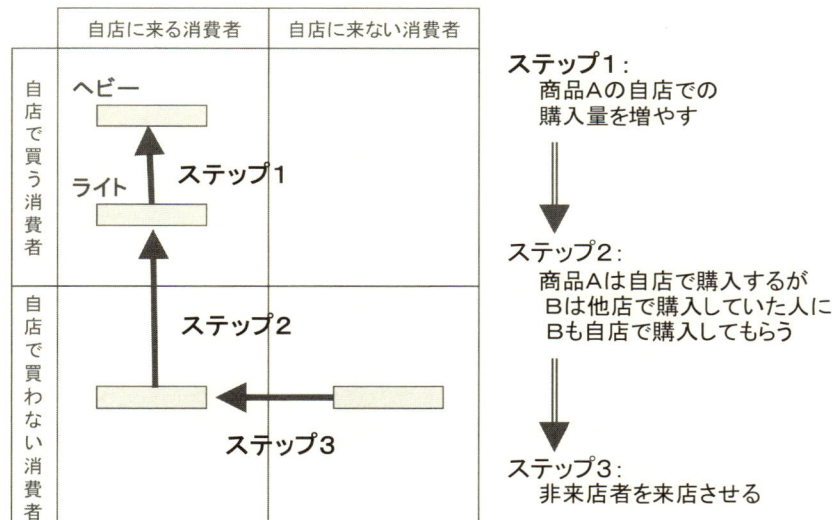

(出所) 田島義博(編)(1989)『インストア・マーチャンダイジング：流通情報化と小売経営革新』ビジネス社) P.61

【第１章のポイント】

❶　売場生産性を上げることが課題です。たくさん売上を上げて儲けたいと考えれば、これまでは大きなお店をつくれば良かったのですが、その時代は終わったと考えてください。大きいお店をつくっても決して売上は効果的には上がりません。

❷　「効率」と「効果」の違いを認識してください。両方からの施策が必要です。とかく効率だけを考えることが多いのですが、効果も一緒に考えなくてはなりません。

❸ 売上は４つの要素から成り立っています。売上というのは「客数×客単価」です。これを分解すると「客数」は「利用客数」と「利用頻度」に分けられますし、「客単価」は「商品単価」と「買上個数」に分けて考えることができます。

❹ 品揃えの「深さ」と「広さ」と売上構造の関係を理解しましょう。売上を構成する４つの要素毎にどう改善・向上するか考えなくてはなりません。「深い品揃え」と「広い品揃え」という考え方がありますが、この４つの要素のどれを上げたいかによって深くするべきか、広くするべきかが変わってきます。

❺ 売上を改善・向上させようとするとき、この４つの売上構造の要素のどれを狙いとするのかを認識しなければなりません。効果測定の際にもこの４つの要素に分けて売上を把握しないと、どのようなロジックで売上が上がったのかを把握することが出来なくなります。したがって、企画を立てる時にどのような方法で４つの要素を向上させるのか。あるいはこの企画の中でどの要素は上げるのか上げないのか、を考えます。「構造的に考える」ことは「戦略的に考える」ことに他なりません。

❻ POSデータは「お客様の買物結果のデータ」と考えます。どの商品が何個売れたというデータが収集されるのですが、お客様のお店の利用の仕方、どのような買い方をしてお店に貢献している、もしくはしていないのかという視点でデータの解釈に取り組むべきです。その意味で、顧客識別コードが付されたPOSデータは、一人のお客様がどのような買い方をしているのか、どのような買い方をしていただくお客様を増やせば良いのかという視点で活用することができます。

❼ お客様一人当たりの「買上点数」を増やすことを考えます。売上を上げるために、客数を増やそうする（従来の）発想はやめましょう。コストが高い「客数増」よりも、今来ていただいているお客様の買上個数を増やす施策を発想するのです。その結果として、買いやすい売場が実現すれば、そのお店の利用頻度も高まるはずです。

第2章
ISM（インストア・マーチャンダイジング）の視点

　ISM とは In-store Merchandising（インストア・マーチャンダイジング）の略です。この言葉を最初に使ったのは元学習院院長の故田島義博先生です。この言葉の背景には、お店の中（インストア）で工夫することによって売上が大きく変わることを示唆する意図が含まれています。机上で品揃えを考えるのではなく、実際の売場とそこで購買をするお客様を想定しながら、売場に相応しい品揃えと売り方を考案するということを強調するために、インストア・マーチャンダイジングという言葉を創ったと伺っています。
　セルフサービスとは、お客様自身が情報を取捨選択して買物をする方法です。よって、売場がどのような情報を発信するか、それをお客様がどのように受け取るかによって、買うか買わないかが決まってしまいます。セルフサービスにおけるインストア・マーチャンダイジングとは一体何なのか、ということをここでは考えてみましょう。

1．セルフサービス売場の基本
　現在、我々の周りには様々な販売方法のお店が存在しますが、それらの多くがセルフサービスを採用しています。人件費の削減といった「効率」観点からだけではなく、すでに申し上げたように、セルフサービスが「効果」的に売上に貢献していることが判明していることが背景にあります。
　今までセルフではなかったお店もセルフサービスを採用しているのは、そのためです。売場づくりの基本は店内を「買い回る」という行為をすることによって、購買意思決定をしていただくことです。

買い回りとはお客様にとって情報収集です。店員がマンツーマンでお客様とやり取りするような売り方とは違って、お客様が勝手に歩き回って、情報収集をするのです。
　どのくらいの距離の買い回りをしていただけるのか、というと≒（ニア・イコール）店舗スペースに限りなく近くなります。ですから、より長く買い回っていただきたかったら、さらに大きいお店をつくれば良いのです。しかしこれは＝（イコール）にはならないのです。≒というところがミソです。大きいお店をつくれば買い回りが確実に増えるかというと、必ずしもそうでもないのです（この詳細は、後でお話します）。
　買い回りの程度は、そもそもどの位の数および量の買物をする予定があるのかということと、他方、どのようなレイアウトと売場づくりをするか、によって決まってきます。同じ売場面積のお店であっても、広く買い回りするお店とそうでないお店があります。このお店に来るとなぜか、あちこち回ってしまうというお店もあれば、その逆もあると感じることがあるでしょう。買い回っていただける売場をつくる何らかの工夫が当然必要になってきます。買い回りを制約するマイナス要素としては、お客様自身の時間的な制約や体力の限界もあるでしょう。
　買い回りを増やすことができたら、それはお客様が情報収集する量が増えるということです。そして情報収集する量が増えると、買上個数も増えていく場合が多いのです。同じ売場面積のお店であっても、より歩いてもらう工夫をするのはセルフサービスのお店にとって、買上個数を上げる大きな工夫となってきます。
　セルフサービスの基本というのは、上記の≒（ニア・イコール）を＝（イコール）に、つまり店舗スペースを最大限に活かした買い回りと情報収集を確実にしていただくことだと思っています。そのためには、まず、どのように買い回っていただいたら買上個数が増えるのかを考えて、レイアウトを設計することが重要になってきます。さらにその上で、それぞれの売場で買上の意思決定をより多くしていただくために、「どのような情報」を「どのように提供」すれば良いのかを考えることです。ただ歩いてもらえばそれでよいということではないのです。
　そもそも買い回りという行為がなぜ、購買に結び付くのでしょうか。買い回った距離、空間、時間、これら全てが関係しています。当たり前です

第2章　ISM（インストア・マーチャンダイジング）の視点

が、目を閉じて耳を塞いで買い回ったら情報収集ができません。

　買い回りをしてもらう最大の効果、そして目的は「情報取得」にあります。情報取得とは、何かに気付く（認知する）瞬間です。皆さんも街中やお店でふと目が留まる瞬間があるはずです。あの瞬間を情報取得といいます。目が留まらないと足は止まりませんから、目が留まる、ということはさらなる情報収集をする「きっかけ」であると考えることができます。

　お客様に気付いてもらい、足を止めて買う気になってもらわねばなりません。その意味で、歩くことは目的ではなくて手段なのです。大きいお店をつくってとにかくお客様に歩いてもらう、情報収集してもらう、という発想をしがちですが、必ずしもたくさん歩いてもらわなくても収集する情報量が多ければ、買上個数が増えるであろうことは想定できます。

　もちろん、1箇所に1時間立ち止まってもそんなに情報は取得できません。何らかの形で空間を移動してもらうことが必要です。空間というのは平面を思い浮かべるかもしれませんが、立体で捉えねばなりません。例えば、"BBB（Bed Bath & Beyond）"というお店がアメリカとカナダにあります。この店は平面的には狭いけど立体的に広いのです。つまり、床面積は狭くても天井が高く、壁にたくさんの商品が並んでおり、その情報量は圧倒されるほどです。距離はそんなに歩かないにもかかわらず、売場面積当たりの売上は極めて高く、売場効率が良いのです(注7)。

　まずは歩きながら情報収集してもらい、次に目が留まったポイントでさらに情報収集して、迷うことなくスムーズに買っていただく。そのような売場空間をどのようにつくるかです。

　歩く距離そのものが重要なのではないのです。目を留め、足を止めていただくことが何回可能か。セルフサービスで一番重要なことは「視覚」なのです。見てはじめて足が止まる。もちろん、食品は「香り」が重要なように、他の感覚に働きかけることも大事かもしれません。しかし、基本的には衣料その他の購買も含めて視覚が一番重要だといえます。

　ポイントは2つです。まず第1は、歩く距離ではなくて、視覚された売場空間である「視線距離」が重要です。皆さんは新しいお店に行った時に、自身が何気なくお店のあちこちを見回していることに気付きませんか。見回している距離は半端ではないはずです。いつも買物をしているお店でも、あたかも新しいお店に入店した時のように見てもらえる箇所をどのように

増やし、視線距離をどうしたら長く出来るだろうかということを考えてみてはいかがでしょう。万遍なく売場を見てもらえるお店では、レイアウトや什器の配置、陳列方法の工夫、カラーコーディネーション、ポスター等、様々な工夫を凝らしているのです。

さらに、立ち止まることが最終の目的ではなくて、そこで購買を決定してもらうまでに至ることが重要です。そこに並べられた様々な商品を見て、場合によっては商品を手にとって説明書きを見比べてみたり、そんな光景が目に浮かぶはずです。購買に至るためには、その売場に視線がどれだけ滞在しうるかがポイントとなります。

したがって、第2に、お客様に何を見てもらい、どのように情報収集していただきたいのかを明らかにし、売場での「視線滞在時間」をどのように設計するかが重要となってくるのです。

セルフサービスで確認しておくべきことがあります。MD（マーチャンダイジング）という概念そのものです。

マーチャンダイズ（merchandise）とは「商品」という意味です。マーチャント（商人）が使うモノ、つまり商いのモノです。モノを扱う人・場所によって、その言い方が変わります。工場で造る場合は「プロダクト：products（製品）」になりますし、農場では「プロデュース：produce（産物）」といいます。消費者にとってのモノの英語はというと、Goodsです。使う立場でGoodなモノが、Goodsなのです。Goodsは「良品」という呼び方が適当でしょうが、日本語の一般名詞には存在しません。

さて、商品にingが付いた言葉が、マーチャンダイジングなのですが、とかく「品揃え」と同じ意味で使用することが多いのではないでしょうか。マーチャンダイジングを担当する人をマーチャンダイザーと呼んでいますが、多くの場合、品揃えの決定を主業務として、売場の商品開発や販売促進方法を考案し実行する場合が多いようです。バイヤーが別にいる場合は、品揃えとその仕入れに関する業務がバイヤーに移り、マーチャンダイザーは売場づくりに関する業務が中心となることが多いようです。

特に、セルフサービスでマーチャンダイジングという言葉を使用する場合は、「売場管理」的な意味合いが濃厚となります。なぜかと考えると、セルフサービスでは、売場スペースの配分計画が生産性に大きな影響を与え、それがマーチャンダイジングの第一の要件となるからです。このスペ

第２章　ISM（インストア・マーチャンダイジング）の視点

ース配分をどのような原理で運用するのが最も高い生産性を実現するか、どのようにすれば、与えられた店舗面積の全体最適を求める論理を追究できるかこそ、マーチャンダイジングの視点に他なりません。それは図表2-1に示したような４つの指標の連動なのです(注8)。

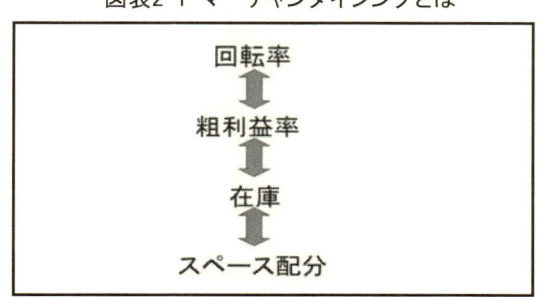

図表2-1　マーチャンダイジングとは

回転率
↕
粗利益率
↕
在庫
↕
スペース配分

　回転率（売れ行き）に合わせて粗利益率を連動させます。具体的に言うと、数多く売れる商品（あるいは商品カテゴリー）は粗利益率を低くしても構わないのですが、その逆の商品は率を高めるのです。

　「ロスリーダー」という言葉があります。日本語ではロスリーダーのことを「目玉商品」と名付けられました。目が飛び出るほど安いという意味で、とりわけ売れるモノにマイナスの粗利をつけたものがロスリーダーです。損しても構わないのです。来店した際にその他のモノをたくさん買ってもらうことが前提であり、そして目的です。ロスリーダーという言葉はまさしくセルフサービスの売場から生まれました。

　連動させるのは回転率と粗利益率だけはなくて、「在庫」を連動させます。在庫と連動させなかったら品薄あるいはその逆が発生してしまいます。ですから「回転率」に「在庫量」を連動させる。在庫量を連動させるということは、セルフのお店では「スペース」を連動させることと同義です。

　したがって、マーチャンダイジングを「品揃え」と訳すのは適当ではなく、売れ行きに連動して売場のマネジメントを行うという意味なのです。「動態的売場管理」とでも言うべきです。さて皆さんはこの原理に従って実行されているでしょうか。売上に対応したスペース配分、例えばそれは、それぞれの売場において日々の売上に連動した個々の商品のフェイス数の拡縮であり、また、店舗全体においてはカテゴリー間のスペースの拡縮で

す。
　ここでお店にとってのセルフ売場のマネジメントの基本を確認しておきましょう（図表2-2参照）。セルフ売場の管理を一般的に「スペース・マネジメント」といいます。
　売れ行きに合ったスペース配分をするということですが、スペースとは露出量を意味しています。例えばAという商品（あるいは商品カテゴリー）にスペースをたくさん与えるということは、お客様に対して露出させる、見てもらうということです。売場は有限ですからAにスペースを多く与えるならば、もう片方のBなどを縮めなくてはなりません。
　したがって、スペース・マネジメントは売場が発する情報量の管理ということになります。お客様にどの商品をどれだけ見てもらうか、という管理です。スペースを拡大するというのは、視線距離と視線滞在時間を増加させる基本だということになります。季節によって売れる商品が変わる場合や、一週間の中でも売れる商品が曜日や時間によって変わる場合はスペース配分を変えなくてはなりません。

図表2-2　セルフサービス売場の基本

```
1. 売場のマネジメントの基本
        ＝スペース・マネジメント

2. 売れ行きに見合ったスペース配分

3. スペース＝露出量＝情報量（＝資本配分量）

4. スペースを拡大するということ
        ＝「視線距離」と「視線滞在時間」を増加させる

5. 利益管理もスペース配分が基本
        →　利益率の低い生鮮を拡大　表は追う
            ＝利益率の高い惣菜、日配を拡大
```

　儲かっているお店は必ずと言ってよいほど、スペース・マネジメントが正確にできていますし、こまめに管理しています。例えばスーパーでは、基本的に生鮮の売場は広くなっています。生鮮が儲かるから広げている訳ではなくて、お客様に見てもらうためです。生鮮を広げることの意味は、

第2章　ISM（インストア・マーチャンダイジング）の視点

買上個数を増やす、あるいはお店のロイヤルティを高めるという重要な要素なのですが、生鮮を広げたら利益率の高い商品を増やさなくてはいけません。したがって、最近のスーパーは利益率の低い生鮮の売場面積が極めて広いのですが、その分、利益率の高い惣菜や日配品（パン、麺、納豆、豆腐、牛乳、ヨーグルトなど）が広いのです。生鮮と同様に広くしなくては利益のバランスが取れないのです。お店の資本である売場の配分計画は大袈裟ではなく、まさに戦略なのです。図表2-2にまとめておきました。

セルフの売場を経営されている方は、改めて、スペース・マネジメントの基本をもう一度見直されてはいかがでしょうか。

さて、次にセルフのお店の中でお客様がどういう行動を取っているのか、という説明に入ります。

2．フロアレイアウトと購買行動の理解

店内におけるお客様の行動とその際の目に見えないお客様の「情報処理」プロセスを図表2-3にまとめました。買い回りによって、お客様は情報の提供を受け（情報負荷）、様々な情報を収集し（情報取得の働きかけ）、何かに視線が留まり、足が止まる。足が止まると注意を向けた対象の情報収集（情報取得）が始まります。次に、「知覚符号化」というのは得た情報を自分なりの解釈をして意味づけるという意味です。例えば、ある商品を見て今晩の家族揃っての夕食に良いなと思った、などということが、知覚符号化になります。

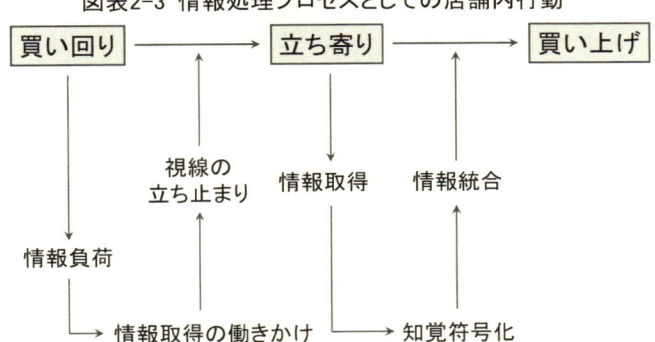

図表2-3　情報処理プロセスとしての店舗内行動

買い回り　→　立ち寄り　→　買い上げ

視線の立ち止まり　情報取得　情報統合

情報負荷　→　情報取得の働きかけ　→　知覚符号化

（出所）拙著(2000)『店舗内購買行動とマーケティング適応』千倉書房、P.85

図表2-4 店内行動の結果としての客単価

動線長 × 立寄率 × 買上率 × 買上個数 × 商品単価 ＝ 客単価

$$\left(\frac{売場前通過率}{動線長} \times \frac{総立寄回数}{動線長} \times \frac{買上回数}{総立寄回数} \times \frac{買上個数}{買上回数} \times \frac{買上金額}{買上個数}\right) = 客単価$$

(出所)(公財)流通経済研究所

図表2-5 店舗内購買行動の場所・対象

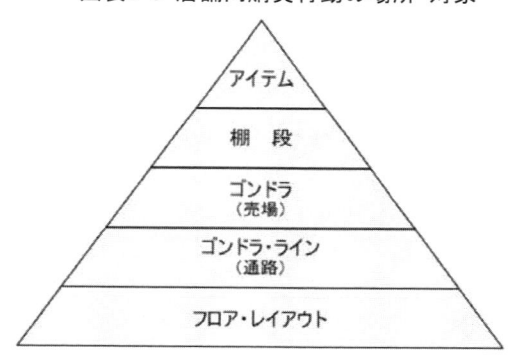

ピラミッド図（上から下へ）：
- アイテム
- 棚段
- ゴンドラ（売場）
- ゴンドラ・ライン（通路）
- フロア・レイアウト

　「買い回り」、「立ち寄り」、「買上げ」は目に見える部分ですが、そのプロセスでは見えない部分の「情報処理」が行われているのです。このプロセスがスムーズに展開された時に買上に結び付くのです。

　ところで、買い回ることの結果はお店にとってどのような意味があるのでしょうか。1人のお客様の買上（客単価）は、図表2-4に示したように、動線長（歩く距離）× 立寄率（距離当たりの立寄回数）× 買上率（立寄回数当たりの買上回数）、買上個数（買上1回あたり買上個数）× 商品単価（買上した商品の平均金額）、という掛け算で決まります。

　店内を買い回るお客様の実態を調べることにしましょう。図表2-5は、お客様が店内を買い回り、特定の売場で購入対象商品に至るまでの空間を示しています。お客様はフロアを買い回り、お店のどこかのゴンドラ・ライン（通路）に入り、ゴンドラ（売場）の前で止まり（ゴンドラとは、棚の什器の通称です）、その棚に並んでいる商品の数々を見て、最終的な購入対

第2章 ISM（インストア・マーチャンダイジング）の視点

象商品へと行きつくのです。こうしたプロセスにおいてお客様はどのような行動をとっているのかを見ていきます。特定の売場での行動は「買い回り」という言葉は適切ではないかもしれませんが、買い回りの中での一連の行動としてここでは捉えておくことにしましょう。

ピラミッドの一番下にある「フロア・レイアウト」の部分での買い回りから順に考察していきましょう。図表2-6は、買い回りが多いほど買上げ個数が増えることを表しています。「計画購買個数」とは、来店前に購買を計画・決定し購買された個数です。1個よりは、2、3個…と計画してくれればその分店内をより買い回ってくれるのですが、計画購買個数のカーブを見てみると、その増加数は極めて緩やかであり、歩くことが総購買個数の増加に寄与するのは「別の購買」があるからなのです。

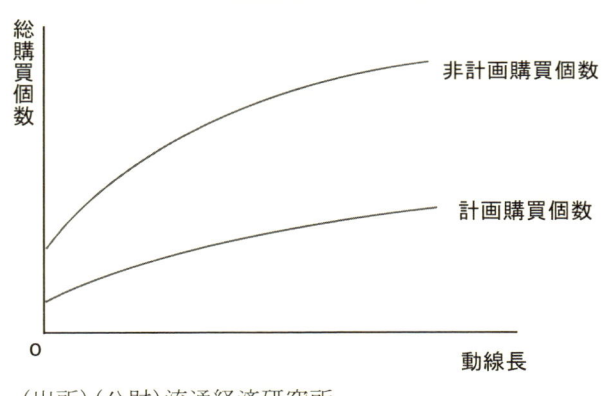

図表2-6 動線長と計画・非計画購買の関連

（縦軸：総購買個数、横軸：動線長、上のカーブ：非計画購買個数、下のカーブ：計画購買個数）

（出所）（公財）流通経済研究所

買い回りが長くなると、結果的にたくさん買っていただけるのは「非計画購買個数」が増加するからなのです。歩くことによって様々な情報を入手して、計画していなかった商品を購入しているのです。計画購買個数と非計画購買個数のカーブの差は段々と広がっていきます。つまり、歩くことによる情報収集が非計画購買個数に貢献していることを表しています。

では、どのように店内を歩いてもらえば（買い回ってもらえば）非計画購買個数を効果的に増やすことが出来るのでしょうか。単なる距離の問題なのか、または、距離ではなく（あるいは距離が同じであっても）買い回りの

仕方、あるいはパターンによって、非計画購買への貢献度が変わってくるのでしょうか。

　この疑問を解くためには、お客様の歩き方と買上個数の関係を調べなくてはならないのですが、研究の仕方としては、伝統的な方法ではお客様の後をそっと尾行していくのです。どういう場所を通って、どこに立ち寄って何を買うのかをチェックし、その軌跡を追います。これにはお金と時間、手間がかかります。一枚のレイアウト表に何人もの動線を記入して、濃くなっているところは人通りが多く、薄いところは少ないという単純な示唆を得て、それで売場づくりのあり方を考えていたようです。最近はGPSを使用した方法、カメラを使った方法など色々な調査方法があります。そして一般則を出すためには何店舗も調査しなくてはなりません。これにはさらに時間、お金、手間がかかるのでアカデミックな（学究的な）分野ではあまり研究されていないのが現状です。だからといって研究の意味がないということでは決してありません。

　スーパーマーケットにおける「動線パターン」の調査結果を紹介しましょう。お客様の買い回りの仕方は様々ですが、軌跡を似ているもの同士で分類することが可能です。そうすると動線には8つ位のパターンがあるということを認識することが出来ます。主要な4つを図表2-7・8のイメージ図に基づきながら説明しましょう（いずれも入口が右下にある店舗です）。

パターン1…まず生鮮食品の売場が並ぶいわゆるコンコースをぐるっと全体を回って、そしてその後に非生鮮（加工食品や日用品：グロッサリーといいます）売場が並ぶゴンドラの中に入っていきます。
パターン2…入り口の方から生鮮とグロッサリーを区別することなく、順次、右から左に回って出ていきます。
パターン3…ぐるっと回って出てしまい、ゴンドラの中に入っていかないため、グロッサリーの買い回りがありません。
パターン4…ぐるっと回るのですが、フロア全体を買い回らないで途中でグロサリーの売場に入ります。左下の売場（具体的には惣菜売場）に立ち寄らない人は一定数、存在します。
　その他に、パターン5…途中まで回って、すっとレジ方向へと出てしまう。

第2章　ISM（インストア・マーチャンダイジング）の視点

パターン6…生鮮のコンコースを行ったり来たりしていることに大きな特徴があるもの。

その他、店舗内の一部分のみしか買い回らないものが存在します。

この種の調査で私が行ったのはスーパーやGMS、コンビニエンスストアなのですが、何らかのパターン分けができるのです。お店にとって重要なことは、どういう歩き方がお店の売上に貢献するのかということです。

図表2-7　動線パターンの類型(1)

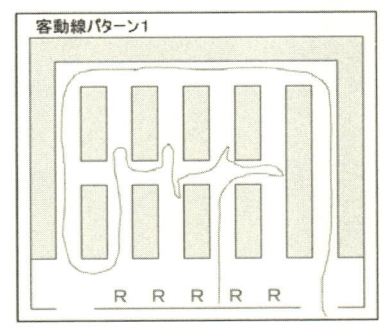

客動線パターン1	客動線パターン2
生鮮コンコースをぐるっと回って、回りきってからゴンドラ内を買い回る	生鮮を買い回る途中においてゴンドラ内を買い回り、再びコンコースに戻ってレジへ行く

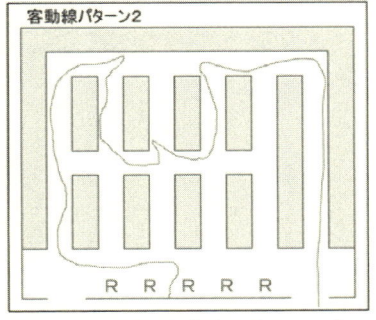

（出所）（公財）流通経済研究所

図表2-8　動線パターンの類型(2)

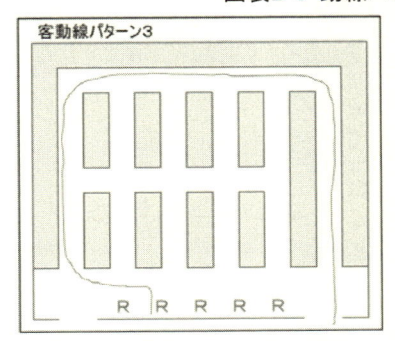

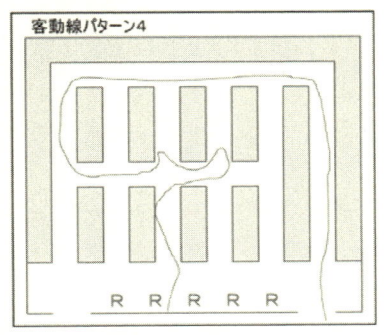

客動線パターン3	客動線パターン4
生鮮コンコースのみを買い回り、そのままレジへ行く	生鮮を全部回りきらず、青果と反対側のコンコースからゴンドラ内に入り、買い回る

（出所）（公財）流通経済研究所

さて、どのパターンが最も買上個数あるいは客単価が高いのでしょうか。少なくともお店の一部分しか買い回らないパターンではありません。パターン6は生鮮中心の買い回りで、買上単価が高いという特徴があります。買上点数が多いのは、パターン1、2のふたつです。なぜ高いかというと、動線距離が両方ともに長いからです。こうしたパターンで買い回ってもらうと、動線が（結果として視線も）長くなり、これが買上点数に貢献していたのです。よって、お店づくりを考えるにあたってパターン1、2どちらかを想定してカテゴリーの配置を考慮すべきでしょう。しかし、パターン1、あるいはパターン2では買物の基本スタイルが異なっていると考えることが出来そうです。

　パターン1はアメリカに多く、パターン2は日本に多いと考えられます。パターン1は必要な生鮮、加工食品を買い求めて、まとめ買いをするパターンです。しかしながら、ウォルマート（売上世界No.1の小売企業）のような売場面積がとても広いお店を想定した場合、実際に調査はしていないので正確なことは言えませんが、広くなればなるほど、むしろ、パターン2が多くなることが想定できます。パターン1ですと広い店内を端まで歩き、再び、来た方向へ戻るのですから、かなりの距離を歩くそれなりの抵抗感があると言えるでしょう。買物習慣と店舗の物理的特性、ならびに、お客様にとってのそのお店の位置づけによって、パターンの傾向は異なってしかるべきです。

　今、お話しているのはパターンであり、どういう歩き方の軌跡を残すかということです。パターン分析をするということは、①どのようなパターンが存在しているのかを明らかにし、②どのようなパターンでの買い回りが買上点数・金額に最も貢献しているのかを見極め、③好ましいパターンで買い回っていただくためには、どのようなレイアウト施策を行えばよいのか、その代替案を立案する、④あるいは通過されない場所の改善策を検討する、ということに結び付けることが目的です。仮に一部しか買い回らないパターンが多かったとすると、売場づくりの工夫に何か問題があると考えることが出来ます。そうした問題のあるパターンが多い時にはなぜこのような買い方をするのか、それぞれ、どのような人がこのような買い回りをするのか、という追加的な分析を行うことが必要となるでしょう。

　やや応用的なパターンの話をしてきましたが、その前に、最も単純な分

第2章 ISM（インストア・マーチャンダイジング）の視点

図表2-9 売場前の通過率

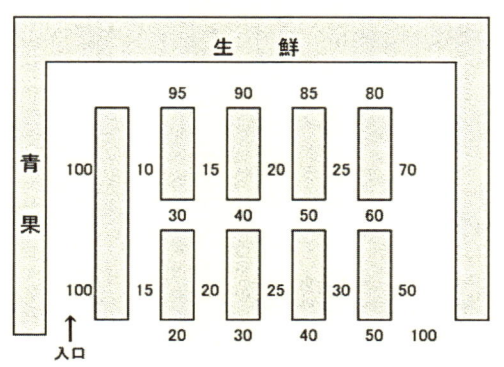

平均通過率：47.9%

（出所）（公財）流通経済研究所

図表2-10 レイアウト・タイプ別の通過率

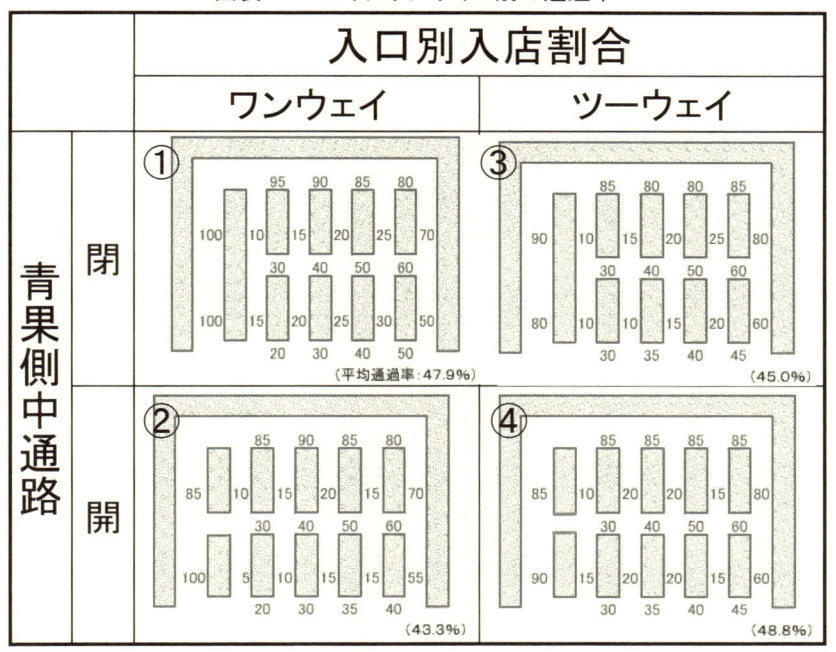

		入口別入店割合	
		ワンウェイ	ツーウェイ
青果側中通路	閉	① （平均通過率：47.9%）	③ （45.0%）
	開	② （43.3%）	④ （48.8%）

（出所）（公財）流通経済研究所

45

析がこちらの図表2-9のような集計です。集められた動線の調査票の通過ポイント数を集計するだけです。その場所をどの位のお客様が歩いたかを示すことになります。数字は、歩いた人数の比率です。この集計では２回通っても１としかカウントしていませんので通過人数に基づく通過率ですが、通過した回数そのものをカウントすることも可能ですし、数値の高低がさらに浮かび上がってきます。いずれにしてもこの比率は「売場の価値」を表します。より多くの人が歩いてくれる極めて価値のある場所（銀座の表通りとでも言いましょうか）は高い場所代を支払わねばならず、その高い地代に見合った稼ぎをしてもらわねば困ります。ところで、図表2-9で気が付いたでしょうか、最上段の通路（コンコース）ではこの数値は右にいくほど下がってきます。しかし中通路やレジ前通路では左に行くほど数値が下がるというように、逆になっています。これは一方通行（ワンウェイ・コントロール）のお店のひとつの大きな特徴なのです。お客様が一方向に歩いて行く傾向がより強いお店の場合の一つの大きな特徴で、いくつかの店舗で調査してもほぼ同じ傾向が出てきます。

　お店の与件が客動線に与える影響について、何か一般化出来ること（法則）があるのではないかと調査を進めていった結果、２つのことが発見されています（図表2-10参照）。入り口がひとつだけで一方向に歩くことをワンウェイ、両方向からお客様が入ってくることをツーウェイと呼ぶことにすると、この違いが動線そして通過率を変える第１の与件です。

　「開閉」という言葉が図表にあります。「閉」とは左側から入店したお客様がすぐに中通路に進入できない図表の上の２つのレイアウトがこれに該当し、「開」とは進入できる下の２つのレイアウトが該当します。これが第２の与件です。

　この２つの与件を４象限に分類すると、①ワンウェイで閉鎖的、②ワンウェイで開放的、③ツーウェイで閉鎖的、④ツーウェイで開放的、といった４つのパターンとなります。どのお店が一番望ましいかと言えば、①ないし④となります。その理由は店舗内のすべての通路の平均通過率がこの２つが高く、他の２つは低いからです。この比率が高いほど、買い回りがなされ、お店全体の露出度が高いということです。すなわち、「売場の価値」が高いといえるのです。

　この示唆を考えれば、例えばツーウェイで左右両方からお客様が入る場

合では、開放的なレイアウトにした方が通過率は高まります。もう一つ、ワンウェイで閉鎖的な場合は通過率が高い特徴があります。スーパーではワンウェイ・コントロールがベストだという経験則があります。一方向に歩いてもらうことは理に適っているのです。ですからワンウェイ・コントロールができるお店は、閉鎖的にしてお客様を一つの方向へ歩いてもらえる工夫をしてみてはいかがでしょうか。

　次に、どうやって長い動線長を獲得し、維持するか、その基本を２つ説明しましょう。

　その１つ目は、最も計画的に購入される部門や商品カテゴリーを最も入口から遠いところに置くことが、基本と言われています。これは、ワンウェイ・コントロールのお店を前提とした場合に当てはまります。

　生鮮食品で言うと生鮮３品（果物・野菜、肉、魚）の中で最も計画的に買われる比率が高いカテゴリーは肉（生肉）です。惣菜も加えて生鮮４品の場合、最も非計画的なそれ（買物の計画をしてこないカテゴリー）は惣菜です。皆さんの周りのスーパーを考えてみてください。動線の一番奥に惣菜があるお店は結構多いはずです。不思議なことに理屈と異なる方法を採用しているのです。普遍的な確固たる理論が存在していないと考えるのが妥当でしょう。ただし、コンビニエンスストアは最も新しくできた業態だからでしょうか。多くのお店が理論に基づいて設計されています。コンビニエンスストアの動線の一番奥というのは、計画的に買われる商品が置いてあるのです。それは、お酒です。お酒を計画的に買いに来た人は、必ずお店の奥まで来てくれるという理屈から、お酒が奥に置いてあるのです。

　そして２つ目、「パワーカテゴリー（商品群）」（磁石、マグネット・カテゴリー、PI：purchase incidence が高いカテゴリー、あるいは、支持率が高いカテゴリーなどという言い方がされています）を分散配置します。より売れる商品カテゴリーを店内の太い動線に沿って分散配置するのです。来店者の多くが購入するパワー商品を分散的に配置することによって、太い動線の状態を保ったまま、奥にある計画カテゴリー（商品群）まで辿り着いてもらう役割を果たそうとするのです。多くのお店はそれぞれのパワーカテゴリーを分散させています。図表2-11がそのイメージです。

　さらに、入口と反対方向の奥まで買い回っていただいたお客様にさらに店内をくまなく買い回ってもらうためには、グロッサリー売場においては

入口方向に向かって「非計画→計画購入商品」という順で配置していくべきでしょう。ここでも動線を誘導するのは計画購入商品群です。図表2-12です。

図表2-11 カテゴリー配置の基本(1)

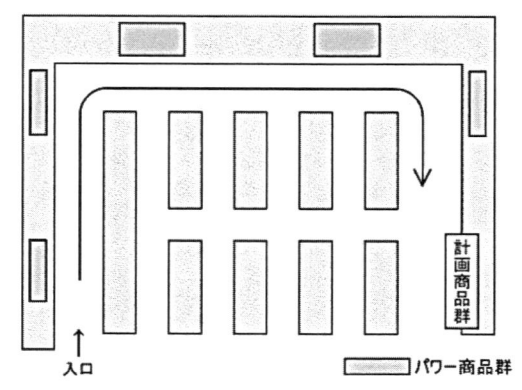

(出所)(公財)流通経済研究所

図表2-12 カテゴリー配置の基本(2)

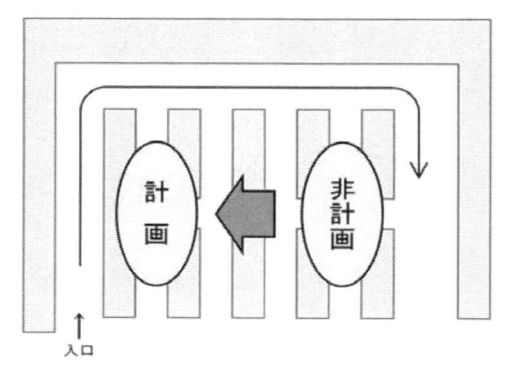

(出所)(公財)流通経済研究所

　セルフサービスの売場での動線をコントロールする仕方としては、基本的にこの2つしかありません。計画購入する商品群を動線の奥に置くことと、購入率の高い（より多くのお客様が買う）商品群を分散配置するということです。これを徹底するだけでもお客様がお店をより歩いてくれるよう

第2章 ISM（インストア・マーチャンダイジング）の視点

になるはずです。

　お店のレイアウト上のどこにどのカテゴリーを配置するかを検討するためには、購入の計画性とPI（Purchase Incidence：購入率）の高低の2つを指標にして、カテゴリーの性格を明らかにすべきでしょう。それぞれの指標に基づいて、それぞれのカテゴリーを図表2-13上に位置づけします。

　① 第1象限…よく売れていて非計画購買傾向のカテゴリーは、動線の手前に配置します。

　② 第2象限…よく売れていて計画購買傾向のカテゴリーは、動線の後半に配置します。

　③ 第3象限…計画購買傾向のカテゴリーですが、あまり売れていないものは、②と分散させて配置します。

　④ 第4象限…非計画購買傾向のカテゴリーで、あまり売れていないものは、①と分散させて配置します。

図表2-13 （非）計画購入率と点数PIによるカテゴリー分類の意味

	点数PI高	
②	①	①非計画購買傾向が強く、点数PIも高い →動線前方に配置し、分散させるカテゴリー
		②計画購買傾向が強く、点数PIも高い →動線後方に配置し、分散させるカテゴリー
計画購買	非計画購買	③計画購買傾向が強いが、点数PIは低い →動線後方に配置し、②のカテゴリー群の間に位置づけるカテゴリー
③	④	
	点数PI低	④非計画購買傾向が強いが、点数PIは低い →動線前方に配置し、①のカテゴリー群の間に位置づけるカテゴリー

　このような考え方で配置されますが、①と②の配置が最も重要です。あるお店で実際に購買の計画性を調査し、また、POSデータでPIを測定して図表2-13を実際に作成してみました。実際のお店がそういう配置になっているかどうかを見た時に、理屈通りである場合もあればそうでない場合

も混在していました。例えば、冷凍食品は非計画的でありよく売れる商品ですが、多くのお店において、動線の後方にありました。その理由は、冷凍食品を早い段階で買物カゴに入れてしまうと、融けてしまうのを躊躇して、お客様の買物時間が短くなるのを避けるために後方に配置している、とのことでした。融けないような工夫をすれば、理屈通りの配置が出来る、と考えることも可能でしょう。

　また通説には購入する商品には「買物の順序がある」と言われています。空間的にAカテゴリーが動線の最初にあって、次はB、その次はCがあった時に、最初にAを買って、Bを買って、Cを買ったら、A→B→Cという買物の順序があると言えるでしょうか。もし、仮にカテゴリーを並び替えて、C→B→Aという順番にして調査をしたら、お客様がC→B→Aという順序で購入していったとすれば、商品による買物の順序はないということになります。したがって、単純に動線調査を行って購入の順序を調べれば「買物の順序」が分かるかというと、実はそう単純ではないのです。

　スーパーにおけるこれまでの調査では、生鮮食品→日配食品（牛乳、豆腐や生麺などの多くは要冷蔵食品）→グロサリーを買うという大雑把な順序はあるようですが、さらに細かいカテゴリーとなると定かなことは言えないようです。すなわち、メインとなる買物、食品では食材が1番最初、お菓子や嗜好品などメインとはならないモノが2番目、そして非食品という大きな分類での順番です。ですから、スーパーのように、食事のメニューとそれに付随する商品を買い揃えるような場合に、おおよその買物の順序があるというのは感覚的に理解できますが、普遍的なものと言えるかどうかは不明です。ただ、その買物において主たるものが先、従たるものは後ということは言えるのではないでしょうか。むしろ、どのような順序で買ってほしいかを、お店を経営する側が考えて構わないし、考えるべきだといえるでしょう。

3．買物目的と買物意欲

　多くの場合において継続的に同じことを繰り返すと、そのことに対する意欲が下がります。それだけでなく、入口から入って店内を買い回って、売場を探索し買い進み、その日の買物が完結するにしたがって次第に買物意欲が逓減していき、レジに並ぶ、と考えれば、図表2-14のような右下が

第2章　ISM（インストア・マーチャンダイジング）の視点

図表2-14　買物意欲の逓減

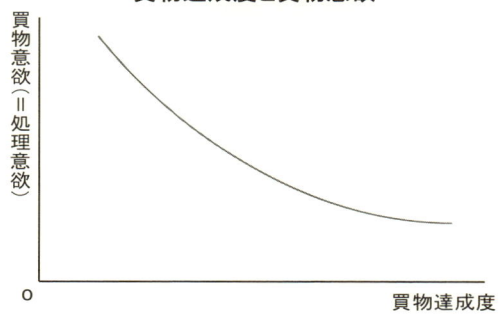

買物達成度と買物意欲

買物意欲（＝処理意欲）

0　　　　　　　　　　　　　　　　　　買物達成度

（出所）拙著（2000）『店舗内購買行動とマーケティング適応』千倉書房、P.75

りのグラフを想定することが出来ます。動線長を単に延長するだけでは、歩くという動作を継続することの意欲も低下しますが、それだけでなく、買物の進行によって買物意欲が必然的に逓減する状況をつくりだすのではないでしょうか。無理やり動線長を伸ばすことはお客様にとって決して望ましいことではなく、疲れてしまいます。大きなお店をつくれば、無条件で動線が長くなり、買い回りが増加し、買上点数が増加する、といった単純な図式は描けない理由がここにあるのです。

　近年の調査では、動線長が長くなると非計画購入点数は確かに増加するのですが、その増加率は逓減していました。まさしく、買物をする意欲が逓減している実際を表していると言えるでしょう(注9)。

　買物意欲は逓減することを前提として、売場ではどのような工夫をしなくてはならないかは、第7章で詳しく説明することにします。

　図表2-15には、今我々が工夫すべきことが描かれています。まず左のグラフでは、本来何もしない場合は下の線ですが、何らかの工夫をして、お客様に買う気をより高めていただいて買物をしてもらう状況をつくり出した状態は上の線で表すことが出来ます。下から上へとシフトしています。そのためのポイントは、まず、意欲の高い状態からスタートしてもらう、すなわち、買物目的を多く持ってもらうことが重要となります。チラシはそのための工夫のひとつと考えられます。

図表2-15 買物意欲の逓減への2つの対応

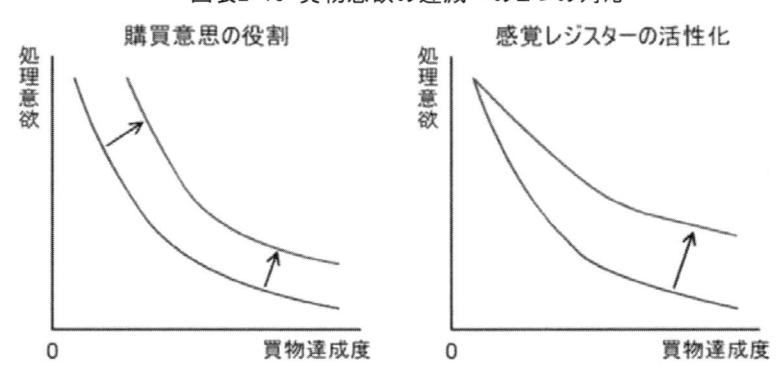

購買意思の役割 / 感覚レジスターの活性化
（縦軸）処理意欲　（横軸）買物達成度

（出所）拙著（2000）『店舗内購買行動とマーケティング適応』千倉書房、P.75

　また、入店直後、人々の多くは、最初はポカンとしていて、買物をすることに頭が切り替わっていない状態にあるといわれています。「移行ゾーン」と名付けられています。動線長当たりの立寄回数から、この移行ゾーンの存在を調査で証明することができました。入店直後は立寄りの効率が低い、すなわち、歩く割に立ち寄る回数が少ないのです。ただ、移行ゾーンという言葉は空間を想像してしまうので、私は「助走期間」という名前をつけました。この助走期間をいかに短くするかがお店の課題です(注10)。

　来店したお客様を平均すると、全ての買物に関わる動線長および時間の、なんと約4分の1は助走期間にあたっていました。しかし、買物目的を持って買物に来ている人はそうでない人に比べて助走期間が短かったのです。非計画的な購入をいかに増やすかがセルフサービスの極意であることに変わりはありません。それはお店に入ってからの工夫であり、お店に入ってくるまでは、いかに計画的に買物に来てもらうかを考えた方が良いと思います。

　スーパーの例では、事前の目的の多くは「メニューに必要な商品」なのです。ですからメニューを決定して買物に来てもらうようにしたら、買物予定の形成はすでに完了していますから、計画的な買物にスムーズに移行可能となり、助走期間は短くなるのです。目的がたくさんある人の方が、動線長と滞在時間は長くなり、助走期間は短くなります。

第2章　ISM（インストア・マーチャンダイジング）の視点

　目的をたくさん持つことの効果は、動線長当たりの立寄と買上効率をさらに高めることが確認できました。つまり、さほど歩かなくてもちょくちょく立ち止まってくれるということが分かりました。同時に、買物目的は、お店に入ってからのお客様の買物を効率化していました。当たり前のことですが、全く何も考えずにお店に来てもらうよりもスムーズに意思決定しているのです。それなりに計画的に買物をしている方が、効率的な買物をしそうだということは想像つきますし、調査結果もその通りでした(注11)。

　買物を計画させるためにこれまでのようにチラシを撒くのか、あるいは、より有効な他の方法を採用するかは、これから検討しなくてはならないのですが、お客様に目的を持ってもらうことによって、来店後の店内における買物行動を確実に変化させることが出来たのです。

　近年、関東のスーパーマーケットで、入口において今日のお買得商品を告知するチラシを来店されたお客様に配るという実験をしました。そうすると、受け取ったお客様と受け取らなかったお客様で買物の仕方が変わってくることが分かりました（第7章を参照）。

　さて、図表2-15の右のグラフに戻りましょう。このグラフが示すことは、買物の進行中において買物意欲（情報処理意欲）が下がることを少なくする工夫をして、下の曲線を上方にシフトさせよう（あるいは、下方にシフトするのを防ぐ）というものです。例えば BGM を流すのもその工夫の一端と考えられますし、店内の適所にカゴやカートを置くなどして運搬による体力的疲労を削減してあげるなど、実際に様々な工夫をしています。まだまだ出来ることはあるはずです。アメリカの事例ですが、買物途中でコーラを無料でふるまい、それを飲んだお客様は、その後多く買い回っていたという研究事例が既に1950年代に存在していました(注12)。

　ここで気が付かねばならないことがあります。買物目的を持っていただくことは、図表2-15の左側のグラフを上方にシフトさせるための工夫だったわけですが、立寄効率や買物効率にまで目的が寄与した事実は、右のグラフに表した効果も生んだことを意味しています。

　売り手は、売場で「この商品をお客様に買って欲しい」と強調したいために、値下げという手段を採用することが多いのですが、買物全体を促進するためには、新たな目的を形成していただくほうが有効ではないでしょうか。目的の形成は来店前のみならず、それぞれの売場において、例えば

調理方法を掲示し、それに賛同したお客様が新たな目的を形成して商品を購入するということも考えられるはずです。

　お店から発信する情報提供の目的の一つは「買物目的を形成」するためにあります。情報提供をする場所の１番目はお店に入る前（家庭で、職場で等）、２番目は入店してすぐの場所、そして３番はそれぞれの売場であると考えられます。

　店舗とネットを結ぶ様々な工夫、スマホなどの情報提供ツール等、計画的な買物をしてもらう様々な工夫と方法が最近どんどん増えてきています。それは非常に賢い方法だと思いますし、今後さらに発展・普及して行くことでしょう。

　購買点数を増やそうとするあまり、とにかく長く歩いてもらおうとするのではなく、じっくり買物をしていただくための工夫をしなくてはなりません。買物が進行するとともに買物意欲が逓減するだけでなく、歩くという行為はお客様にとってコストであり、特に今後高齢者が増える社会において、従来のような発想が成り立たなくなってきているのです。じっくりと買物をしていただくための様々な工夫は、POP の付け方、情報提供のあり方、陳列の仕方等全てにおいて見直す必要があるのではないかと思います（具体的な陳列の仕方は、第３章で説明します）。

４．店舗施策の見直しの必要性

　歩いてもらうことを目的とするのではなくて、助走期間を短くしつつ買物意欲（情報処理意欲）を高めてもらい、むしろ短い動線で効率的な買物を行ってもらうのです。図表2-16の右側のグラフの実線部分のイメージです。動線長の長さよりも、買物時間の長さのほうが購買個数増により寄与していることが分かりました。つまり、歩いてもらうのではなくて、お店の中で何を買うかについて思案することに時間を費やしてくれた人のほうが、買上個数が多かったのです。

　しかし、まだ問題は解決しておりません。その場でじっくり考え、納得して買っていただける売場とはどんな売場でしょうか。まさしく、より具体的な施策のあり方が検討されねばならないのです。動線長延長や非計画購買を施策するのとは全く違うレイアウトが求められるかもしれません。イメージしうるのは、「曲線しかないレイアウト」です。曲線の方がゆっ

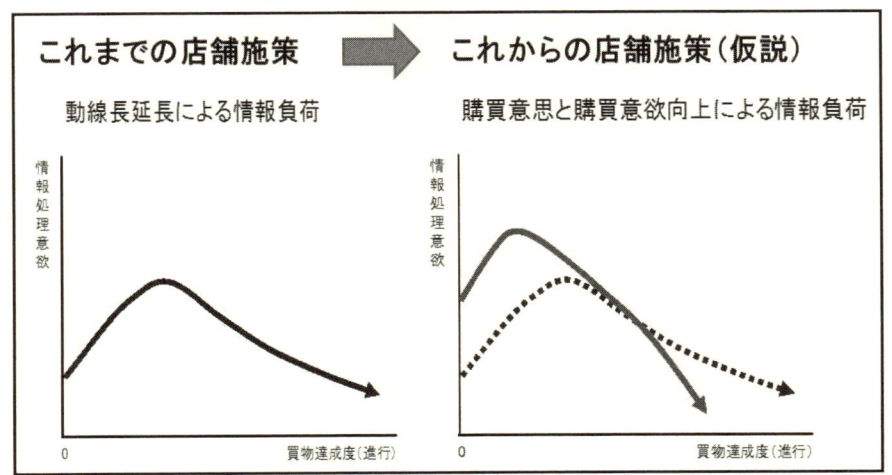

第 2 章　ISM（インストア・マーチャンダイジング）の視点

図表2-16　買物意欲向上＆滞在時間向上

| これまでの店舗施策 | ⇒ | これからの店舗施策（仮説） |

動線長延長による情報負荷　　　　購買意思と購買意欲向上による情報負荷

（縦軸：情報処理意欲／横軸：買物達成度（進行））

（出所）拙著（2011）『購買プロセスと買物効率および購買成果の関連』「流通情報」（公財）流通経済研究所、No.494、P.75

くり歩き、一瞬一瞬の視野も限定されるからです。

　私が調査したのは同規模のスーパーなので、本当に立寄時間重視だけでいいのか、大型店と小型店は同じなのか、また、他の業態ではどうなのかなどについてはさらなる調査が必要です。今後の研究成果を待ちたいと思います(注13)。

　いずれにしてもたくさん歩いてもらって買物をするパターンではなく、あまり歩かない狭い空間でも視線がたくさん動くお店づくりは出来ると信じています。すでに紹介した BBB がまさにそうでした。自分の視線が自然に動く、スペースが狭いからこそ色々と工夫をしていると実感出来た空間でした。遠く離れたモノ、真ん中のモノ、近くのモノの配置バランスが極めて良いのです。日本庭園の造作に学ぶべき点が多々あるかもしれません。

【第２章のポイント】

❶ セルフサービスは買い回りしていただく業態です。しかし、店舗内を買い回っていただくことそのものが目的ではなく、買い回るプロセスにおいて売場から情報を収集し、視線を留めて買上げの検討をしていただくために必要なのです。したがって、どのように買い回り、何をどのように見ていただくのか、どこに視線を留め、足を止め、買上意思決定をしていただくか、買物プロセス全体に注目し、それを設計することが ISM です。

❷ セルフサービスにおいてスペース・マネジメントは極めて重要です。セルフサービスでは、「スペース」が接客をします。スペースを広くすることは、それだけお客様に接する機会を多くすることを意味しています。どのカテゴリーのスペースを大きくするか小さくするのかは、どの程度そのカテゴリーの接客を重視するのか否かと同じです。これは「情報量を管理する」と言い換えられます。

❸ フロアはお客様が良く通る場所とそうでない場所があります。どれだけの人が通過するのか（通過率）はまさに「売場の価値」の指標となります。通過率は入口の位置やワンウエイ・コントロールか否か、また、什器の配置が閉鎖的か否かによってある程度その法則性があることが分かっています。

❹ 動線パターンというのは、お店をどのように使ってくれたのかを示す軌跡のデータです。お客様がどういう歩き方をしたのかを見ると、お客様のお店の使い方が分かってきます。どのように歩いていただくことがお店にとって望ましいのか、どのような条件で、動線パターンが変わるか、実際に売場を変えてじっくりと観察してみてはいかがでしょう。

❺ お店の中ではお客様が事前に計画して購入する傾向の強い商品カテゴリーがあり、あるいは、その逆の傾向のものがあります。計画的に購入される商品カテゴリーは動線の最も奥に配置し、多くのお客様が購入する商品カテゴリーは分散配置します。動線長を長くする→入手する情報量が増える→買上点数増加の可能性が高まる、という効果が期待できます。

❻ ただし、買物意欲は逓減しますから、限られた売場面積を最大限に活用する意味において❺は必要ですが、動線長を無理矢理長くするのは、お客様にとって望ましいものではありません。むしろ、より計画的な買物

第2章　ISM（インストア・マーチャンダイジング）の視点

をしていただき、短い動線であっても視線距離の長い売場をつくり、そこでゆっくり滞在してもらう工夫をすべきでしょう。

❼　買物の目的があるからお店に行くのですが、目的が不明確なお客様が意外と多いのです。買うモノやメニューを明確化して事前に計画してもらうと、買物は効率化します。来店前に、入店時に、そして、それぞれの売場で「買物目的を形成する」ことをお店が提供する情報の一つの目的とすべきでしょう。

第3章
売場づくりの基本と手順

1．売場の優位置と劣位置

　前章ではセルフサービスの店舗、あるいはフロアにおけるお客様の買物の実態と ISM の考え方、ならびに、お客様の買物の生産性と店舗の生産性を同時に高めることを意図した時の今後の店舗施策の方向性を提示しました。第3章では、個々の売場でどこが売れる、あるいは、売れない場所なのか、どのようにしたらより売れる場所になるかという売場づくりの基本を考えることにしましょう。

　前章でみたようにフロア・レイアウト上であまりお客様が買い回らない場所がありました。少なくとも、より多くお客様が行き来する場所よりは売れない場所となってしまいます。店舗内の各通路やそれぞれの売場でも、お客様があまり通らない場所、あるいは、視線が行き届かない場所が発生してしまいます。そうした売場の優劣はどのように決まってしまうのか、その場所は具体的にどこで、どうしたら改善できるかを考えてみましょう。

　そうした工夫を考慮した上で、個々の商品をどこの棚段にどれだけ並べるのか、を検討しなければなりません。この作業は、「棚割り」と呼ばれるものですが、「プラノグラム」「スキマチック」ともアメリカではいわれ、日本の小売業では「フェイシング表」、「陳列台帳」などと呼んでいる場合もあります。第2章で説明した「スペース・マネジメント」をそれぞれの棚段で行う作業だと思ってください。この作業では「何がどれくらい売れたか」という販売データ、POS データが不可欠になります。そのデータを活用するための基本的な視点もお話ししましょう。

　什器が並んだ端の売場を「エンド」と呼び、そこでの陳列を「エンド陳列」と呼んでいます。多くの場合は商品が山積みされて、特売価格で売ら

れている場所です。
　図表3-1はそのエンドを上から見た図です。多くのお客様が左から右に歩く場合は、歩いてくる手前の方が売れます。なぜかというと「視線」が優位置と書かれた場所に向いており、すでにエンドの手前から優位置を見ているからなのです。そのエンドの正面で足が留まるかどうかは、手前の位置からの「視線」が決めているのです(注14)。

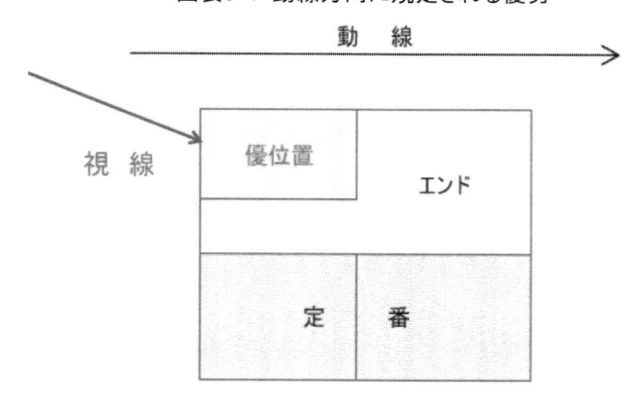

図表3-1　動線方向に規定される優劣

動　線　→

視　線　→　優位置　エンド

定　番

（出所）（公財）流通経済研究所

　売場をつくる時に、真正面からみてキレイに商品を並べることは重要ですが、それ以上に動線の手前から、どのようにそのエンドが目に映っているかが重要です。エンドの正面まで来た時は、全体ではなく特定の場所・商品しか見ていません。全体を見る場所はエンドの手前なのです。この優位置の側面をダンボールむき出しにしているお店はないでしょうか。手前から見て最も目につく場所に商品が見やすく満載してある方が視線は留まり、足が止まる確率が高まるのです。
　売場の優劣を決めるのは、第2章でみたように、その前の「通過人数」が第1の要素でした。そして、次に、その売場をどこから見るか、そこから見た時に視線がどこに、どれだけ当たるのか、すなわち「視認量」が第2の要素となります。買う人の立場になり動線にしたがって売場を歩いてみてください。自然に目に飛び込んでくる場所は優位置です。そこにある

のは商品ですか。それとも、ダンボールや乱雑なPOP（ポスター）でしょうか。我々の目に映っているのはダンボールやPOPではなく、限りなく商品でなければいけません。

　話が少しづつ細かくなってきます。さらに上のほうから売場を見たのが図表3-2です。お客様がこの動線のような歩き方で通路に入ってくると、お客様の視線が向かい側の売場に行きます。「優位置」と書かれた売場が視認されるのです。そして、その反対側は通路に進入したお客様が振り向く方向になる場所なので、その場所の視認量が少なくなる結果として、「劣位置」となるのです。ここでの優劣は視認される程度を意味していますが、その程度が売上の優劣となり、買上点数に反映するのです。

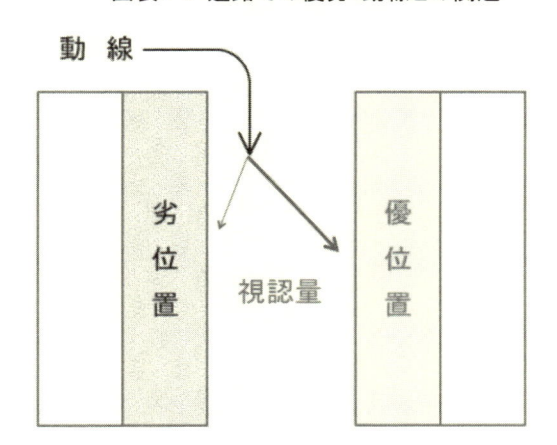

図表3-2　通路での優劣：動線との関連

（出所）（公財）流通経済研究所

　この通路には合計6方向（上の左右から、下の左右から、さらに、上下からの直進）からお客様が入ってくる可能性があります。仮に6方向が全て均等の通過率であるとしたら、この左右の棚の優劣は生まれないという事になります。しかし、このような例はほとんどありません。調査すると左上からの動線の通過率が非常に高い売場において2番目に多い進入は、右下からという売場が多いのです。そうなると今度はこの図の劣位置側のほうが有利になります。実際に歩いてみてどこの場所が目立つか確認してみる

とよいでしょう。そして、確認してからの後の作業が重要となってきます。

図表3-3の売場の各マスのタテ幅（ゴンドラ什器のサイズ）は３尺（約90cm）です。動線から入ってきて視線が当たるのは２番目、３番目の◎印の場所となります。一番手前ではないのです。曲がろうとする瞬間のお客様の視線はぐるっと回って少し先の売場を見ています。歩きながら売場のどこを見るのか、この位置の測定は実はそう簡単ではありません。

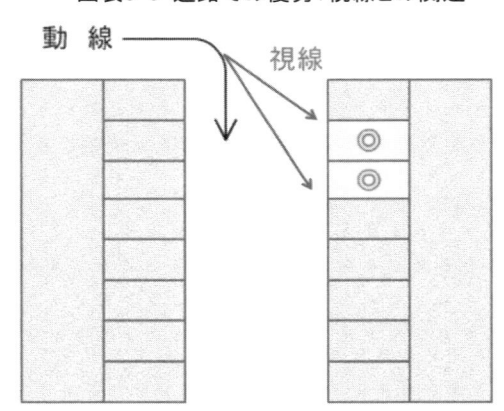

図表3-3 通路での優劣：視線との関連

(出所)(公財)流通経済研究所

実際に調査員（買物客）にスキーのゴーグルのようなアイカメラを付けて歩いてもらい、その視線情報を収集して、最も視線が当たる場所である◎の位置が分かりました。また、棚に置く商品を毎週ローテーションして動かし、置いてある商品の影響を排除して測定しています。また、視線だけでなく、週ごとの POS データを収集し、場所ごとの売上点数も記録しています。「見られる場所＝売れる場所」であることが確認されています。

図表3-4の〇印は図表3-3の◎印ほど視線が集中していないことを意味しています。また場所が左右に分散しています。この通路に左側から進入したお客様が振り返った時に視野が広がるからです。売れる場所が変わってきます。

さてここで、売場全体（図で言うと８つのマスの合計）での売上を最大化する、すなわち、売場生産性を高めるための２つの仮説を立てることが可

第3章　売場づくりの基本と手順

図表3-4 通路での優劣：視野との関連

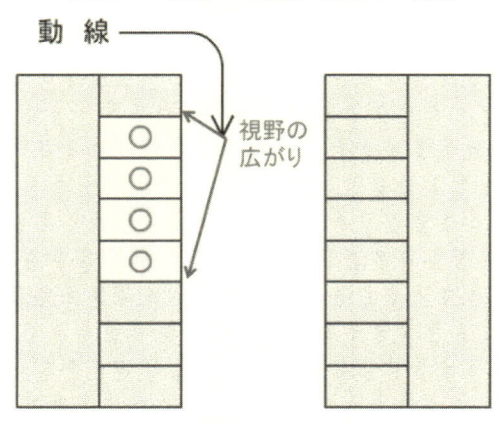

動　線

視野の広がり

（出所）（公財）流通経済研究所

能です。

　仮説1：優位置（◎）に売れ行きの良い商品を置き、あまり目が行かない劣位置（印のないところ）の場所にあまり売れない商品を置いたほうが売場全体の生産性が上がる。

　仮説2：仮説1とは逆で、優位置（◎）に売れない商品を置き、劣位置に売れる商品を置いたほうが売場全体の生産性が上がる。

　どちらの方が売場生産性を高める事ができるでしょうか。正解は、仮説1です。売場全体を代表するような売れる商品を◎の位置に置くと、その商品に目が留まる客数が増えます。そして足を止めて買う確率が高まります。売れる商品が◎の位置にない場合、お客様はなかなかこの通路に入って来ないのです。◎以外の場所に売れる商品が配置されていたら、お客様は気が付かずに通り過ぎてしまうかもしれません。

　店内の主たる動線の進む方向とそれに伴って視線が当たる場所であれば、そこに売れる商品を置くとよく売れますが、あまり売れない商品を置いた場合は、確かに優位置ですから売れるのですが、同時に劣位置に置かれた売れる商品の売上減少分を補えるほどは売れないのです。「売れる場所に売れる商品を」が原則です。

　通路における売れる場所は「視線」と「視野」で決まります。遠く離れ

ると視野は広がります。ですから通路が狭いか、広いかで見られる範囲が変わってくるということも忘れてはなりません。通路の広いお店と狭いお店の売場の商品配置は同じで良いとはいえないでしょう。

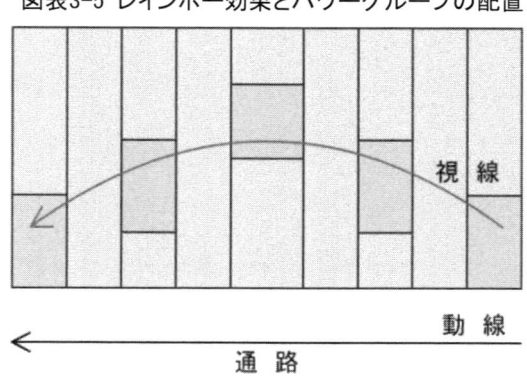

図表3-5 レインボー効果とパワーグループの配置

（出所）（公財）流通経済研究所

「レインボー効果」という言葉があります。図表3-5は売場をヨコから（正面から）見ています。大きな扇形の矢印は自然な視線の流れの軌跡ですが、虹（レインボー）をイメージできます。視線はまっすぐ動かないのです。下から上へ視線が上がっていき、弓型を描きます。この視線が通る場所は優位置です。ここに配置されたカテゴリー群の中で売れているサブカテゴリー（パワーグループなどと呼ばれています）を分散させて置いた方が良いのです（やや色の濃い部分）。

非常に多くのお客様が買う商品を弓型に並べ、分散する事によって、通路の奥までお客様の視線を誘導でき、視線距離を長くすることが出来るようになります。そうではなく、自然に視線が流れない場所にパワーグループを配置してしまうと、買うべき商品を見過ごしてしまったり、奥の方まで視線を誘導出来ずに終わってしまう可能性が高くなってしまいます。

弓型の視線に沿って売れるサブカテゴリー（パワーグループ）が並んでいるかどうかチェックしてみてはいかがでしょうか。

ここまでは、通路内でどこが目立つか否かを説明しました。ここからは、足を止めたそれぞれの売場でどこが優位置か劣位置かという話に移ります。

第3章　売場づくりの基本と手順

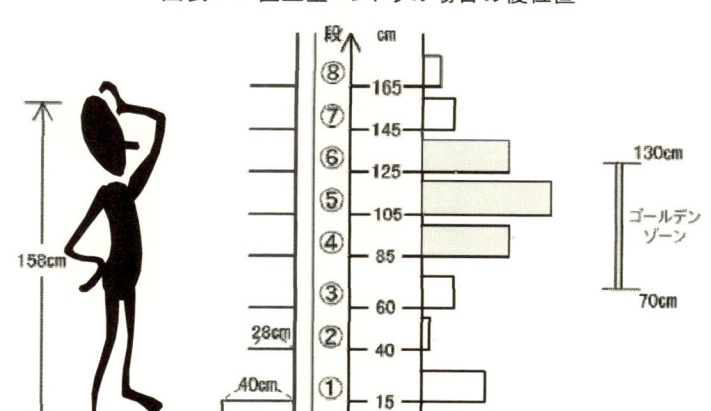

図表3-6　直立型ゴンドラの場合の優位置

（出所）（公財）流通経済研究所

　図表3-6はゴンドラの前に立った時の優位置を表しています。棒線グラフは、ゴンドラ全体に占める各棚段の商品の売上割合をイメージしています。左に立っているのはスーパーの主な買い物客である女性客で、158cmは、身長平均値です。最も売れる高さをゴールデンゾーンと言いますが（ゴールデンラインとも言います）、およそ70〜130cmであり、この高さが優位置となります。この高さは、視線がどこに向いているかという意味で「アイライン」をも意味しています。この人のアイラインは⑤のあたりを見ています。目の高さと平行ではなくやや下を見ています。売場で買物をしている人の自然なアイラインはやや下向きとなります。むしろ、誤解が生じないように従来からの呼称であるアイラインよりは「バストライン」と言ったほうが良いかもしれません。手を自然に伸ばした高さは「バストライン」だからです。
　図表3-6は「直立型ゴンドラ」の場合です。一番下の段は少しだけ飛び出してはいますが、わずかな差であり、全体から見るとほぼ垂直に見えます。
　図表3-7は別のタイプ「L字型ゴンドラ」の場合です。一番下の棚が20cm飛び出していて横から見ると逆L字型になっています。ゴールデンゾーン

65

が下がっています。アイラインはそれなりに売れているのですが、それよりも一番下の飛び出た部分（①段目）に売れる場所が出現します。その理由は、商品がより露出する結果となって視線を誘導し、買物客の多くが下を見るようになったからです。図表3-6も図表3-7もゴンドラの場合ですが、什器形態によってアイラインは異なります。下段が露出した冷ケースの場合、アイラインはさらに下の方になります。

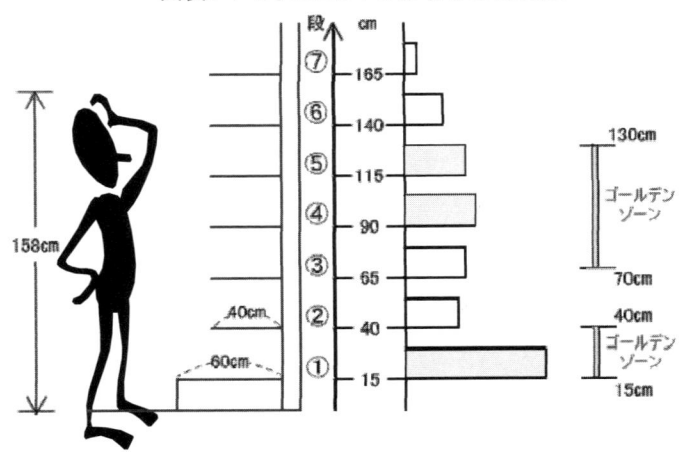

図表3-7 L字型ゴンドラの場合の優位置

（出所）（公財）流通経済研究所

　そして、視線を誘導した事実を証明しているのが②段目です。直立型ゴンドラでは②段目はほとんど売れない場所ですが、L字型ゴンドラではある程度売れる場所になっています。その理由は視線がここを通過したからに他なりません。視線が通った、留まった場所は売れる場所になる、ということを表しています。

　直立型とL字型の共通点は最上段の⑦段目が売れていないことです。買物客にとって目線より上の方は中々見えません。そこに商品を並べた段階でその商品は、売れない商品になっています。しかし改善方法があるはずです。この工夫をこの後に一緒に考えてみましょう。

　「どの位置が売れる、売れない」といった実験・調査は冷ケースや専用什器等、様々な什器形態で行われていますが、あえて紹介する必要はない

第3章　売場づくりの基本と手順

と思っています。なぜなら、ある法則に従えば実務的には、これ以上の精度は必要ないと思っているからです。棚の前に立って自然に見た時に、皆さんの目に映る棚段の露出量の割合は、ほぼ売上の比率に近くなります。ただし、手の取り易さなどの要因も関係しますから、イコールとなることはありません。例えば5段の冷ケースの場合であれば、最下段の露出量の割合が30％だったら、売上の比率も30％に近似します。我々が見える場所が、見える量が、売上に繋がるのです。見えない場所は見えるように工夫をすることによって売上が上がります。どの程度「露出」するか、見てもらえるかが売上に直結しているのです。

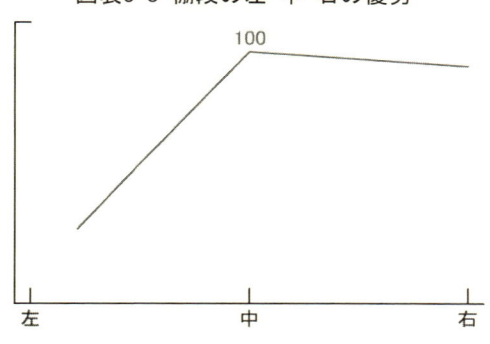

図表3-8　棚段の左・中・右の優劣

（出所）（公財）流通経済研究所

　自動販売機のように、コインを入れるためにその場所を確認するような場合は、売れる場所はコインを入れる場所周辺となります。コンビニエンスストアに多い、冷ケースで取っ手を開けて商品を取り出す売場は、取っ手の周辺の場所がよく見られているので、売れる場所となっているのです。見られる場所がどこなのかによって、売れる場所も変化します。
　これまで売場・棚段の縦方向の優位置について述べてきましたが、今度はヨコ方向（左右）の優位置の説明をします。右から左まで3尺（約90cm）という僅かな距離の差ですが、売上個数ベースの指数を中央を100とすると、右側はやや下がる程度ですが、左側は約80となります。棚段の左右でこれだけ差が生まれます。
　「右側優位」という言葉があります。右と左を比べた時にどちらが優位

であるかを表した言葉です。右側に行けば行くほど売上が高くなるという意味での右側優位、という解釈は誤解です。一番優位なのは最も目に付く場所、すなわち目の前の中央なのです。左と中央および右では約20ポイントもの開きがあります。

　これには２つの説があります。一つ目は多くの人は右利きの人が買物をするので、右側が優位と言われていましたが、左利きの人でも優位置は同じだと聞きますので、これは誤解だったようです。

　二つ目は、視線説です。皆さんの眼球を上下・左右、それぞれの方向に動かしてみてください。上下・左右、どの動きが自然に動くでしょうか。多くの人は左右のはずです。人間の目は左右の視野が広いのです。また、左から右への視線の流れのほうが自然でかつ、流れるスピードも最初は早く段々と緩やかになります。結果的に、中央から右にかけての視認量が多くなるのです。視線を上下に動かして商品を比較するよりもヨコに動かして比較する方が買いやすいといえますし、左右では中央から右にかけて見やすく買いやすい場所となります。このような視線の動きを念頭におきながら商品を並べることが売上に結び付くのです。

２．劣位置改善の方法

　買上点数を向上・改善する第一歩は、見やすい場所に売れる商品を置くことです。ゴンドラの高さでの優位置、棚段左右における優位置を正確に把握した上で商品の陳列を決めることが重要です。さらに売場・棚段全体の生産性を高めるためには、見にくい場所を限りなく少なくすること、換言すれば、見にくい場所を見てもらえるようにする劣位置改善の方法を徹底することでしょう。

　お店を大改造するのではなく、すぐに取り組める簡単な方法を考えてみましょう。図表3-9は商品の並べ方を変えただけの例です。商品をタテやヨコに並べてみて、タテよりヨコが、あるいは、ヨコよりタテの方が視認量が高まるのであれば、それに従って並び替えるという作業です。タテあるいはヨコに並べるかは、お客様にとってどちらが見やすいかで決まります。

　仮にナナメにおいた時に視認量が高まるのであれば、図表3-10のように、安価な補助機材を使用するなどして斜めに置く工夫をしてみてはいかが

第３章　売場づくりの基本と手順

図表3-9　最下段の改善(1)

対策１：商品を立てたり、寝かせたりして、商品露出を高める工夫

　　　　直立型ゴンドラ　　　　　　　　　L字型ゴンドラ

（出所）（公財）流通経済研究所

図表3-10　最下段の改善(2)

対策２：補助機材を使用し、商品を傾斜して陳列し、
　　　　商品露出を高める工夫

露出大

直立型ゴンドラ

（出所）（公財）流通経済研究所

でしょうか。商品を露出させることが全てです。視認量が高まれば売上が上がるのですから、やってみる価値があると思います(注15)。

　図表3-11は、下から２段目が目立たないので思い切って棚を取り除き、この棚全体の生産性を高めようという意図のもとで実験を行ったものです。そしてこの結果は、棚を取り外したことによって、この部分の視認量が大

図表3-11 下から2段目の改善(1)

> **対策3**：棚板をはずして一段減らし、下段にボリューム陳列するなど、販促コーナー提案とあわせて行う工夫

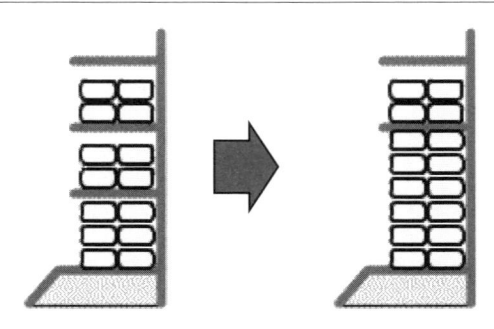

(出所)(公財)流通経済研究所

図表3-12 下から2段目の改善(2)

> **対策4**：最下段にPIの高い商品を陳列し、さらに同一ブランドで容量違いの商品を陳列する工夫

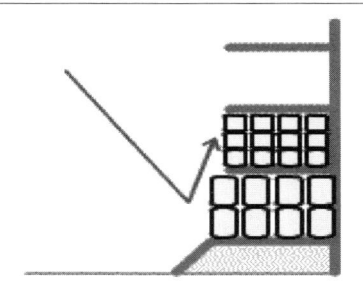

(出所)(公財)流通経済研究所

幅に高まりました。視認量が高まれば、売上改善に直結しますから、これもひとつのアイデアとなります。

　視線を誘導することで、その場所の視認量を高めることも可能です。図表3-12は、最下段に売れる商品を置き、同じブランドの容量違いをその上の棚に並べた事例です。同じ情報に接した時には視線は流れやすくなりますし、変化に富む情報には視線は留まりやすくなります。違うブランドを

第3章 売場づくりの基本と手順

上下の段に置くより、同じブランドで容量やフレーバー違いなど、パッケージデザインが同じか似ている商品を上下に置くと視線が流れやすくなるのです。

　図表3-13のような工夫をした什器が一般に出回ってきています。上の段に行けばいくほど、棚の奥行きが短く、下に行けば行くほど棚の奥行きが長くなります。さらに、図示されてはいませんが、棚の設置角度を上段から下段に移るにしたがい、少しずつ変化させ、左に立つ人から見て、棚段の露出量が限りなく一定になるようにすればゴンドラ全体の視認量を最大化することが可能で、売場のトータルの売上は最大化に近づきます。いろ

図表3-13　棚段の効果差の改善

対策5：3段目以上をせり出し長さの異なる棚板を導入し、各段の露出量を平均化する工夫

露出量
平均化

（出所）（公財）流通経済研究所

いろなメーカーが自社ブランドの大きさや形状に合わせて専用什器をつくる理由の一つがここにありそうです。しかし、手の取り易さも買上に直結しますので、各棚段の売上が全く同じになるとは限らないのですが、少なくとも劣位置が改善され平均化する方向に働きます。

　棚段の目の前に立つと、目の位置から上の段は、中々視線が行かない場所であることに気が付きます。

　図表3-14ではグループＣの商品の塊で最上段を含む上段の棚段3段を使用しています。こうした並べる場所の配置を決めることを「ゾーニング」と言います。通常、棚割りを作る時に最上段は「その他」に分類される商品を置くことが多いようです。その理由は、他のグループにも属しにくい

図表3-14　最上段の改善(1)

> **対策6**：上から2段目までの商品グループと同一グループに属する商品を配置し、ブロック陳列する工夫

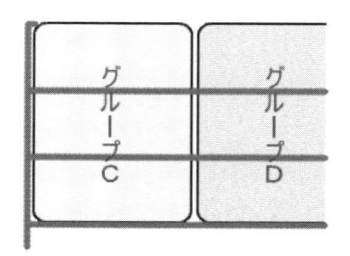

図表3-15　最上段の改善(2)

> **対策7**：上から2段目までのブランドと同一ブランドのフレーバーの違い、もしくは容量違いの商品を陳列する工夫

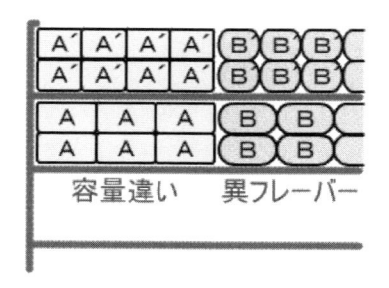

商品や、属さない商品だからです。最上段が「その他」のグループの棚段となると、その棚段にまで視線が流れなくなってしまいます。そもそも見にくい場所ですから、「その他」の商品ですとさらに視線が行かなくなるのです。視線を上部に持って行くために、同じグループ内の商品を最上段にも並べるのです。視線が上に流れる効果が期待できます。比較してもらう商品を棚段の下から最上段まで配置し、グループ全体への視線を確保することで、劣位置を改善するのです。

　図表3-15は、図表3-14と同様の効果を狙ったものです。同一のグループで最上段までカバーしたのが図表3-14でしたが、ここでは、同一のパッケージを上下に並べることで視線の誘導を図っています。

　同一ブランドの容量違いやフレーバー違いであれば、同じパッケージで

図表3-16 視線のコントロール(1)(その他の方法)

> **対策8**：カラーテーピング
> パーティカルにカラーを統一することにより優位置と劣位置の差を縮小する工夫

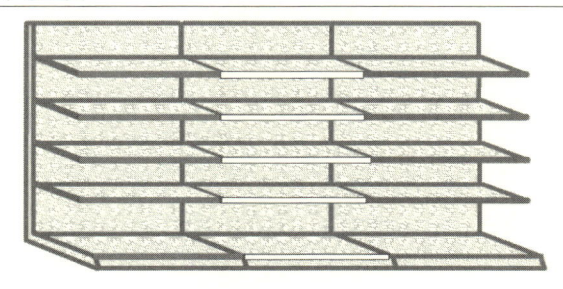

(出所)(公財)流通経済研究所

すから最上段もまとめて一緒のグループとして認識してもらえることでしょう。これは図表3-12と同じ工夫です。

　図表3-16は「カラーテーピング」と呼ばれる方法です。左右の売場（ゴンドラ什器）と差別化させ、際立てるために棚のヘリにカラーテープを貼ります。他の什器と色が違うために什器全体の視認は補正されます。しかしながら、棚段の視認量の差までは解消されません。

　よく見かける工夫ですが、劣位置を改善するという目的というよりは、このゴンドラに並べられた商品・ブランド全体への視認を稼ぐ、といった目的での使用が多いようです。

　カラーテーピングより、さらに効果的なのは、棚段に変化をつける「ブレーク・アップ・ライン」です。特に、同じ棚段構成が続く広い（長い）売場では、視線が留まりにくく、ヨコに流れてしまいがちです。視線が留まらない限り立寄りされず、さらには買上にはつながりません。そこで、棚段の構成を一部分変えるのがこの方法です。図表3-17では、棚段に変化のある段差のあるところで視線が留まりやすくなります。劣位置部分にも視線を留めることもできます。例えば、商品そのものやのパッケージの色が似ている煎餅や精肉売場などで棚段に変化をつけてみてはいかがでしょうか。

　図表3-18のタテヨコの線は、サブカテゴリーの商品グループを区分する

図表3-17　視線のコントロール（2）（その他の方法）

対策9：ブレーク・アップ・ライン
棚段に変化をつけることにより、視線の流れを止める工夫

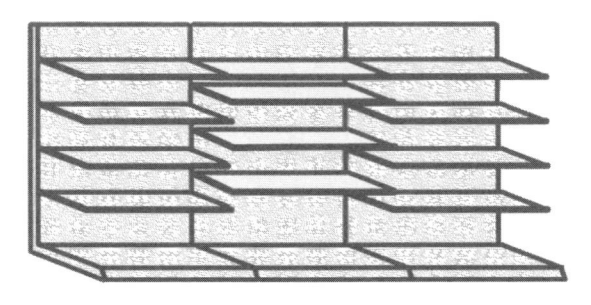

（出所）（公財）流通経済研究所

図表3-18　ゾーニングと視線の停止

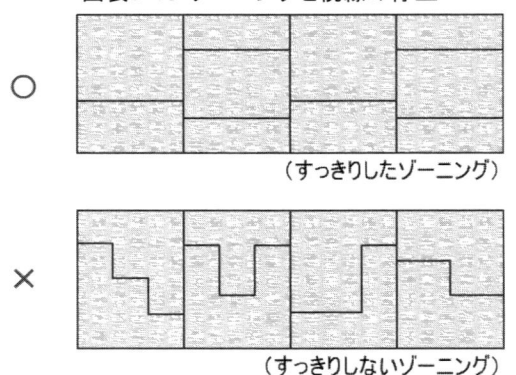

○（すっきりしたゾーニング）

×（すっきりしないゾーニング）

（出所）（公財）流通経済研究所

線だと思ってください。それぞれ区切られ、その中では何らかの関連性を持つ同一のグループに属しています。上の「すっきりしたゾーニング」はタテの線、ヨコの線がはっきりしています。この場合、グループの区切りがはっきりと目立ち、視線が留まりやすくなります。

　下の「すっきりしないゾーニング」ではタテの線、ヨコの線がはっきりしていないので、区切りが明確でなく、視線が留まりにくくなってしまいます。結果として視線が流れていってしまいます。立寄りも当然少なくな

ってしまいます。

3．プラノグラムの策定方法

「プラノグラム」とは什器内の商品の陳列、すなわち「棚割り」の事ですが、「プラン・オン・ダイヤグラム：Plan on Diagram」という言葉の略称です。

ダイヤグラムとは図解を意味し、特に列車の運行表を指します。売場を緻密に作る計画の意味合いがあります。プラノグラムを策定する3つの要素、すなわち、グルーピング、ゾーニング、フェイシングの原理について説明します。まず初めに指摘しなければならないのは、「グルーピング→ゾーニング→フェイシング」という順序こそ大事である、ということです。これを乱してしまうと、図表3-18の「すっきりしない」状況になりがちです。まずは、グループ分けを行い、グループ毎のスペース配分を勘案し、「すっきりした」ゾーニングを計画した上で、そのゾーンの中で、個々の商品毎のフェイス数を決める（フェイシング）、という順序に意味があるのです。

どの商品カテゴリーの売場でも構いません。同じ分類のカテゴリーの売場について、様々なお店を比較してみてください。すべてのお店で棚割りの仕方は同じでしょうか。品揃えも異なるでしょうが、棚割りも異なっているのではないでしょうか。確かに、同じチェーンに属する店舗では似ているかもしれません。棚割りの仕方はチェーン本部から指示が出ていて、基本的に各店舗で同じになっている場合が多いからです。しかし、異なるチェーンは同じであることは少なく、業態が違ってしまえば、取り扱っている商品の数も異なっており、棚割りは全く違っているのではないでしょうか。たとえ品揃えが同じであってもグルーピング、ゾーニング、フェイシングそれぞれが同じであることはまずないでしょう。同じ品揃えであっても、棚割りの仕方によって売上は大きく変わってきてしまいます。具体的に、買い易い売場とそうでない売場があるはずです。この買いやすさと買いにくさ、その多くの原因は、棚割りの作り方にあるのです。

そもそも分類が分かりづらいと、極めて買いづらくなります。正しい分類をしていたとしても、それが買い手にとっては分かりづらければ、分類を説明するPOP（ポスター）を付けるべきです。図表3-19に示すように、

図表3-19 プラノグラムの要件と策定手順

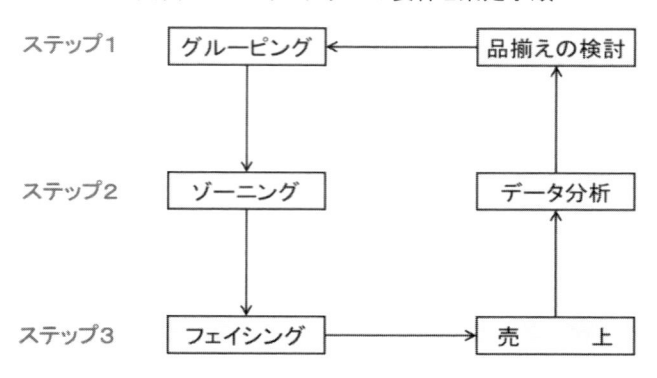

```
ステップ1   グルーピング  ←────  品揃えの検討
                ↓                    ↑
ステップ2   ゾーニング           データ分析
                ↓                    ↑
ステップ3   フェイシング  ────→    売    上
```

(出所)(公財)流通経済研究所

棚割りの出発点は「グルーピング」なのです。

　新商品は次々に売場に登場し、同時に売場から撤退する商品も多々存在します。同じ売場に同じ商品がずっと並んでいれば分類は一回で終わりますが、年中、売場の商品が変わるとすれば、グルーピングも適宜に見直さなくてはなりません。それを怠ると、気が付けば分類のデタラメな買いづらい売場となってしまいます。新商品を導入するなら、どの分類に属させるのが良いのか、あるいは、新たな分類を設定したほうが良いのか、分類の基準そのものを見直した方が良いのか、かつ、新製品の導入に伴って、売場から退出させる商品をどれにするのかを勘案しながら、グルーピングを再確認しなければなりません。

　そして、次にそれぞれのグループを売場に張り付けます。「ゾーニング」です。ここで重要なのは「スペース」と「形」です。どの位のスペースを取ってどのような形で張り付けるべきなのでしょうか。スペース配分はステップ3の「フェイシング」でも同様の課題となります。フェイシングは個々の商品にどの位のフェイスを与えるかという意思決定です。ありがちなのは、フェイシングを先にやってしまう過ちです。そうすると、先ほど指摘したような「すっきりしない」ゾーニングとなってしまう原因の多くがここにあるのです。

　実際に売場に陳列した後に売上となって成果が上がり、どの商品がどれ

第3章　売場づくりの基本と手順

図表3-20　グルーピングの原理

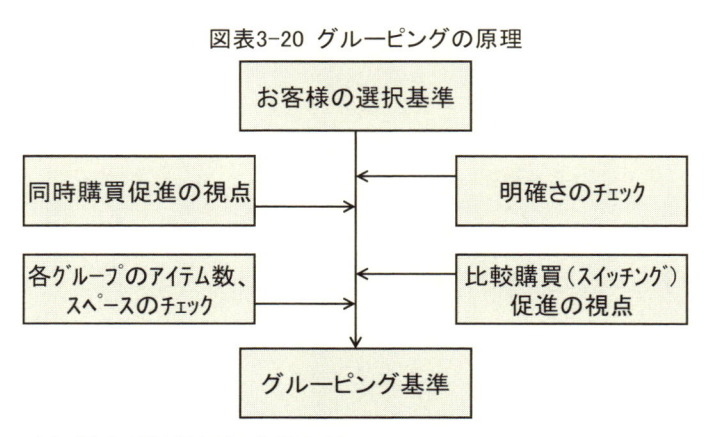

```
             ┌──────────────────┐
             │  お客様の選択基準  │
             └──────────────────┘
                      │
     ┌────────────────┼────────────────┐
     ▼                │                ▼
┌──────────────┐      │        ┌──────────────┐
│同時購買促進の視点│ ───→│←───  │  明確さのチェック  │
└──────────────┘      │        └──────────────┘
                      │
┌──────────────────┐  │        ┌──────────────────┐
│各グループのアイテム数、│ ←──│──→ │比較購買（スイッチング）│
│   スペースのチェック   │      │        │   促進の視点    │
└──────────────────┘  │        └──────────────────┘
                      ▼
             ┌──────────────────┐
             │   グルーピング基準  │
             └──────────────────┘
```

（出所）（公財）流通経済研究所

だけ売れたかを「データ分析」して、売れない商品の取り扱いを再確認し、導入候補となる新製品を含め、新たな「品揃えを検討」するという順番で循環します。

　最も重要な作業はグルーピングと再度強調しておきます。これを間違えると売れる商品であっても売れなくなる、あるいは、そもそも買いづらい売場となってしまうからです。グルーピングで常に考えねばならないことは、「どのように商品を分類してあげれば、お客様は買いやすくなるだろうか」です。「お客様がその商品を買う時に何を基準にして買うか」、これを常に考えていなければならないのです。

　例えば同じ人がラーメンを買う場合でも、スーパーマーケットとコンビニエンスストアへ買いに行く時の「選択基準」が異なれば、ラーメンのグルーピング方法は全く異なってきます。ラーメンの売場は業態毎に変えなくてはいけません。また、客層によってもラーメンを買う基準が違うのであれば変えねばなりません。業態やお客様によってこの選択基準は大きく異なっており、それに伴って分類の仕方も変わると考えるべきです。

　もう一つの分かり易い例を挙げれば、紳士服ディスカウンターのお店と百貨店の高級紳士服のお店は、同じような分類の売場で良いのでしょうか。同じではないことは説明不要でしょう。紳士服のディスカウンターのお店の売場は価格帯別の括りは非常に重要な意味を持っています。一方、百貨

店ではブランド別で括るのが基本でしょう。

　同じ商品でも買う人の基準が違うのであれば、また同じ人でも買う時々によって基準が違うのであれば、グルーピングの仕方も変え、対応しなくてはいけません。同じお店に来店するお客様でも時間の経過とともに選択基準が変化すれば、グルーピングも変えねばなりません。常に、柔軟に、そして、弾力的にグルーピングは見直す必要があるのです。

　売り手は何らかの意図をもってグルーピングを行っているのに、買い手からは即座に分からない場合は、分類の仕方を示したPOP（ポスター）をつける工夫によって購買をサポートすべきです。そして、出来れば２つ、３つ一緒に買ってもらえないか、あるいは少し値が張るほうを買っていただく、という視点を入れながらグルーピングを工夫してみましょう。

　また、「各グループのアイテム数」が例えば20アイテムあった場合、それを分類した結果、９アイテム、７アイテム、４アイテムにグループ分けしたとします。しかしその分類の仕方はアイテム数がアンバランスであり、もしかしたら間違っているかもしれません。９アイテムは、４と５に分けられるかもしれません。アンバランスが生じた時は分類の細分化が不十分であるか、分類基準そのものに無理がある可能性があると考えて、もう一度見直してみましょう。出来れば１つでなく２つ、３つ一緒に買っていただくことが出来たら売り手として嬉しいことは言うまでもありません。「２個まとめて売る」のではなく、グルーピングの仕方で、複数個買いたくなる工夫を考えてみましょう。

　図表3-21は生理用品のグルーピングの例です。上の例は異なるブランドで同じタイプを並べた場合であり、下の例は異なるタイプで同じブランドを並べた例です。下の例の同じブランドを並べた方が、複数アイテムを買う確率が高まります。下のようなグルーピングではお客様にとって明らかに買いづらいなら、こうした分類はすべきではありません。しかし、一緒に買ってもらう個数を促進する為に分類したことがお客様にとって、それが買いづらい分類でなければ積極的に実施してよい工夫です。

　図表3-22は焼肉のたれの事例です。上の例は異なるメーカーの３つの味のタイプをヨコに並べています。下の例は左右どちらも同一メーカーで並べています。この場合、下の例の方が望ましいといえます。ヨコに単価の高い商品を並べることによって、そちらにスイッチする可能性が高まるか

第3章　売場づくりの基本と手順

図表3-21　同時購買の促進

＊ブランド別グルーピングにより、同一ブランド内での「ロング」「レギュラー」「ライト」等の各タイプのマルチ・ユースを訴求する

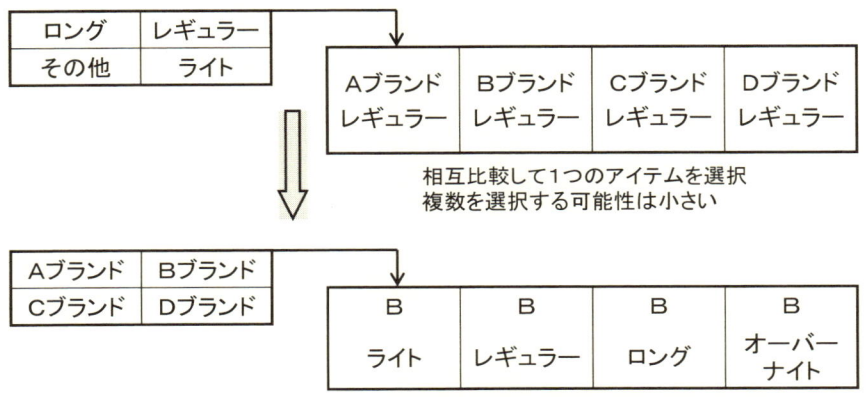

ロング	レギュラー
その他	ライト

Aブランド レギュラー	Bブランド レギュラー	Cブランド レギュラー	Dブランド レギュラー

相互比較して1つのアイテムを選択
複数を選択する可能性は小さい

Aブランド	Bブランド
Cブランド	Dブランド

B ライト	B レギュラー	B ロング	B オーバーナイト

相互比較して複数を購入する可能性有

（出所）（公財）流通経済研究所

図表3-22　比較購買の促進

＊ポピュラータイプからプレミアムタイプへスイッチングを促進するため、タイプ別グルーピングをブランド別グルーピングに変更する

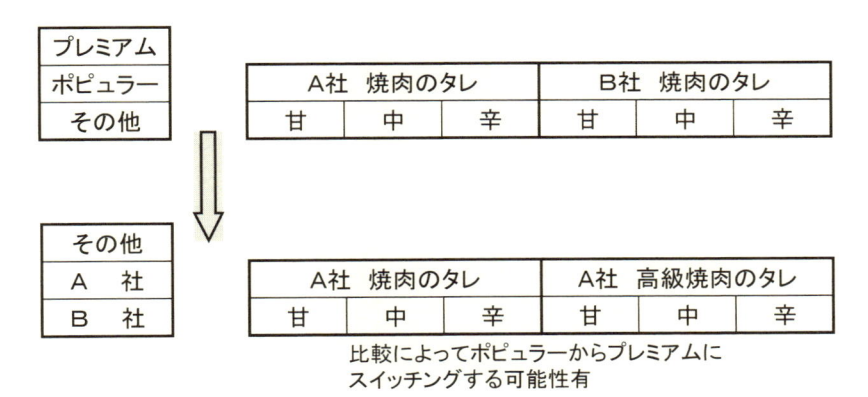

プレミアム
ポピュラー
その他

A社　焼肉のタレ			B社　焼肉のタレ		
甘	中	辛	甘	中	辛

その他
A　社
B　社

A社　焼肉のタレ			A社　高級焼肉のタレ		
甘	中	辛	甘	中	辛

比較によってポピュラーからプレミアムにスイッチングする可能性有

（出所）（公財）流通経済研究所

らです。上の分類では、スイッチした場合でも商品単価に大きな差が生まれません。下の分類によってスイッチを促す方が売り手にとって好都合です。細かい話になりますが、スイッチして欲しい商品を向って右側に置いた方がよいと言えます。これは先ほど説明したように、我々の視線は左から右へ流れやすいからです。上記の例では右方向への視線の流れを期待して、右側に単価の高い商品を置いています。

　あるいは、同じブランドのシャンプーとリンスのような回転率の違う商品をどのように並べるべきか考えてみましょう。回転率の高いシャンプーを左側に置いた時のほうが同時購買率は高まります。なぜかといえば、購入頻度がシャンプーのほうが高ければ、頻度高く視線が右に流れます。その結果、同じブランドのリンスを購入する機会に繋がります。

　次に「ゾーニング」とは、売場での商品の配置の仕方のことです。図表3-23は売場をヨコ（正面）から見たものです。

　A～Eの商品カテゴリーが床に対して「水平（ホリゾンタル）」にゾーニ

図表3-23　水平陳列の問題点

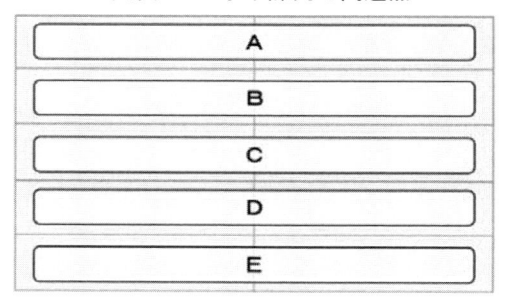

A
B
C
D
E

図表3-24　垂直陳列のメリット

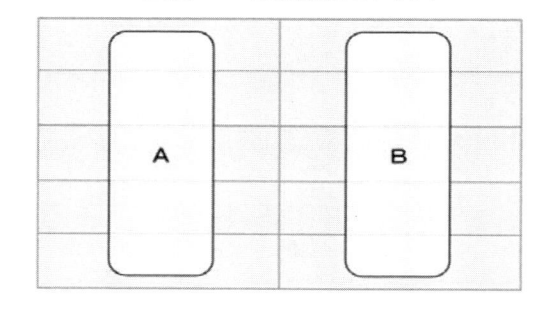

A		B

ングされ、各カテゴリーをヨコに並べる方法です。

　この方法では、この前を歩いている時に自然な視線の流れは、その多くがCカテゴリーを中心として流れ、A、Eのカテゴリーには視線はほとんど引っ掛からないという可能性が高くなってしまいます。見過ごされてしまうカテゴリーが生じる可能性が高いのです。見られなければ絶対に買上げはされないのですから。

　図表3-24はいかがでしょうか。AとBのカテゴリーが床に対して「垂直（バーティカル）」に並んでいます。図では表示していませんが、C、D、EもBの右側に並んでいます。結論は垂直の方が効果的な陳列形態と言えます。理由は3つあります。

　1番目の理由：垂直に並べる事によって、自然に歩く動線の中でグルーピングした全てのカテゴリーが視線に引っ掛かるからです。

　2番目の理由：多くの場合、カテゴリーが異なると商品パッケージの色・形などが違いますので、カテゴリーが変わる毎に視線が留まりやすくなります。先程「すっきりしたゾーニング」のお話をしましたが、タテの線がきちんと出ていれば出ている程、視線が留まります。視線が留まるか否かは、改めて言うまでもなくとても重要です。

　3番目の理由：Aを購入しようと思ったお客様は、左右にあまり動かずに一箇所に止まって購入できます。水平な陳列だとヨコ方向に歩いて商品を探さなくてはなりません。

　さて、3つ目の作業「フェイシング」です。フェイシングとは、一つの商品をいくつ売場に並べるのかという意思決定です。

　ある棚に、アイテムAとBの2商品しかなかったとします。売上に関係なく、等分でフェイス数を割り振った場合と、売上に合わせてフェイス数を調整した場合、すなわち、売上が高い商品の陳列量（フェイス数）を増やし、売れていない商品は、その逆に減らした場合、どちらの方がAとBを合計した売上が高くなるか。結果は、売上に合わせてフェイス数を配分する方が、合計の売上が高いのです。フェイス数は売上の比率に合わせる事が基本です。また、そもそも、売れている商品のフェイス数が少ないと品切れしますし、売れない商品を沢山並べても余ってしまいます。

　なお、コンビニエンスストアのフェイス数は売上に応じて商品毎に変化があまりありません。なぜなら、売場面積も広くはありませんし、そもそ

図表3-25 フェイス効果の逓減

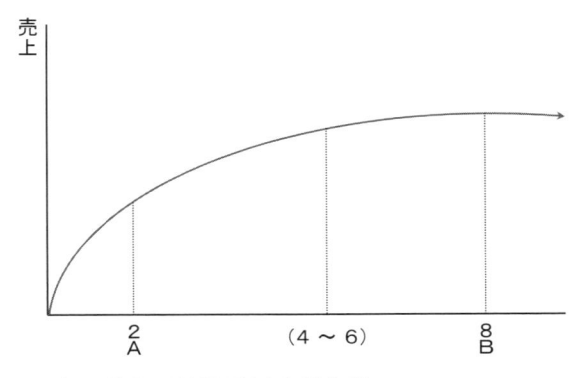

(出所)(公財)流通経済研究所

も売れている商品しか置きませんからフェイス数の差は付けづらいのです。
　それでは、スペースがあれば商品を並べられる限り並べれば良いのでしょうか。そうではないようです。フェイス数を増加し続けると、売上の増分は次第に少なくなっていきます。さらに、フェイス数を一定以上増やしてもあまり売上が上がらなくなる限界があるのです。
　先程フェイス数は売上の比率に合わせる事が基本と言いましたが、売上が８対２の時にフェイス数も８対２にすれば良いかというと、そうでもありません。図表3-25のグラフでは４〜６フェイス以上になると曲線の角度が緩やかになっていることが分かると思います。２フェイスに割り振ったモノを３フェイスにした場合のほうが両アイテムの売上の合計が高いかもしれません。
　８対２の売上である場合、売れる商品のフェイス数を必ずしも８にする必要はありません。並べすぎだと疑問を感じたら、縮めても良いかもしれません。
　一方このような目安の付け方もあります。首を動かさなくても見える視野の範囲をフェイス数の最大値と考える方法です。人間の視野はタテよりもヨコの方が長いのです。例えば自然に手を伸ばせば商品を取れる位置に人が立っているとします。その人の売場を見れるヨコの視野は90〜100㎝ぐらいの範囲で、タテの視野は棚の２〜３段分しか見えていません。ヨコ

に100cm以上に渡ってたくさん並べても、視野の外にあっては意味がなく、売上の伸びには限界があるということです。

さて、よく売れている商品と売れていない商品では、フェイス数の増減に対しての売上の反応は同じでしょうか、それとも異なってくるでしょうか。売れている商品はフェイス数の増加に対して、売上がかなりの伸びを示しますが、売れていない商品を増やしても、思ったほど増えません。ですので、もう1商品並べられるスペースがあるようなら、より売れている商品を並べたほうが売上に貢献します。

しかしながら、よく売れている商品であっても、1フェイスを2フェイスにしても売上は2倍になりません。スーパーマーケットで、売れている商品と売れていない商品の平均を出すとおよそ20％程度と言われています。よって、売れている商品は20％以上、売れていない商品は20％以下となるわけです。よく売れているとしても30％あれば相当な伸びと考えてよいでしょう。逆に、よく見かけるのですが、売れていない商品をたくさん並べても、並べるだけでは売上はほとんど増えません。

因みに、パッケージの大きさとフェイス数の増減の関係はどうでしょうか。パッケージが大きいと占めるスペースが多くなります。フェイス数は皆同じですが、大きい商品はスペースを要する分だけ売上に与える影響は大きく、フェイス数の増減による売上の増減も大きくなります。

今、そこに空きスペースがある時に、アイテム数かフェイス数のどちらを増やすかは、単純に考えることが出来ます。

例えばAという商品を2フェイスにするか、Bを並べるか、Cを並べるか、という選択肢があった場合を考えてみましょう（図表3-26参照）。A

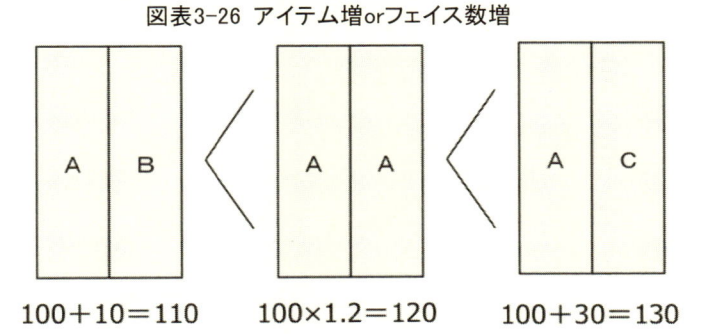

図表3-26 アイテム増orフェイス数増

A	B	A	A	A	C
100＋10＝110		100×1.2＝120		100＋30＝130	

が売れている商品である場合、売上増分120％程度が基準となります。Aの売上が100とした時に、BおよびCの売上が10および30だったとします。B、Cがこれから導入しようとする新商品だとすると、Aの20％以上の売上を期待できる商品であれば、Aを2つ並べるより、この場合は新商品Cを並べる意味がありそうです。Aがどのくらい売れているかによってこの判断は変わってきます。

4．POSデータの活用の原点

棚割りを決める際に、売上データを確認しないでそれを行うことはありえません。売場を見直す際のデータの見方をここで確認しましょう。POSデータ活用の基本です。

図表3-27をご覧ください。消費者のニーズと小売店舗の品揃えが上下で重なっていれば良いのですが、この図表では重なっている部分は中央の一部分のみで、左右にズレてしまっています。右側のズレは、品揃えをしているにもかかわらず、お客様のニーズがない、いわゆる「死に筋」です。売れないのにスペースを取っているので、スペースの無駄遣いとなります。死に筋が多いということは経営の非効率が発生していることを意味しています。

他方、左側のズレは、お客様が欲しい商品がお店にない場合です。これは市場機会があるのに見失っているということであり、効果の追求が足りないことを意味しています。

お店で売れていないものをなくすことは、「効率」の追求であり、そし

図表3-27 品揃えに関する2つのギャップ

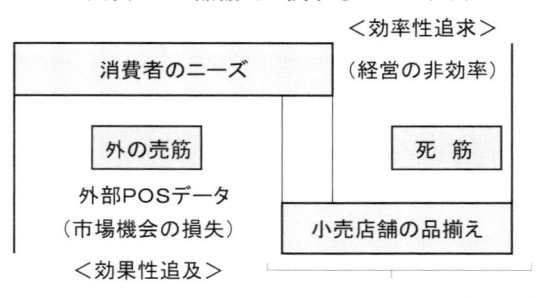

```
                          ＜効率性追求＞
┌─────────────────┬──────────────┐
│   消費者のニーズ      │  (経営の非効率) │
├──────┬──────────┼──┬───────────┤
│ 外の売筋 │          │  │  死　筋    │
└──────┤          ├──┴───────────┤
 外部POSデータ       │   小売店舗の品揃え   │
 （市場機会の損失）    └──────────────┘
   ＜効果性追及＞

          POSデータが示すギャップの程度
```

第3章 売場づくりの基本と手順

て、お客様の求めている商品をお店に導入することは「効果」の追求です。売場において普段行われている活動は、2つの側面から効率と効果を狙っているのです。両方の追究こそ、生産性を上げる前提であることをここで改めて確認してください。

ABC分析はご存知でしょうか。分析対象の商品グループないしサブカテゴリーに売れている商品があるときは、図表3-28の左の図、そうでない場合は右の図となります。ABC分析の結果はまさしくPOSデータが示してくれます。この売場の品揃えはどのような買われ方をしているかをABC分析のグラフの形は示しています。売れている商品が集中しているのか（左の図）、分散しているのか（右の図）、現状の店舗の品揃えの課題を示すデータとなっています。

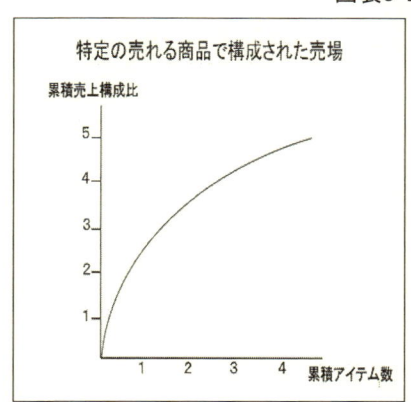

図表3-28 ABC分析

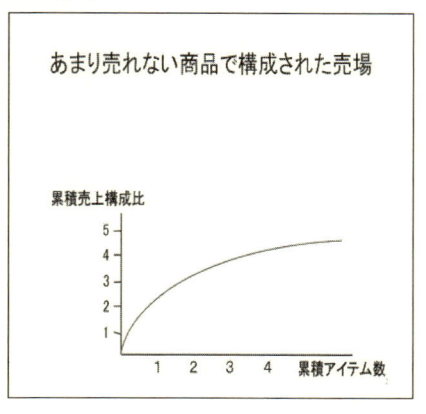

通常、外の売れ筋の情報は複数販売され入手できますし、取引先を通じて情報を入手できる場合もあります。この情報は多数の店舗のPOSデータを集計したものであり、これを分析をすることにより、消費者のニーズと小売店舗の品揃えのギャップを埋める作業がしやすくなります。

図表3-29はお店の4つの商品カテゴリー（ないしサブカテゴリー）のイ・ロ・ハ・ニ、のスペース比率（中央）と売上比率（右）、ならびにその店舗周辺の商圏の売上比率（左）のグラフです。

（イ）のスペース28.1％に対し、売上43.3％はかなりのギャップがあります。もう少しスペース配分を増やしても良いと考えられます。

図表3-29 外部（商圏）データの必要性

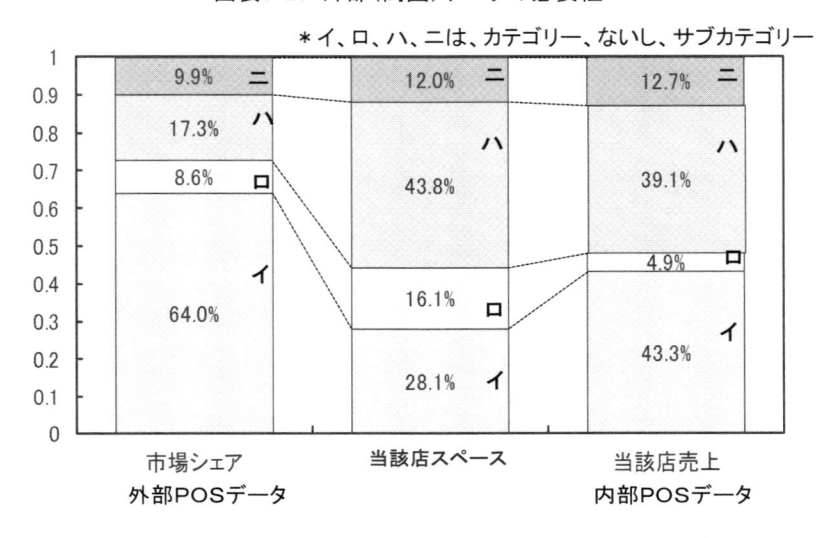

＊イ、ロ、ハ、ニは、カテゴリー、ないし、サブカテゴリー

市場シェア　　　当該店スペース　　当該店売上
外部POSデータ　　　　　　　　　　内部POSデータ

市場シェア: イ 64.0%、ロ 8.6%、ハ 17.3%、ニ 9.9%
当該店スペース: イ 28.1%、ロ 16.1%、ハ 43.8%、ニ 12.0%
当該店売上: イ 43.3%、ロ 4.9%、ハ 39.1%、ニ 12.7%

　一方、（ロ）は4.9％しか売上がないのに、スペースは16.1％もあるので、これは縮めた方が良い、と考えるのが普通です。
　ここで、（イ）の市場シェアを見てみましょう（ここで市場シェアとはそのお店が属する商圏のデータです）。64.0％とかなりのチャンスがここにあるのに、お店のスペースはまったく対応していないという事になります。もっとスペースを増やしたいグループです。
　それに対して（ロ）は16.1％のスペースに対して売上が4.9％と芳しくないのですが、市場シェアは8.6％あるのであまり縮めなくても良いかもしれません。
　最も注目するべきところは（ハ）です。スペース比率は43.8％と高く、売上比率も39.1％なのですが、市場シェアは17.3％しかありません。今後このグループはお店としてどうすべきか、この商品グループがお店で売れていることはお店の強みかもしれないので、簡単に縮める意思決定をする必要はないのですが、今後も今のままで良いか検討が必要です。
　いずれにしても外部のデータを見ることによって、内部のデータを見る時とは違った意思決定になる可能性があります。外部のPOSデータを入手する意味はあるのです。POSデータが存在しない、あるいは入手でき

ない場合であっても、お店の外で何が売れているのかを知ることの努力の必要性は言うまでもないでしょう。

　第1章でも指摘したように、データは基本的に「何が売れているのか」を示してくれますが、「なぜ売れているのか」は示してくれません。それを知る事が最も大事です。意思決定をより正確にするには「なぜ」に迫る必要があります。様々な売上に変化を与える要因との関係を見ることで「なぜ」に接近することが可能になります。

　例えば52週間（1年）の中で、それぞれの週で様々なイベントや行事があり、季節や気温、メーカーの広告にも変化があります。そして陳列の仕方等、売上の変化には様々な要因が関係しています。なぜこの商品が売れたか、売れなかったかを計画的な業務として追究し続けることが出来るかどうか、いわゆるPDCA（Plan Do Check Action）サイクルをきちんと回していけるかは非常に重要です。そのためにはPOSデータ以外のデータをきちんと整理して、POSデータと一緒に保存しておくことが重要です。

　ある商品カテゴリー（あるいはサブカテゴリー）がどの位売れたかを知る時は、図表1-13の左の図で示したように「いくらのものが幾つ売れたか」という掛け算で算出できます。しかし、この見方ですと売場のマネジメント（そのカテゴリーに今後どのくらい力を注ぐべきか否かを考える事）は出来ません。

　売場のマネジメントをするには、データの取り方を変えれば良いのです。その場合は「カテゴリーの客単価×客数」という発想をします（これはPOSデータで把握できます）。何人のお客様が（客数）どの位買っているのか（客単価）という見方が出来ます。そして来店客数の何割がそのカテゴリーを購入しているのかという視点を導入して判断をしますと、数字が高いカテゴリーというのはお店にとって重要なカテゴリーとなります。

　これらは難しいデータではなく、通常のPOSデータです。このような分析が出来ると、強いカテゴリーか、弱いカテゴリーか把握でき、お店の今後の施策に使えます。

　POSデータと5W1Hへの適否を図表3-30のようにまとめてみました。
「誰が」：購入者（＋その商品の使用者）
「何を」：購入した商品
「いつ」：何月何週の何曜日のいつの時間に

図表3-30 POSデータ、5W1Hでの活用

```
                                              POSの適否
Who      誰が     購入者（＋使用者）     購入者   ▲
                                        使用者   ×
What     何を     購入商品（群）                  ●
When     いつ    月・週・曜日・時間               ●
Where    どこで   購入した売場                    ×
Why      なぜ（どんな目的で） 消費の脈絡         ×
How      どうやって 購入条件・状況               ×
（How Much       いくらで 購入金額）            ●
         ▲ ×を何らかの方法でサポートする必要性
```

「どこで」：通常の売場？大陳した場所？関連販売した場所？
「なぜ」：POSデータ上取れないですが、商品の組合せの仕方からある程度の推測ができます
「どうやって」：「なぜ」や「どうやって」を追求する為にもPOS以外のデータを取っておくと非常に良いです

　右の記号はそれぞれの項目のPOSデータの適否です。●印はPOSデータで取得可能な情報です。▲印は通常のPOSでは取れないデータ（カードを導入したら取得可能）です。×印はデータが取れないことを意味しています。

　今までは、「何が売れた」という事に着目してきました。今注目されているデータ分析は、「誰が買ったのか」という部分です。どのような人がどのような商品をどのように買ったか、というデータは「どのような人が、どのような使い方（消費の仕方）をしたのか」を推測しうるデータとしても、「誰が買ったのか」という情報の収集は注目されています。

【第3章のポイント】

❶　通路でどこを見るのかは、動線の進入方向が大きく影響しています。お客様が歩いて来て対面する場所が最も目立ちます。そして視野によって

第3章　売場づくりの基本と手順

目立つ場所が限定されます。ですので、どの方向から侵入し、どこを見るのかが売場の優劣に繋がります。売場の優劣を確認しましょう。

❷ お店の最大の課題は、売場全体を活性化することです。目立つ場所に売れる商品を置くのが原則です。その反対ではありません。通路では、自然な視線の流れに沿って売れるサブカテゴリーを配置し、通路の奥まで視線を誘導します。

❸ 劣位置を改善する簡単な方法は、お客様の目線から見て並べられた商品が最もよく見えるように工夫し、視線を集め、誘導し、そして視線を留める工夫をすることです。商品の露出度を高めると売上にも影響してきます。

❹ 商品をどのようにグループ分けするかを決める「グルーピング」を行い、棚に貼り付ける「ゾーニング」を行い、最終的に個々の商品をどの位並べるかという「フェイシング」の作業を行います。この順序で棚割りをつくっていきます。常に棚割りを見直すことが必要です。

❺ 棚割りで最も重要な作業は「グルーピング」です。その商品カテゴリーを誰がどの店（業態）でどのようなニーズによって買い求めようとしているのか、それによって、商品の選択基準が変わってきます。それに合わせてグルーピングの基準も変えねばなりません。

❻ 売れ行きに合わせてスペース配分をするのはセルフサービスの基本です。売れているカテゴリー、サブカテゴリー並びに商品にはそれなりにスペースをあたえて、売れていないものにはあまりスペースを与える必要はないのです。ただし、フェイス数を増加し続けると売上の増分は次第に少なくなっていきますので、フェイス数を与えすぎないよう注意が必要です。

❼ スペース配分するときに自店のPOSデータは必要ですが、何らかの方法で外部資料を入手して、お店の外での売れ行きもチェックしてください。内部のデータと大きく異なる場合があるからです。自分のお店がどのようなカテゴリーおよびサブカテゴリーに力を入れるべきか考える際の重要な資料となります。

第4章
購買者視点からの小売経営課題の整理

1．購買の実態と小売業の技術革新

　セルフサービスは小売業にとっての技術革新であったわけですが、それを受け入れたのはお客様に他なりません。お客様に支持されたからこそ普及していったのです。では、なぜ、お客様は支持したのか、支持した理由があるはずです。さらにセルフサービスにおける買物はそれまでの買物とどこが違うのか、セルフサービスには何も課題はないのか、今後のセルフサービスのあり方に何らかの示唆を得ることを目的として話を進めていきましょう。

図表4-1　セルフサービス店舗での買い物

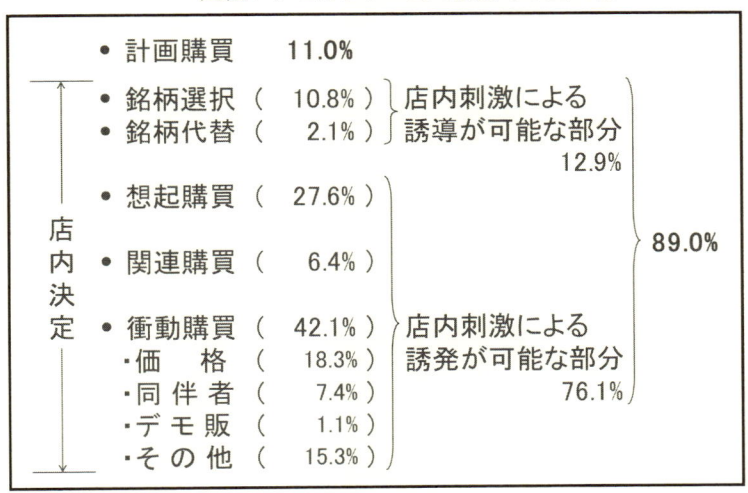

```
・計画購買      11.0%

店         ・銘柄選択（10.8%）]店内刺激による
内         ・銘柄代替（ 2.1%）]誘導が可能な部分
決                                      12.9%
定         ・想起購買（27.6%）
           ・関連購買（ 6.4%）              89.0%
           ・衝動購買（42.1%）]店内刺激による
             ・価　格（18.3%）]誘発が可能な部分
             ・同伴者（ 7.4%）      76.1%
             ・デモ販（ 1.1%）
             ・その他（15.3%）
```

（出所）（公財）流通経済研究所

図表4-1はスーパーマーケットでの調査です。右側に記された89.0％とは点数ベースで見た非計画購買の比率で、例えば、10個購入したとするとおよそ9個は非計画購買であることを意味しています。同様な調査でコンビニエンスストアは約60％、ドラッグストアはスーパーマーケットとコンビニエンスストアの中間位の数値となり、いずれも高い数値を示しています(注16)。

　計画購買（11.0％）とは事前に（来店前に）購入対象商品・ブランドが計画された買物であり、計画通りに買物が実行された比率です。それ以外は全て非計画購買となりますが、このうち12.9％は計画されたブランドが他のブランドに変更された比率です。いずれにしても、そのカテゴリーの購入は決めていたと考えれば計画購買として捉えることもできますし、計画と異なるブランドを購入したのだから非計画購買とも考えることも出来ます。計画購買と捉えれば、23.9％（11.0％＋12.9％）が計画購買となります。特定のブランドを計画しその通り買物をしたもの以外をすべて非計画購買と捉えれば、計画購買は11.0％であり、89.0％が非計画購買となります。

　ここで注目したいことは、非計画購買の中身のうち、76.1％（買物の4分の3）は店内で購入が想起・生起されていることです。この種の調査は色々な研究所や研究者が同様なことを行っていますが、結果はほぼ同じで、事前に計画されていない買物、店内で想起・生起される購買の比率のほうが高いという実態です。事前に計画することが少ないと捉えることも可能ですし、店内で誘発される買物の仕方が多い、と捉えることもできます。

　いずれにしても、非計画的な要素の多い買物実態だからこそセルフの売場でどのように工夫をするかによって、売上が変わってくる、だからこそ売場づくりが重要とこれまで主張してきました。しかしながら、第2章で述べたように計画的に買っていただくことのお店にとっての、同時にお客様にとってのメリットを考えると、逆説的かもしれませんが、計画的な購買を促進することを重視しなければならないと考えています。

　図表4-2でのカテゴリーというのは（一番左の欄の）野菜からその他非食品の19の分類を意味しています。それぞれのカテゴリー別に点数ベースの比率が記載されています。ブランドではなく、カテゴリーそのものの計画の有無をここでは対象としています(注17)。

第4章　購買者視点からの小売経営課題の整理

図表4-2 カテゴリー別計画・非計画購買指標

		カテゴリー別 非計画購入率	カテゴリー別 計画購入中止率	カテゴリー別 非計画購入中止率
1	野菜	34.8%	4.1%	3.3%
2	果物	49.0%	1.3%	7.1%
3	生肉	28.7%	4.1%	9.2%
4	加工肉	42.4%	0.8%	2.0%
5	鮮魚	43.2%	4.9%	7.3%
6	塩干	41.3%	4.3%	0.0%
7	惣菜	51.7%	1.6%	3.0%
8	弁当・寿司	44.9%	3.6%	7.4%
9	洋日配	44.7%	2.1%	2.8%
10	冷食	56.2%	5.5%	3.1%
11	和日配	39.3%	1.3%	1.2%
12	菓子・嗜好品	53.0%	2.7%	2.4%
13	飲料	42.6%	1.9%	3.0%
14	酒	25.2%	0.9%	0.0%
15	調味料	38.2%	2.5%	3.2%
16	その他加工品	52.3%	2.8%	1.2%
17	パーソナル・ケア	46.5%	5.4%	8.0%
18	ホーム・ケア	41.0%	6.2%	3.4%
19	その他非食品	43.1%	9.6%	3.8%
	食品・生鮮	41.3%	3.0%	4.1%
	食品・非生鮮	47.7%	2.4%	2.0%
	非食品	42.9%	7.8%	4.4%
	合　　計	42.9%	3.1%	3.6%

　「カテゴリー別非計画購入率」（それぞれの分類の購入点数を母数とした時の非計画購入点数の比率）が高い分類はスーパーマーケットで非計画的に買われる分類です（果物、惣菜、冷凍食品、菓子・嗜好品などが非計画的です）。例えば、非計画購入率の数値が低い分類を見てみると、野菜34.8％、生肉28.7％、酒25.2％とあり、これらは計画的に購入されていることを意味します。第２章での示唆は、計画的に買物をするカテゴリーは動線の奥に配置し、そうでないカテゴリーは動線の手前に配置すべきだということでした。

　図表4-1で非計画購入率は89.0％であると説明しましたが、図表4-2では非計画購入率は42.9％であり結果に開きがあります。その理由は、調査方法が異なるためです（多くの研究者が発表している非計画購入率は89％という結果が出た調査方法によるものです）。

　前者（89％）の調査方法は、入店時の買物予定と買物後にお客様が買った商品の聞き取りをして、その差を集計した数値となります。後者（42.9％）は事前聞き取りをしないで、買物が終わったお客様に計画して購入したかどうかを聞いています。事後に聞くと多くの場合は、「本当は計画し

ていなかったにも拘らず、事前に計画していた」と答える比率がぐんと高まります。

　調査方法の違いはありますが、ここでは数値そのものに大きな意味があるのではなく、分類間の数値の差異に注目していただければ結構です。

　ところで、図表4-2では、あまり聞きなれない指標が掲載されています。「カテゴリー別計画購入中止率」とは買おうと思って計画して来店したけど、買わなかった比率（それぞれの分類の購入個数＋非購入個数を100とした時の）です。品切れをしていたり、気に入らなかった等の理由があるでしょう。また、「カテゴリー別非計画購入中止率」とは売場で一旦は買おうと思ったけど、何らかの理由で購買が中断された比率（それぞれの分類の購入個数＋非購入個数を100とした時の）です。

　相対的に見ると、計画したのに買わなかったのは（合計欄）3.1％、一旦は買おうと思ったけど止めたのは3.6％です。これらの数値が０になると、そのまま売上に結びつきます。6.7％の売上増です。さらに、計画してきたけども買えなかった、買わなかった事実はお客様の不満に繋がる可能性があります。また、スーパーマーケットの中の非食品（17〜19の分類）の購入中止率も高いのです。非食品は競争的に不利だから、それはドラッグストアに任せると決めるのは少々早すぎかもしれません。チャンスがあるのに見過ごしていると考えることが出来ます。この数値を０にする工夫を考えてみる必要があるでしょう。

　非計画購入率が高いことの意味、それは我々に何を投げかけているのかということが今回の命題です。改めて小売業の歴史から紐解いてみましょう。すでに第１章において、「効率」と「効果」の観点から概観していますが、ここでさらに一歩踏み込んでみましょう。図表4-3は図表1-4に加筆したものです。

　・ワンストップ・ショッピング…1850年代に店舗投資の削減を目指した技術革新です。

　・セルフサービス…1930年代にスーパーマーケットの誕生で人件費の削減に成功したことで非常にインパクトを与えました。

　・チェーン・オペレーション…1800年代後半から本格化し、仕入れコストの大幅削減に寄与しました。

　小売業の３大コストを削減したからこそ、３大技術革新といわれている

第4章　購買者視点からの小売経営課題の整理

図表4-3 小売業の3大技術革新

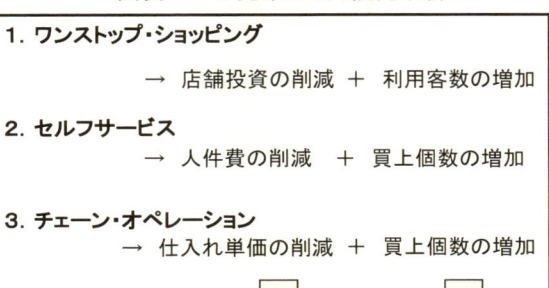

1. ワンストップ・ショッピング
　　　→　店舗投資の削減　＋　利用客数の増加

2. セルフサービス
　　　→　人件費の削減　＋　買上個数の増加

3. チェーン・オペレーション
　　　→　仕入れ単価の削減　＋　買上個数の増加

　　　　　　　　　⬇　　　　　　　　⬇
　　　　　　　効率向上　　　　　効果向上

のです。

　小売業の技術革新の多くは効率を高める為に始められたものです。ところが、ワンストップ・ショッピングは大きなお店をつくって様々なカテゴリーの商品を店内に置くことで、遠くからもお客様が色々な目的で買いに来てくれるので、利用客数が大幅に増えます。セルフサービスは、自由に買い回ってもらうことで買上個数が増えたのです。チェーン・オペレーションの結果、大量に同一商品を仕入れることによって、1商品当たりの仕入価格が下がり、それを反映させて、販売価格を下げることで多くのお客様に支持され、安さゆえに一度にたくさんの商品を買っていただくことができました。チェーン・オペレーションをも含め、「効率」向上を目指した技術革新は結果として「効果」の向上をもたらしたということになります。

　さらに歴史に沿って、小売業の技術革新を追ってみることにしましょう（図表4-4参照）。メーシーはアメリカの百貨店です。元々は紳士服のディスカウンターであり、1858年に百貨店が誕生して現在に至ります。どうやってディスカウントしたのかというと、サイズ別にパターン化された既製服を作って値札を付けて陳列し、セルフ販売を行いました（正札販売）。サイズ別に分類し陳列した販売と定価の正札販売制を始めたのはメーシーが最初と言われています。

　1859年、A&P をはじめ、多くの小売業がチェーン・オペレーションを本格的に実施することになります。

　1930年、キング・カレンというスーパーマーケットが誕生します。

図表4-4 主たる小売業と技術革新

```
1852年　世界初の百貨店ボン・マルシェ誕生（パリ）

1858年　メーシー（Macy's）百貨店誕生
    ＊　もともと紳士服のディスカウンター
    →　既製服のセルフ販売による低価格実現
    →　正札販売（定価制）の必要性

1859年　A&P（The Great Atlantic & Pacific Tea Company）
       チェーンストア誕生
    ＊チェーン・オペレーションの本格的実施

1930年　キング・カレン（King Kullen）誕生
    ＊スーパーマーケットの誕生
    （日本の第1号　1953年　東京青山の「紀ノ国屋」）
```

図表4-5 その他主要な技術革新

```
1．ロス・リーダー政策
   極めて高い回転率の商品にマイナスの粗利益率を設定

       →利用客数の増加　＋買上個数の増加

2．ライン・ロビング
   来店者の関連ニーズに沿った商品カテゴリーを品揃え

       →買上個数の増加

3．ワンウエイ・コントロール
   店内を万遍なく買い回るように店舗レイアウトを設計

       →買上個数の増加
```

　こうした革新の裏で、これまでの小売業の最大の技術革新といえるであろう「マーチャンダイジング」概念が育っていった、と確信しています。図表2-1を改めてご覧ください。この技術革新は、4つの指標を連動させる経営手法に他なりません。セルフの販売がマーチャンダイジング論理を推進したといっても過言ではありません。

第4章　購買者視点からの小売経営課題の整理

　その他、これまでの小売業の技術革新の多くは、「買上個数」を増やす為の革新でした。図表4-5の工夫は小売業の発展過程で生まれた技術革新として考えてよいと思います。

　① ロス・リーダー政策…日本では目玉商品と言われています。仕入れ価格より安くする（マイナスの粗利率をつける）理由は、ロスをしてもお客様を呼び込んで、来店されたお客様が他のモノを購買してくれたらそれで良いのです。利用客数と買上個数を増やす有効な方法です。

　② ライン・ロビング…来店者の生活ニーズに合わせて（関連させて）品揃えを増やしていく売り方です。買上個数を増やすことが可能となります。

　③ ワンウェイ・コントロール…店内を万遍なく買い回ってもらう非常に上手な工夫です。閉鎖的なレイアウトの方が店内の通過率が高いことは第2章でお話ししました。

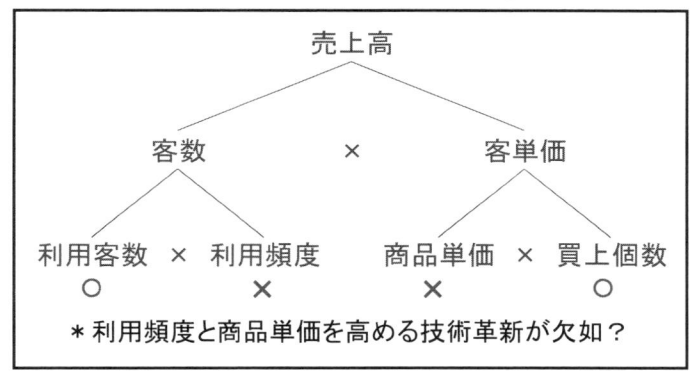

図表4-6　売上構造と技術革新①

```
                  売上高
           ┌────────┴────────┐
          客数       ×      客単価
       ┌───┴───┐         ┌───┴───┐
    利用客数 × 利用頻度   商品単価 × 買上個数
      ○       ×            ×        ○
  ＊利用頻度と商品単価を高める技術革新が欠如？
```

　第1章でお話をした「売上構造」の理解は全てのビジネスの前提となります。これまで説明してきたように、今までは利用客数と買上個数を上げる技術革新が活発になされてきました（図表4-6参照）。現在では「利用頻度」を上げる技術革新が生まれつつあります。それは「ロイヤルティ・マーケティング」と呼ばれています。IDカードを持参してもらい、そのお店での購買実績・内容の履歴をデータベース化します。それに基づいて、そのお店での購入実績をさらに高めるメリットを増やし、そのお客様のロイヤルティ（忠誠度）を高める工夫です。ロイヤルティを高めれば、安売りに依存しないで、高いものを買っていただくことも不可能ではありませ

ん。「利用頻度」と「商品単価」の技術革新は遅れていますし、この2つの指標を非常に上手に高める工夫を採用したお店が今後は成功するでしょう。

購買促進によって売上を上げようと様々な工夫がこれまで展開されてきました。その際にも、この4つの要素のどれを向上させるのかを考えるべきで、この点に関しては、すでに図表1-10に示した通りです。ただ売上を上げようというだけではなくて、利用客数と買上個数の増加は勿論ですが、それに加えて、利用頻度と商品単価を増加するためのプランを盛り込むことが必要でしょう。商品単価を高めるためには、「高くても買う価値」の訴求（購買価値の提案）が不可欠です。この点に関しては第5章で考えることにいたしましょう。また、利用頻度を高めるためには、消費するオケージョン（場面、機会）を提案（消費価値を提案）し、消費量そのものを向上させることが必要になってきます。これはまさに、マーケティングの実践に他なりません。

4つの要素の視点からプロモーションの具体的な施策を考えることが重要です。この4つの要素を考えないでプロモーションの企画を立てた場合、その効果もあやふやですし、「なぜ売上が上がったのか」、その後の振り返りが困難となることに注意してください。

ところで、「小売の輪」はM.P.マクネアが1957年に出した理論です。紹介しておきましょう（図表4-7参照）。

図表4-7 「小売の輪」仮説

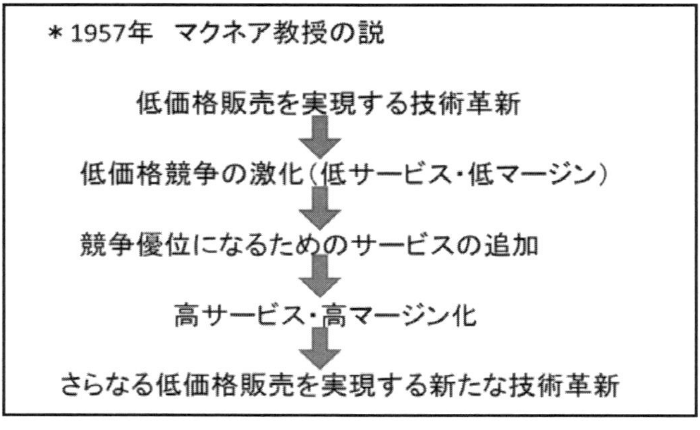

```
＊1957年　マクネア教授の説

　　低価格販売を実現する技術革新
　　　　　　　↓
　　低価格競争の激化（低サービス・低マージン）
　　　　　　　↓
　　競争優位になるためのサービスの追加
　　　　　　　↓
　　高サービス・高マージン化
　　　　　　　↓
　　さらなる低価格販売を実現する新たな技術革新
```

第4章　購買者視点からの小売経営課題の整理

　低価格販売を実現する技術革新を採用する小売業が増え、安売り競争が激化してくると、安さだけではなく様々なサービスをするお店が出現し、高サービス高マージン化していきます。すると、更なる低価格を実現する新たな技術革新が生まれ、低サービス低マージン、高サービス高マージンの間を行ったり来たりしながら、ぐるぐる回っているという理論です(注18)。
　小売業の最大の武器は低価格とサービスです。安くしてたくさん買っていただくか、サービスを施してたくさん買っていただくか、小売業の相反する戦い方を理論的に説明した説となります。安く売る技術革新は「効率」を求めたものであり、それが同時に客数増という「効果」を生むことがここでも暗示されています。その効果性が薄れてくると、さらに効果を高める努力がなされるのですが、「競争優位になるためのサービスの追加」であって、「競争優位になるための技術革新」として認識されるものは存在していなかったようです。

2．セルフサービスと売場の命題

　さて、これまでの技術革新の中で改めてこの2つの技術革新に注目しましょう（図表4-8参照）。現在、ほとんどの小売業がワンストップ・ショッピングとセルフサービスを採用した業態となっています。小売業にとってメリットがあっても、お客様にとって意味がなければ、これほどまでに普及しなかったはずです。お客様に何かしらのメリットがあったからこそ、

図表4-8　買物コストの減少と増加

●ワンストップ・ショッピング：
　・店外情報処理の店内化
　　　→買物コスト↘

●セルフサービス：
　・1回で清算可
　　　→買物コスト↘

　・店員による情報処理削減から、消費者自ら
　　　　　　　　　　　　による情報処理へ
　　　→買物コスト↗

受け入れられ普及したのです。

・ワンストップ・ショッピング：ここでの「情報処理」とは買物に関して頭の中であれやこれや考えることを意味しています。ワンストップ・ショッピングが普及する前と後で、この「情報処理」の仕方が大きく変わってしまったといえるでしょう。

　私自身の経験をお話しましょう。スーパーマーケットがなかった時代の私の母親は、買物に行く前に今晩の献立をあれやこれや考え、その上でお店を決めて買物に行かなければなりませんでした。しかし、家の近所にスーパーマーケットが出来てからはおそらく何も決めずに買物に行き、そこで安売りしている商品や美味しそうなものを見比べて「品定めして」購入を決め、同時に「今晩の料理は○○にしよう」と決めています。全てお店の中で決めることができます。商店街での買物は事前に決めないとあちこち行かねばならず大変ですが、スーパーマーケットには全ての商品が揃っていて何も考えずとも買い回ればよいので、こんな便利なものはありません。商店街ほど歩かなくても良いし、暑さ知らず寒さ知らずなのです。何よりも、一番の利点は事前の計画をしなくても済むことです。

　このように、スーパーマーケットに限らず、ワンストップ・ショッピングを採用したお店は事前に「考えるという買物コスト」を削減し、また数店のお店を買い回らねばならなかった従来の買物から「歩きまわるという買物コスト」を削減したのです。この２つの「買物コスト」が大幅に下がったことによりお客様に支持されたのです。現在高齢となった母がもっぱら利用するのがスーパーマーケットとなってしまった理由も頷けるのです。

・セルフサービス：自由に買い回れるだけでなく、あれやこれや買い回って一回で清算できることの意味は大きいと思います。欧米の大きなスーパーでは多層階に渡って買物をして一つのカートに入れて一つのフロアで清算できるお店があります。この方法によって「清算するという買物コスト」が下がります。小売業の技術革新は買物客にとってのメリットがあり、買物客が支持したからこそ、こうした売り方が普及してきたことを再認識しましょう。

　しかしセルフサービスにも問題があります。商店街のお店ではベテランの店員さんがお客様に様々なアドバイスをしながら購買の意思決定をお手伝いしていましたので、スムーズに購入できたのです。しかしセルフサー

第4章 購買者視点からの小売経営課題の整理

ビスではそのような店員はいません。お客様は自分で決めなくてはならないので、どの商品を購入すべきか困ってしまうのです。お客様は特売価格の値札を見たり、商品の説明 POP を見ながら様々な情報を売場から得ようとします。

したがって、本来買物コストが下がるはずのセルフサービスですが、ちょっとしたことで買物コストが上がって購買を阻害してしまうことが多々あるのです。購買を阻害しないでセルフサービスの売場でスムーズに買ってもらうためにはどうしたらよいのでしょうか。

図表4-9 売場の「情報削減」例

```
1. 商品陳列量(フェイス数)の多少
   → 「フェイス数の多い商品のほうが売れている」
   → フェイス数に多少がなければ、判断が困難

2. 商品の陳列位置
   → 「目立つ位置、手に取り易い位置の商品を
          店舗は推奨している」

3. 商品のグルーピング
   → 「新製品は同じ分類に属する商品の類だろう」

4. グルーピングの大きさ(1分類の商品数)
   → 7±2の範囲に留めて分類
```

さて、そもそも売場の情報をお客様はどのように受け取って、どのように解釈しているのでしょうか（図表4-9参照）。最も基本的な情報は「商品陳列量の多少」です。フェイス数とはすでに第3章でその配分方法を考えてきましたが、一つの商品が並んでいる数です。

お店の人は売場効率を考えて、売れるものにたくさんフェイスを与えて売れないものはフェイスを縮めています。フェイス・コントロールをきちんと行わないと、一方で在庫が足りなくなり他方で不良在庫が増えるという状況に陥ります。ですので、売り手としてはごく普通に行っている行為なのですが、実はフェイス数とはお客様にとって極めて重要な情報なのです。

フェイス数が多い商品は、売れていると解釈されるのです。「売れていますよ！」とあえて注釈を付ける必要がないのです。お客様はフェイス数

の多少を見て売れているか否かを判断出来ます。仮に売場の商品のフェイス数を一定に揃えたとすると、売れ行きに関する情報が消滅し、どれが売れているかを判断できなくなってしまいます。ぱっと見て商品が売れているか判断出来ることが重要です。

　例えば、自分で商品の良し悪しが判断できない商品を買う時には一番フェイス数が多いものを買えば間違いないと考えるでしょう。しかし、コンビニエンスストアの多くはフェイス数の多少がほとんどありません。ですから他の情報を見て購入判断せざるを得ません。「売れている」とアピールする POP を付けなくとも、売れ行き情報はこの他にもまだ存在します。

　商品の陳列位置はどうでしょうか。目に付く場所に陳列していれば「売れている」という情報に限りなく近くなりますが、同時に陳列位置は「お店の推奨程度」を示すことになるでしょう。売りたくない商品を売場の目立つ場所には置きません。売れ行きの良い商品が優位置に陳列されていると考えればよいでしょう。

　グルーピングに関してはすでに第3章で棚割りにおける方法を説明しました。商品の「まとめ方」「括り方」をいいます。一つの場所に何らかの基準で商品をまとめて置きますが、まとめているコンセプトは非常に重要な情報となります。特に新製品が出た時、どの分類に置くかが重要であり、売れ行きを左右します。なぜなら、まだ見たことも試したこともない商品に対して、どの類の商品なのか類推する基準となるからです。

　例えば、コーヒー缶のデザインに似ている緑茶は緑茶の分類だけでなく、コーヒーの分類にも置けますし、機能系フルーツバーは健康食品や果物、お菓子等様々な分類での括り方があり、それによって商品の意味が変わります。微炭酸の機能系野菜ジュースは手軽に飲める飲料として、栄養ドリンクの横に置くことも出来ます。そして、お客様は商品がどこに属しているかを見ています。またグループに属する商品数の多少をコントロールしてグループの大きさを変えることも可能です。属するグループを変更する、グルーピングの基準や大きさを変更する。こうした方法で従来と異なる競争優位を創出することも可能ですし、これまでと異なる売上のチャンスが広がるかもしれません。

　「7±2」、これはジョージ・ミラーという認知心理学者が提唱した「マジカルナンバー7」という理論で、人が瞬時に処理できる情報量は5〜9

第4章　購買者視点からの小売経営課題の整理

項目というものです。これを売場で活かすと、売場で様々な情報を与える時に、一つのグルーピングの中で7品目以上に増やすと、多くの場合は迷って買えない状態となってしまいます。ましてや20〜30の商品を分類せずにまとめて置いていては、買物の意思決定が困難になります。買物をしてもらうためには、意味のある基準で商品を「7±2」に分けてグルーピングして配置する工夫をしなくてはいけません。この工夫もスムーズな意思決定をサポートする情報提供のあり方に他なりません(注19)。

図表4-10　売場の2つの機能

```
第1の機能　＝　買いやすいか否か
　　　　　　＝　情報処理しやすい　　→　情報削減

第2の機能　＝　面白いか否か
　　　　　　＝　新たな情報が得られる　→　情報創造

＊小売業のみならず、卸売業、メーカーが
　共通して関与すべき課題
```

　この4項目をまず徹底できているか否かが、容易に情報処理ができるか否かを決めることになってしまいます。ではここで、改めて、セルフサービスの機能について考えてみましょう（図表4-10参照）。
　第1の機能：セルフサービスの最大の課題はお客様にとって買いやすいか否かです。これは情報処理しやすいか否かと同義語で、「情報削減機能」と呼びます(注20)。
　セルフサービスは、そもそも買物コストの低下が誘因となって買物する業態なのです。買いづらいというのは最大のマイナスであり、買いづらければお客様は買物を諦めるか他店へ行ってしまいます。
　第2の機能：我々は日常会話で「面白い」という言葉を2通りの意味で使います。1つ目は腹を抱えて笑う面白さ。2つ目は新しい情報が得られたときに「面白い」と感じることです。ここでの「面白い」とは新しい情報が得られたときに感じる「面白さ」です。これを「情報創造機能」と呼

びます。例えば、コンビニエンスストアは、新製品という新たな情報を次々に売場に導入しています。新製品投入は売場にとって重要です。なぜなら、新しい情報を持つ製品は「面白い」からです。

　面白いと感じる例はいくつもあります。１．新製品、２．新しい分類の仕方、３．新しいコーディネーションの仕方（食品のコーディネートは「メニュー」、ファッションは「着こなし」、日用品は「ライフスタイル」となります）等。新しい情報をどう加えるのか、卸売業、メーカーを含め、まさしく売り手である全員が考えるべきです。

　スーパーマーケットの優先順位は第１の機能「買いやすさ」であり、百貨店は第２の機能「面白さ」を最優先しなくてならないと考えられます。

３．売れる売場と売れない売場の違い

　この図表4-11は我々の頭の中の構造（スキーマといいます）です。我々が持っている事象に対する記憶がこの図の大きな丸い円であり、その事象の詳細な情報がその中の幾つかの小さな円だと思ってください。今までの記憶の中に入っていない、新しい情報（面白い情報）が加わると、それは大きな円の外に位置づけられます。情報処理できない状態です。この状態が「情報創造」なのです。そして、その新情報が大きな円の中に取り入れられると新たな既存情報となり、「なるほど、そういうことか」というように情報処理された状態となります。取り入れられることを「情報削減」と呼んでいます。

　重要なのは、新しい情報は従前の記憶の外に飛び出ていることです。飛

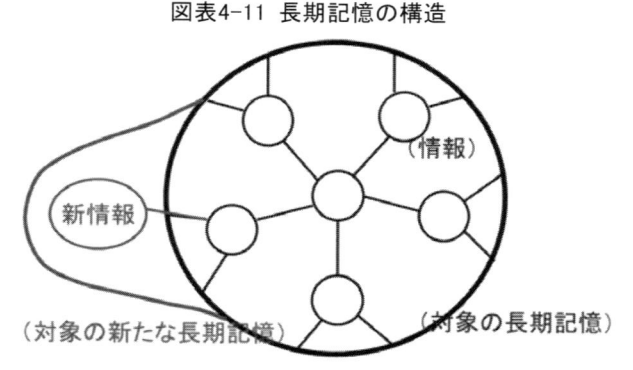

図表4-11 長期記憶の構造

第4章　購買者視点からの小売経営課題の整理

び出ていることによって、新たな情報の経路が広がります。面白いか否かを判断するのは、我々がその対象のどういう情報を持っているのかという従前の「記憶」が鍵となります。売場に携わる方々は、常に新情報を付け加えることが大事です。新情報がないと、商品も売場も面白くなくなってしまうからです。

本題とはやや離れますが、お客様に「記憶してもらう」あるいは、自分自身の「記憶力を高める」にはどうしたら良いでしょうか。図表4-11を参照していただきながら考えてみましょう。

①ある事象を記憶する（してもらう）ためには、それに関連する様々な情報を合わせて覚えることがミソです。周りの情報とセットで記憶に入れると覚えられます。

②脈絡のない情報は記憶に残りません。一つだけでなく、様々な脈絡での関連性を持たせると「連鎖」が強化されてより覚えるのです。

③売り方のアドバイスとして、順次、その時々で、色々な情報をくっつけてその商品を提供すると良いと思います。それを積み重ねていき、どの情報とも様々な関連づけがなされることによって、より引き出し易い状態、すなわち、スムーズに買っていただける状態になるのです。

因みに、噂とは、特定の情報間のリンクが異常に太くなってしまう現象です。例えば、自社にとってマイナスの噂が広がったとき、そのリンクを否定しても消えるものではありません。他の情報とのパイプを太く（他の脈絡での連鎖を強化）して、元々の噂のリンクを相対的に細くして、次第に薄くすれば良いのです。

さて、売れる売場をつくるために、新商品をどのようにお客様に訴求していくべきか、どうしたらお客様にスムーズに情報処理していただけるか。ここでは、その新製品を販売するメーカーの方々へアドバイスしてみましょう。

①対象に対するターゲット顧客の長期記憶内の既存情報とその関連性を明らかにする。

②自社、他社の商品がこれまでどのように情報を蓄積してきたか、を時系列で知る。

③どの情報と情報の関係が深い（結びつきが強い）か、を知る。

④「期待」させる情報は既存情報のどれに結びつけるのがよりスムーズ

に引き出せるか、を考える。

　これらは売場で新しい情報を提供するためのヒントとなるはずです。新商品だけを売場に導入するだけの新しさではなくて、そこに追加的な情報を提供することによって、いくらでも他店・他社との差別化が出来るはずです。例えば「ビール」はお客様の記憶の中に、どんな情報が入っているのだろうと考えてみます。キーワードを与えた時に、記憶に入っていなかったら新しい情報だと考えて良いでしょう。自社や他社の商品または売場の情報がこれまでどのように提供されてきたか時系列で調べてみましょう。そして今現在、どんな情報が長期記憶に残っているのか。最も結びつきが強い順番に情報を並べます。この順番がプロモーション・テーマの優先順にもなります。

　「期待させる情報」と単なる「興味のある情報」とはどのように違うのでしょうか。簡単に説明をしますと、興味のある情報は「客観的」な判断に留まりますが、期待させる情報は自分が使ってみてどう感じるか、「主観的」な判断を導くことになります。お客様に主観的に判断させる情報とはどのような情報に結びつけることが良いのかを考えてください。「どのような場面で、誰が、どう使うか、を想像させる」ことが期待させる情報となります。この時に、どのようなお客様を想定しているのかを正確に押さえておかねばなりません。この点については、最終章において詳細を考察することにします。

　さて、売場に話を戻しましょう。図表4-12の円を一つの売場だと考えてください。売場概念には２つの機能が必要でした。

図表4-12　売場概念の２側面

情報創造　｜　情報削減

第 4 章　購買者視点からの小売経営課題の整理

「情報削減」：買いやすくする機能。
「情報創造」：面白くする機能。
　お店を見る時にこのような2側面から見てはいかがでしょう。ある工夫をすれば購買意思決定をスムーズにするのは「情報削減」機能であり、これまで接したことのない情報で面白いと感じるのであれば、それは「情報創造」機能です。

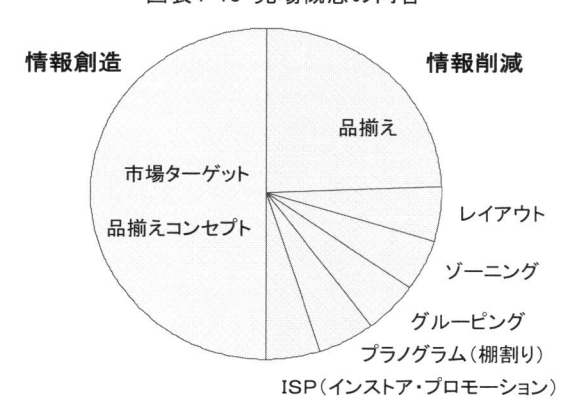

図表4-13　売場概念の内容

情報創造／情報削減
- 品揃え
- レイアウト
- ゾーニング
- グルーピング
- プラノグラム（棚割り）
- ISP（インストア・プロモーション）
- 品揃えコンセプト
- 市場ターゲット

　売場における情報削減と情報創造の詳細について考えてみましょう（図表4-13参照）。実際の具体的な品揃えは情報削減に該当します。品揃えはまさしく情報創造の意味を反映していなければなりません。すなわち、どのような市場ターゲット（どのようなお客様）を想定して、どのような新しい品揃えのコンセプトを提供しようとするのか、ここでどのようにして「面白い」と感じていただくのか、まさにここにおける売り手の「意図」こそ情報創造なのです。品揃えはその意図を反映させる手段の一つとして考えねばなりません。ここで面白いと感じていただけるか否かは、その意図が新しく、かつ、期待に沿うものでなければなりません。具体的な品揃えの背景に、お客様に対してどのような「期待」を与えたいのかが反映されていなければならないのです。

　品揃えだけでは十分に情報削減できないために、店舗をどのようにレイアウトにし、そして売場全体をどのようにゾーニングし、新たなグルーピングをも採用するのか、そしてプラノグラム（棚割り）は、ISP（インスト

ア・プロモーション）はどのようにするのか、等々が工夫されなければならないのです。売場づくりは「情報創造」内容を「情報削減」する具体的な作業であると考えられますし、このように考えてこそ「面白くて、買いやすい」お店が実現できるのです。

　しかしながら、売場の工夫というと、とかく情報削減に関するものに注目しがちですが、今求められているのは新しい、面白い売場をどうつくるかであり、情報創造要素の組み立てに関する技術革新が求められています。巧みな情報削減もその背景に面白さを感じさせる情報創造があってこそ意味があるのです。

　面白いから、また行ってみたいと思うのではないでしょうか。結果として利用頻度が高まりますし、面白いお店であるからこそ高い商品も買いたくなります。売上構造の利用頻度と商品単価を上げるには「情報創造」を強化することが前提です。

　皆さんも街を歩いて、情報創造・情報削減の事例を様々な業態で観察してください。具体的な工夫を発見したら、この図表4-14の上段に列挙してみてください。そして、「もっとこうしたら良いと思う」という工夫を考えてアイデア欄に書き込んでみてはいかがでしょうか。

図表4-14　売場の2つの機能の実際

	情報創造	情報削減
実践例		
アイデア		

【第4章のポイント】

❶ セルフサービスの売場では、非計画的な購買がかなり高い比率を占めています。だからこそ、売り手は売場で工夫をして購買を生起・促進する

第4章　購買者視点からの小売経営課題の整理

ことが可能ですし、工夫する意味があるのです。セルフサービスでは非計画的な買物が多いからこそ売場での工夫が必要です。

❷　店舗で扱うカテゴリー全体は総じて非計画的なのですが、中には計画的に買われるカテゴリーもあります。カテゴリーによる買物の計画性・非計画性の違いを理解しておきましょう。特に、ワンウエイ・コントロールが実施されているお店では、計画的に購入されるカテゴリーと非計画的に購入されるカテゴリーの扱い方の違いを売場づくりに反映しなければなりません。

❸　関連商品をどんどん増やしていく「ライン・ロビング」、またいわゆる目玉政策「ロスリーダー」。これらは積極的な来店を促し、ひとつでも多く買ってもらうという「買上個数」を増やす様々な工夫です。他方、「利用頻度」、「商品単価」を高める技術革新はこれまであまり工夫がなされてきませんでした。これらの向上のためには、「消費価値」と「購買価値」の双方を高める提案が不可欠です。

❹　事前に購入計画を立てたり、お店を買い回ることは「買物コスト」となります。セルフサービスのスーパーマーケットは、商店街に比べてこのコストが低いことがお客様に支持された理由なのです。ただし、セルフサービスでは、自分で購入の意思決定をしなければならない分、「買物コスト」が高くなってしまい、これを下げるためには「買いやすさ」を追究することが大きな課題となります。店員さんがいなくても、お客様が売場からの情報をもとにスムーズに購入できるように工夫を施すことが重要です。このような工夫を「情報削減」と呼びます。

❺　お客様にとってフェイス数とは、何が売れているかという情報です。陳列場所は、目立つ場所はやはり売れているという情報であり、お店として推奨しているという情報です。あえてPOPを付けなくても目立つ場所に置けば推奨している事が分かるのです。

第3章で説明したプラノグラム（棚割り）の意義を再確認しましょう。

❻　知らない商品と出会ったとしても、どのようなグルーピングに属するのかが分かればどんな商品なのか想像できます。商品の括り方をきちんとすることは、買いやすいか否かを左右する重要な要素です。購入対象商品グループ内のアイテム数を「7±2」に収めるのもその一つ。その他、売場に様々な商品がある中で、スムーズに購入を決められる実際の工夫を考

察してみましょう。

❼ さらに「面白い」と感じるか否かはとても重要です。様々な業態で「面白い！」を発見してみてはいかがでしょうか。なぜ、面白いと感じたのか、その理由を説明できるようにしてみましょう。「面白い」と感じる「情報創造」が今こそ必要なのではないでしょうか。「情報削減」もこの「情報創造」と表裏一体の関係にあるのです。

第5章
「購買価値」の向上と価値判断の容易化

1．買っていただくことの意味

　お客様に商品なりサービスを買っていただくことの意味は、一体何でしょうか。それは、「満足」をしていただくためではないでしょうか。
ここで、満足とは一体何かをまず考えてみましょう。
　「マインド・シェア」と「ハート・シェア」という言葉があります。これと対比される言葉は、「市場シェア」です。マインド・シェアとは、お客様の「最初に頭に浮かぶブランド（もしくはお店）」の割合です。例えば、「チョコレートと聞いて最初に浮かぶブランドは？」と聞いた時に回答者が挙げた当該ブランドの割合のことです。ハート・シェアは、「買いたいと思うブランド」と聞いた時の当該ブランドの割合です。この二つのシェア、特に後者はブランド（もしくはお店）への「満足度」が高いことが前提と考えてよいでしょう。市場シェアは、マインド・シェアとハート・シェアが高くなった結果として得られるものであり、マーケティングは結果としての市場シェアを目標とするのではなく、マインド・シェア、ハート・シェアを高めるためにどうするべきか、を中心に考えねばなりません（注21）。
　これは、ブランドだけの話ではなく、「スーパーと聞いて最初に浮かぶお店」「買いたいと思うお店」と聞いたときに、その店名を挙げていただくために「満足度」をどのように高めるかというお店の課題としても取り上げることが出来ます。
　改めて「満足」とは何かというと、求めている何かしらの状態に関する一定の水準があって、それにどの程度対応しているか、近づいているか、ということです。ニーズを明らかにして、それに対応した商品やサービス

を利用することによって、お客様が求める状態に近づくことが出来ると期待していただき、実際にどの程度の成果を顧客に感じていただけるか、その程度が「満足度」ということになります。

　では、満足してもらうためにはどうしたら良いのでしょうか。当然ながら、お客様が何を求めているかを分からねばなりません。そして、次に重要なのは「期待」です。それを買ってみたい、そのお店で是非買いたい等、期待を高める活動が不可欠となります。広告を打つ、チラシを撒くことも一つの方法です。期待を持っていただく前提は、その商品やサービス、そしてお店が自分のニーズに合っているとお客様に感じてもらうことです。

　さらに大きな満足を感じてもらう、そして、また買ってもらうためには、「期待」をさらに高め、求める水準を高めることが必要となります。期待を高め、それを充足させる商品やサービスを提供し、その水準に近づくことで満足を感じてもらう、この繰り返しがマーケティングです。その結果として、マインド・シェア、ハート・シェアを高めることが出来たかが重要となります。一人のお客様がその商品・サービスを、そしてお店で積極的に買い続けてくれたかどうか、が重要なのです。したがって、期待を与え続けることが売り手の責務となるのもそのためです。期待を高めるためには、これまでのニーズを上回るニーズを創造して開発し続けることが必要です。これこそ、第4章における「情報創造」の原点なのです。

　さて次に、期待を高めるためには、「価値が高い」ことを訴求しなければなりません。その商品やサービスは購入して入手するわけで、「買う価値」があるかが問われるからです。その商品やサービス、あるいはお店を使用して得られる効用、それを買うことによって満足する効用、そのお店に行くことによって新たな情報が得られる効用等々を「成果」と呼びます。この成果を大きくしなくてはなりません。そして、成果を得るために費やすコストがあり、それらは、支払った費用、購入に関する諸費用、使用に関わって発生する費用等です(注22)。

　何を得て、その際どれだけのコストを費やしたのか、この感覚を「知覚価値」といいます。これが期待を上回っていることが満足の前提となります。「知覚価値」は、得られる成果と得るために発生するコストを対比して判断されます。成果がコストを上回っていなければなりません（図表5-1参照）。

第5章 「購買価値」の向上と価値判断の容易化

図表5-1 価値とは？(1)

```
1. 「知覚価値」＝成果－コスト、成果/コスト

2. 得られた成果の大きさ

    ＊成果　・製品の使用から得られる効用
          ・製品購入に関する様々な効用

3. 成果を得るために費やされた（る）コスト

    ＊コスト　・支払った費用
           ・購入に関して発生した諸費用
           ・使用に関わって発生する費用
```

図表5-2 価値とは？(2)

```
4. 2つの価値

    worth： 絶対価値、精神的・道徳的価値
    value ：相対価値、実用的な価値
            →マーケティングで追究するのは、value

5. 満足を確保するためには

    →「価値」の大きさに「期待」してもらう
    →「期待どおり」の「価値」であること
    →他の商品を選択したときより、「価値」が高いと知覚できる
```

　購入・使用することによって価値が高まるであろうとお客様に判断していただき、お客様がさらに期待を大きくして買ってみようという意思決定にまで繋げることが、まさしくマーケティングの第一歩だといえるでしょう。

　ところで、「価値」には2つの英語があります（図表5-2参照）。

　worth は「絶対的な価値」です。新しい価値を植え付けるには、お客様は絶対的に評価しなくてはなりませんので、価値判断するのは簡単ではありません。また一度決めたらそう簡単には変更できない価値です。それに

対して、value は比較してその高低を判断する「相対的な価値」です。買物における価値は value です。比較して価値の高低を判断し購入対象を選ぶのですから、売り手にとっては競合相手と比べて自分の商品やお店が良いことをアピールする必要がありますし、それによって「こちらのほうが価値が高い」と判断していただけるのです。いくつかの業界では「最低価格保証」を行っていますが、これはまさしくお客様に比較をすることを推奨しています。比較して決定してもらう方法は、意思決定をし易くするポイントです。

満足を確保する為には、「価値」が大きいことを「期待」してもらうこと。「期待通り、あるいはそれ以上の価値」であること。他の商品（またはお店）を選択した時より、こちらの方の価値が高く、より高い満足を得るであろうと比較して知覚していただければよいのです。したがって、比較した際に「違い」が分かることが重要です。他店よりもうちのお店に来てもらうためにはどのような「差異」を強調すれば良いのでしょうか。自店の商品を買ってもらうためにはどのような訴求内容・方法の「違い」を出せば良いのでしょうか。このような考え方をしなければなりません。

ここまでは、比較して価値が高いことを知っていただくことが重要だと述べてきました。では、「買う価値がありそうだ」、すなわち「お買得」と感じていただくためにはどうしたらよいのかを考えてみましょう。

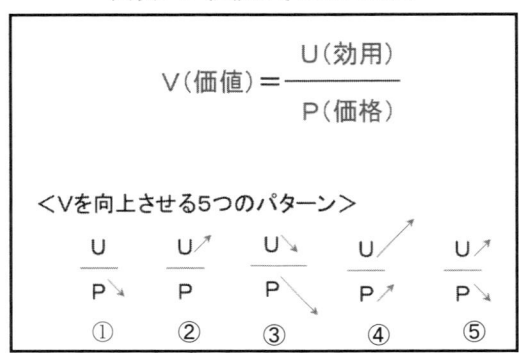

図表5-3 価値とその向上方法

$$V(価値) = \frac{U(効用)}{P(価格)}$$

＜Vを向上させる5つのパターン＞

$\frac{U}{P↘}$	$\frac{U↗}{P}$	$\frac{U↗}{P↘}$	$\frac{U↗}{P↗}$	$\frac{U↗}{P↗}$
①	②	③	④	⑤

２．価値向上の５つのパターン

図表5-3では価値を定義しています。ここでの価値は value であり、比

第5章 「購買価値」の向上と価値判断の容易化

較して決める価値です。コストには色々な面がありますが、一番単純なコストは支払うお金（price）であり、いくら払って何が得られるか（効用：utility という経済用語です）、その割り算の値が高い方の価値が高いといえます。我々は様々な対象の割り算の値の大小を比較しながら選択しているのです。

割り算の答えが高まる場合は、5通りあります。まさに、「お買得」には5パターンあることを意味しています(注23)。
① 効用は同じだが、価格が下がる。
② 価格は同じだが、効用が上がる。
③ 効用は若干下がるが、価格が大幅に下がる。
④ 価格は若干上がるが、効用が大幅に上がる。
⑤ 価格が下がり、効用が上がる。

ここで、「お買得」の5パターンの実例を考えていただきたいと思います。図表5-4はそのためのフォーマットです。
先ほどの5つのパターンを2つの視点から考えてみましょう。商品開発をする際の視点としての価値を高める方法と、購買促進によって価値を高める方法の2つの視点です。

図表5-4 商品開発と購買促進による価値向上

	U↓ / P↓	U↑ / P―	U↘ / P↓	U↑ / P↗	U↑ / P↘
商品開発による価値向上					
購買促進による価値向上	①	②	③	④	⑤

「売れた」「売れている」商品・サービスはこの表の上段のどこかに、また、効果的な購買促進はこの表の下段のどこかに当てはまるはずです。この5通りのパターンを覚えるのではなく、具体的な事例を当てはめてみて、

「価値を高める」方法を理解し、実際に具体的な方法を立案し、実践することに意味があります。

　購買促進による価値向上の例を挙げてみます。それぞれのマスにはこのような方法が思い浮かぶはずです。①単純な値引き、②質の良い物を提供する、あるいは増量セール、③いわゆる見切り（例：時間が経過した惣菜を値引きする）、④高価だけど価値があるもののセール（例：福袋など）、⑤「旬」のセール。生鮮食品はこのような価値の向上が見込める時を「旬」といいます。旬な商品は美味しいですし、値段が下がることで大いに売れるのです。

３．価値判断の容易化の方法

　ところで、価値が高くても、それがすぐに分からねばなりません。分からない、分かりにくいようであれば、やはり売れないでしょう。価値が高いものをつくればそれでよいということではありません。価値が高いということがすぐ判断できるように工夫することが重要です。

　価格が高い商品ほど分厚いパンフレットをつけたりしますが、むしろ意思決定をややこしく困難にする場合さえあります。簡潔に表にまとめる事や、記号化して容易に分かるようにした方がよいのです。高いお金を払う買物こそ、比較を徹底して判断を容易にする工夫が必要です。相対的に判断してもらうために比較する対象をどれにするか、どのような点を比較してもらうか、比較した結果をどのように表現するか、など工夫しうる部分がかなりあるはずです。

　ブランドは重要です。確立したブランドは価値判断、そして比較さえも不要にしてしまいます。ブランドを確立するためには、先ほど述べた「期待していただき満足してもらう」ことの繰り返しが前提としてありますが、様々な情報の連鎖でこのブランドのイメージを強固なものにしていく必要があります。第４章の図表4-11に関する記述をもう一度確認してください。

　比較して判断してもらう、と同様に、あるいは、それ以前に価値判断を容易にするためには、図表5-3の割り算そのものを簡単にしてあげるべきです。さらに言えば、割り算できなかったら価値の測定が出来ないわけで、価格が不明の時や、どのような商品か良く分からない時は割り算が出来ないので、価値判断が不可能となってしまいます。前回購入した経緯があれ

第5章 「購買価値」の向上と価値判断の容易化

図表5-5 割り算をする前提

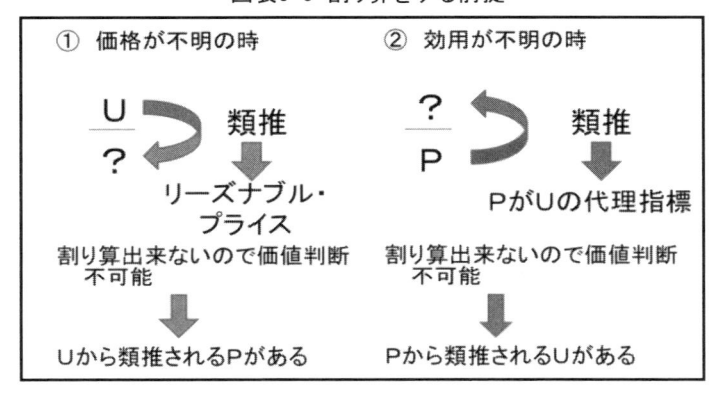

① 価格が不明の時
$\frac{U}{?}$ 類推 → リーズナブル・プライス
割り算出来ないので価値判断不可能
↓
Uから類推されるPがある

② 効用が不明の時
$\frac{?}{P}$ 類推 → PがUの代理指標
割り算出来ないので価値判断不可能
↓
Pから類推されるUがある

ば別ですが、その経験がないと価値判断が不可能となります。

　図表5-5では、価格あるいは効用が不明な場合を図示してみました。この商品だったらこのぐらいの価格ではないかと「類推」できる価格があります。「リーズナブル・プライス」といい、想定される価格には通常、幅があります。価格の幅が広いモノであれば、売り手としては色々な売り方が考えられるのでチャンスも広がります（高いモノも、そうでないモノも売れる、幅が広いのです）。逆に、価格幅が狭いものは売り方が限定されてしまいます。

　いうまでもなく、売場で価格が分かりづらいような状態であれば、なかなか割り算出来ませんから意思決定しづらくなります。基本中の基本ですが、価格は目立つように分かりやすく書き、掲示することが重要です。

　逆に、価格は分かっていても、どんな効用か不明なことは多々あります。しかし、価格は時に効用を類推させてくれます。価格によって期待の大きさも違ってくるからです。「高いほうが良いに決まっている」と考える場合がこれです。この場合はその類のものを購入した経験がある時には、それそのものを購入したことがなくても、価格に対する効用の大きさを類推出来るのです。

　価格や効用は「類推」することができます。これを売り手として利用することが出来ます。例えば桃やスイカなどであれば、（事前に知識がなくとも）甘いかどうかは価格で判断される事が多々ありますので、同種の複数

の価格の商品を一緒に並べて効用を類推して購入していただくことが可能となります。生鮮食品に限らず、衣類やパソコンなどでも価格が効用判断のよりどころになる場合は多いのではないでしょうか。

さて、価値判断の容易化を２つの視点から整理してみましょう（図表5-6参照）。

図表5-6　容易化の2つの視点

```
1. 「割り算」の容易化

    例：・ユニット・プライス
      ・均一価格
      ・PとUの明示

2. 「比較」の容易化

    例：・ランキング
      ・直接的な「参照」の工夫
      ・7±2
      ・記号化、一覧化
      ・松竹梅のプライシング（うなぎ屋の理論）
```

まず、「割り算」の容易化の工夫を考えてみましょう。

「ユニット・プライス」とは例えば、缶ビールをケース売りする時、ペットボトルを箱で売る時、１本あたりいくらという表示です。肉売場でも100gあたりいくら、と書いてあります。割り算をした結果を「単位当たり価格」で表示する方法です。

さらに、割り算を容易にする身近な例は、「均一価格」です。均一価格は割り算をしなくても良いのです（割り算は我々の頭を大変疲れさせます）。価格を統一する事によって、割り算が不要になり、買い手は分子の効用だけを判断すればよいので格段に買い易くなります。

例えば均一100円ショップでは、品揃えしている商品が100円にしてはかなり効用が大きく、そして順次、新商品が導入されているので、「面白い！」のです。「均一価格」で価値判断が容易、したがって「買物コストが低い」。「大きな効用」、「面白い」、さらに「買い易い」という、この3つの要素を持った業態ですからお客様の評判も良いわけです。

第5章 「購買価値」の向上と価値判断の容易化

　次に「比較」の容易化の工夫を考えてみましょう
　比較を容易化する単純な方法は、「ランキング」です。どれが良いのか分からない時、一番売れている商品にしようと考える人はかなり多いはずです。商品を様々な基準でグルーピングして様々な視点からランキングするのも良いでしょうし、売れている順のランキングはお客様のリスクを少なくする効果も見込めます。
　「直接的な参照の工夫」を考えるにあたり、今、一つの商品を売ろうとするシーンを考えてみます。値引きして大量に陳列して売れば確かに売れるでしょうが、さらに購買を促進する方法は積極的に「比較」していただくことです。お客様は以前、この商品はこのお店ではいくらで売っていたかを思い出そうとします（過去のお店の特売価格を「参照」するのです）。あるいは、他のお店で特売をやっているかもしれないので、買うならもう１軒のお店を見てからにしようと思うかもしれません。しかし、他のお店の情報は参照しづらく比較しづらいのです。過去も近くのお店も比較しづらいので、意思決定しづらいのです。そこで、比較し易くするお手伝いをするのです。
　比較し易くする例として、商品ＡとＢがあり積極的に売りたいのはＡとします。Ａの隣にＢを置き、ＢよりＡの方がお買得と判断される価格にします。Ａを買ってもらいたいならＢを比較させ、お客様に直接的に、積極的に参照し、比較させるような売り方をするのです。お客様の意思決定をスムーズにさせることが購買を促進させるのです。
　「７±２」に関しては第４章でグルーピングのアイテム数を指摘する際にも述べました。この範囲で情報処理させることの重要性を物語っています。したがって、５アイテムから９アイテムの間で商品なり情報なりを比較させなくてはなりません。この範囲を超えての情報提供は限界を超えているということです。アイテム数だけでなく、商品の特徴を説明する時に、７±２個以上の情報を付けてはいけません。
　「記号化、一覧化」するということは、○×△等の記号や、辛さの度合いを唐辛子のイラストで表示したりして、言葉で説明するのではなく、記号化し、一覧化します。この工夫を是非、身の回りで観察してみてください。たくさんの例があるはずです。信号やトイレの男女の区別もコレです。
　うなぎ屋さんに行った時に３つの価格帯があった場合、お客様はどれを

注文するでしょうか。そもそも、なぜ多くのうなぎ屋さん（寿司屋さんなどでも）は３つ（あるいはそれ以上）の価格帯を用意しているのでしょうか。

うなぎ屋さんには普通はメニューの詳しい説明がありませんので内容が分からず、３つの価格の鰻重Ａ、Ｂ、Ｃの価値を真剣に比較検討しようとすると買物コストが大きく高まってしまいます。そこで、真ん中を選べば間違えないだろうという意識が高まります。極論を言いますと、お店としてＢがお勧めであればＢを囲んで下のランクのＣと上のランクのＡを置くことです。

次に、リッチなお客様に対応するために特上メニューを作ったとします。そうしますと中間が２つでき（ＡとＢ）、Ａのうなぎを頼む人も出てきます。特上を置くことによって客単価、商品単価が上がり、客層も広げられます。「高いものは良いものである」という類推を促す場合に、このやり方が有効です。

マーケティングでは「魅力効果」などという名称が付けられていますが、「松竹梅効果」、あるいはまさしく「うなぎ屋の理論」のほうが明快ではないでしょうか。

このように価格帯があって、そこに値段の差があるから効用のレベルを容易に推定できるのです。ワン・プライスのお店は、どれを買おうか迷う必要がないので効果的な方法ですが、ツー・プライスはどちらにしようかと迷いますので（買物コストと買物リスクが発生）、３つの価格帯がベス

図表5-7「うなぎ屋の理論」とは？

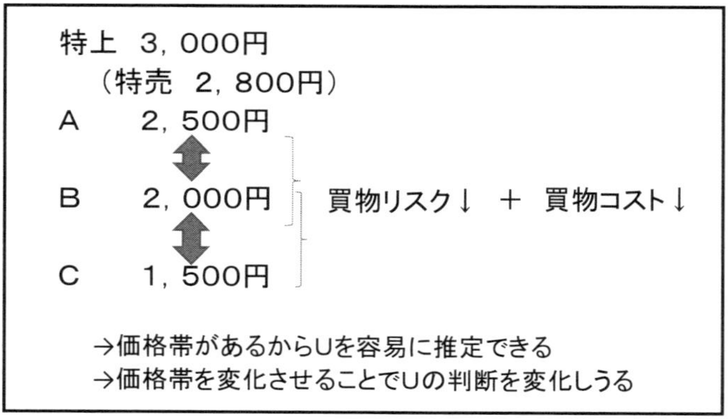

```
特上  3,000円
 （特売 2,800円）
Ａ   2,500円
         ↕
Ｂ   2,000円    買物リスク↓ ＋ 買物コスト↓
         ↕
Ｃ   1,500円

→価格帯があるからＵを容易に推定できる
→価格帯を変化させることでＵの判断を変化しうる
```

トです（図表5-7の鰻の例のように顧客層に広がりがあれば4つの価格帯も可能です）。

因みに、3000円の鰻重を時折2800円で売ると、Aとの価格差はわずかに300円となりますから、たまには一番高いものを注文してみようなどと思うお客様がいるはずです。上手に意思決定を誘導することが可能な購買促進方法です。

4．広義の「購買価値」（消費者価値）

さて、図表5-3では支払うお金に対して購入した商品なりサービスから得られる効用、この支払価格と直接的な効用の2つだけで「購買価値」を考えてきました。しかしながら、払っているのはお金だけではありませんし、得ているのは直接的な効用だけではありません。図表5-8ではより広い意味で「購買価値」を規定してみました。ここにおける「広い意味」を購買場面のみならず、その後の消費場面まで包含して、その価値を考えるとすれば、それは購買価値＋消費価値、すなわち「消費者価値」と考えることが可能でしょう。

図表5-8　消費者価値

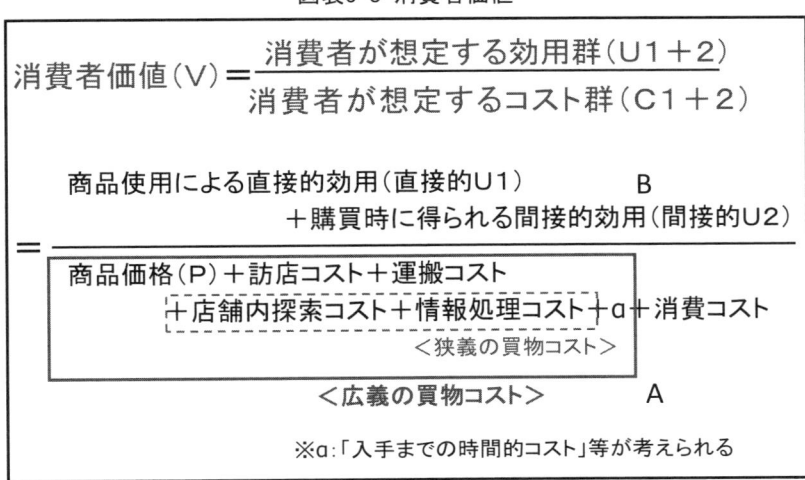

$$消費者価値(V) = \frac{消費者が想定する効用群(U1+2)}{消費者が想定するコスト群(C1+2)}$$

$$= \frac{商品使用による直接的効用(直接的U1) \quad B}{＋購買時に得られる間接的効用(間接的U2)}$$

分母：商品価格(P)＋訪店コスト＋運搬コスト ＋店舗内探索コスト＋情報処理コスト＋α ＋消費コスト
　　　　　　　　　　＜狭義の買物コスト＞
　　　　　　＜広義の買物コスト＞　A

※α：「入手までの時間的コスト」等が考えられる

A．広義の買物コスト＋消費コスト
　・訪店コスト…お店に行く時間・お金・労力というコスト

・運搬コスト…レジまで、駐車場まで、家まで、それぞれの場所までモノを運ぶコスト（お客様のコスト意識が極めて高いことがこれまでの調査で分かっています）(注24)
・店舗内探索コスト…店内でモノを探すコスト
・情報処理コスト…商品選択に関わるコスト（この負担が高いと購買を諦めてしまいます。）
・α…注文してから商品が手に入るまで待たされるコストなど
　これらのコストを回避・軽減出来るお店はお客様の価値向上に寄与します。具体的な施策を１つ１つ検討していくと良いでしょう。
B．直接的効用＋間接的効用
・商品使用による直接的効用…これを求めて商品を購入します（例：飲み物を飲んで喉を潤す等）。
・購買時に得られる間接的効用…買物するという行為によって生まれる何らかのメリット商品購入以外の買物そのものの効用。この間接的効用を高めれば、お店の価値はさらに高まります。
　コストを回避・削減する工夫には、お店で既に実施されているものもありますし、様々なアイデアがあるはずです。図表5-9・10・11にまとめてみました。

（１）訪店コスト
①お店の近接立地や行きやすさをサポートする工夫…近距離の立地（例えばコンビニエンスストア）、送迎バス、駐車場の拡大（満車を回避、駐車の容易さ）、営業時間の拡大（夜遅くに行っても良く、時間に縛られない）。
②入店者へのお茶サービス…あるお店では、入店されたお客様がセルフで自由に飲むことのできる給茶の機械を設置していて、夏場に喜ばれています。
③御用聞き、移動販売…お店の人が定期的に家まで来てくれるので、お店に行かなくて済みます。
　発注の簡便化…お店に行くという事は商品を注文する事と同じですから、注文を簡単に出来る仕組みを提供すれば訪店コストが下がります。
　自動発注…例えばAmazonの「定期便」では、一度注文すれば定期的に届くサービスがあります。繰り返し買うモノには有効です。

第5章 「購買価値」の向上と価値判断の容易化

（2）運搬コスト
①宅配…購入した商品を家まで運ぶサービスは既に実際にかなり行われています。ネット・スーパーは、買物にも行く必要がありません。
　売場では商品ではなく、商品カードをもってレジに行き清算し、商品は駐車場や自宅まで運ぶサービス（重たい商品を持たなくて済む）。
②商品の軽量化等…商品のサイズそのものを小さくする（洗剤など）の

図表5-9　コスト削減の事例とアイデア(1)

```
1. 訪店コスト（労力的、時間的、金銭的）

   ① 近距離の立地、送迎バス、駐車・駐輪場の拡張、
      営業時間の延長、
   ② 入店者へのお茶サービス
   ③ 御用聞き、発注の簡便化、「自動発注」(定期便)


2. 運搬コスト（家まで、駐車場まで、買物途中）

   ① 宅配、ポーターサービス、
   ② 重いもののレジ前配置、
      携帯しやすいサイズ・工夫、商品引換券、
   ③ カゴ・カートの店内随所配置、マイカゴ、マイカート
```

図表5-10　コスト削減の事例とアイデア(2)

```
3. 店舗内探索コスト

   ① フロア案内図、売場案内POP
   ② 動線と視線を考慮したレイアウトの工夫
      （エンド商品と定番の関連付け等）、
      関連陳列、複数箇所陳列
   ③ 案内係、カートに仕掛けた案内機
   ④ コンパクトなお店づくり

4. 情報処理コスト

   ① グルーピング・ゾーニング・フェイシング
   ② 価値判断の容易化、メニュー提案、関連陳列
   ③ マンネリ化しないISP
   ④ クックパッドなどの情報サポート活用
```

図表5-11　その他のコスト群

```
5．（購買時の）＋αのコスト
  ①　支払コスト
  ②　登録(レジ待ち)コスト
  ③　商品入手までの時間的コスト　etc.

6．消費コスト（C1）
  ①　調理コスト
  ②　維持コスト
  ③　保管コスト
  ④　リサイクルコスト
  ⑤　賞味期限コスト　etc.
```

は、購買時にも意味のあることです。小分けするのは無駄をなくすだけでなく、運びやすくなるというメリットもあります。

　持ちやすくなるちょっとした工夫が有効です。ビールの6缶を入れるケース、段ボールに張り付けられる取っ手など、持ちやすくなることそのものが購買を促進しています。
③カゴ・カートの店内随所配置…関東のスーパーマーケットで、店奥にある精肉売場の近くにカゴとカートを設置して調査を行いました。カートを取った人、また、カゴを追加した人は、買物量が圧倒的に多くなった調査結果が出ています(注25)。
・マイカゴ…ご自身のカゴを持って買物をすると、精算時に袋詰しなくても済みますし、運搬手順を簡単にするので、エコ以上の意味があると思います。
・マイカート…ひとつのアイデアですが、折りたたみ式のマイカートを持参してもらうのはいかがでしょうか。買物をして、車に入れる時は折りたためるカートを想像しています。
（3）店舗内探索コスト
①売場案内 POP …初めて行くお店はどこに何があるのか分からないので、高い場所に掲げられた POP の表示を見て売場内を探しています。
②レイアウトの工夫…お客様が買物中に歩いていると、エンド（陳列棚

第5章　「購買価値」の向上と価値判断の容易化

の端の売場）で商品が高く積み上げられた場所を通ります。例えばエンドで調味料が積み上げられていたとしたら、その奥に行くと調味料の売場にたどり着きます。このようにエンドに積む商品は、まさしく POP なのです。エンドに積む商品と売場を一致させる（関連を持たせる）と非常に分かり易い売場になります。

・関連陳列…モノを関連させて陳列する事は、探索コストの削減と売上げアップに繋がります。「そういえば、これも買わなくてはならない」と気付かせる効果も高まります。

・複数箇所陳列…複数の売場に関連する商品をどこに置くべきか迷う時は、関連する売場にそれぞれ置くと良いでしょう。

③案内係…スーパーマーケットやコンビニエンスストアでは難しいかもしれませんが、百貨店なら可能です。

・カートに仕掛けた案内機…アメリカではカートに液晶モニターが付いていて、売場の場所が表示される工夫をしているお店がありました（お金がかかるので、あまり現実的ではないですが）。

④コンパクトなお店づくり…広いと感じないお店はどこに何があるのかすぐに分かります。コンパクトなお店は探索コストを下げる効果があります。

（４）情報処理コスト（どれを買おうか考えるコスト）

①グルーピング、ゾーニング、フェイシング…どの商品と一緒にするのか（グルーピング）、どこに配置するか（ゾーニング）、どの位並べるのか（フェイシング）。棚割りはまさしく売場における情報処理を削減する最も重要な工夫に他なりません。

②価値判断の容易化…価値が高いことがぱっと分かる事は重要です。

・メニュー提案…何を食べて良いか分からない時にメニューの提案があると考える手間が省けます。④のクックパッド（レシピコミュニティサイト）が人気の理由もここにあります。例えば料理店のコース料理も同じ考えで、情報処理コストを下げます（コース料理は是非３つの価格帯で設定するとよいでしょう。３つ価格があると真ん中を選びやすくなります）。

③マンネリ化しないプロモーション…来店するたびに同じ情報を提供し続けていては、情報として機能しなくなります（第６章参照）。

④クックパッドなどの情報サポート活用…購買前あるいは購買時におい

125

て、買物をサポートする情報を提供するアプリをスマホで検索することも可能となっています。
　その他、様々なコストへの対応が考えられます。
（５）（購入時の）＋αのコスト
　①支払いコスト…一回当たりの支払いコストを下げることで購入しやすくします。毎月一定額支払えば良いリボルビングや、分割払い等。コンタクトレンズを購入するのではなく、使用代を毎月支払うなどの方法もこれです。モノではなくサービスにした良い事例でももあります。
　②登録コスト…１から２品の買物でレジを待つのはイライラします。セルフレジや Express Lane（購入品目の少ないお客様用のレジ）等、様々な工夫が可能です。
　③商品入手までの時間的コスト…注文後、数週間待たないと入手出来ないとなると、その待ち時間はコストになります。注文したらすぐに入手できればこのコストが削減されることになります。
（６）消費コスト（C1）
　①調理コスト…調理の手間を省いた食材をつくることや、鍋ものセットのようなセット商品にしてしまうことも一つの工夫です。
　②維持コスト…商品購入することによって発生する維持コストはどの位あるのかも考えなくてはいけません。
　③④保管・リサイクルコスト…「保管」をビジネスにするサービスが増えています。あるいは、下取りサービスは家の中に保管スペースを確保することで、保管コストを取り払う意味があります。
　⑤賞味期限コスト…賞味期限が近づいたら値引きをします。なぜなら期限が近づくとなるべく早く消費しなければならず、時間的コストが上がるため、その分安くしているのです。

　アメリカではこのような事例もあります。「レインチェック」と呼んでいますが、そもそもはフットボールの試合が何かしらの理由で中止になった時に発行する券で、次回再開した試合に無条件で入場できる権利を与えるものです。これを小売業が応用して使っています。特売商品が品切れした時に申し訳ないとお詫びしつつ「レインチェック」を発行するのです。「この券があれば、いつでも特売価格で販売します！」という権利なので

第5章 「購買価値」の向上と価値判断の容易化

す。

　あるいはこんなアイデアはいかがでしょうか。特売をしているのですが、家にはまだ同商品の在庫があるので、買うのを躊躇することは多々あるはずです。買ってしまったら家庭内の在庫コストが上がってしまうと考えることが出来ます。であれば、その時に購入していただき、商品は持ち帰らずにお店で保管しておいてあげる、というアイデアです。引き取りに来た際には日付の新しいものを入手出来たら、賞味期限というコストさえ削減できます。買い手と売り手双方のチャンスを無駄にしないで済むはずです。

　まだまだ、実際に、様々な買物コストがそれぞれのお店、それぞれの買物の場面で発生していますし、それらに対応した売り方の工夫もあるはずです。お客様がどのようなコストを払っているのかを知り、それをどうしたら少なく出来るかを考え、広い意味で価値を創出することが可能なのです。また、世の中の様々なビジネスの中には、こうした様々なコストを削減することをビジネス・モデルとして登場したものも多々あるのではないでしょうか。

　さて、図表5-8の割り算の分子の部分に注目しましょう。買物をすることによって得られる間接的な効用があるからこそ、お店にわざわざ買いに行くのではないでしょうか。あるいは、ネットで購入する場合も、商品の注文だけでなく、様々な情報を入手できることが大きな魅力となっているはずです。図表5-12にまとめてみました。

　① そのお店を利用することによって、発生する効用です。例えば、冷蔵庫代わりにお店を利用しているというのは、まさしくお店が冷蔵庫として機能してくれているわけです。お店を利用することが生活の一部になっていますし、お客様にとってお店の存在そのものに意味があるのです（コンビニエンスストアが伸びる理由はここにあると思います）。この効用が高いほど、ストア・ロイヤルティ（特定の店舗に対して顧客が持つ忠誠度や信頼度）も高くなります。

　② そこに行くと商品に関する様々な情報を得る事が出来て興味がそそられる。重要な効用です。

　③ 商品の組み合わせの仕方に新たな情報がある等、新しい消費の脈略を作る事が「情報創造」なのです。

図表5-12 間接的効用の向上

```
1. 店舗を利用することによる生活上の効用

2. 商品属性に関する新しい情報(うんちく)

3. 新しい商品の組み合わせ提案により発生する効用
                    (新しい消費の脈絡の創造)
    例：新メニュー、新コーディネート、新ライフスタイル

4. 店舗との協働関係の維持による価値創出
                              (ロイヤルティ)

5. 懸賞応募などの新しい権利の発生　etc.
```

④　売り手はお客様に情報発信し、買い手もお店に情報発信します。さらには買い手同士が情報発信することが出来ることは大きな効用です。

twitterやFacebook等のSNSがありますが、そうした情報発信をお店が主体となって実施したら良いかもしれません。例えばお店にある掲示板の電子版です。電子版でなくとも、実際の掲示板をもっと活用されると良いと思います。一昨年関東で行った調査では、簡単に苦情を言える仕組みをつくりました。売場に何でも書き込めるノートを置いただけなのです。苦情を言ってくださるお客様を大切にすることによって、そのお店のロイヤルティが高まります。④が高まると①のお客様の意識がさらに高まります(注26)。

⑤　お店に行って買物をするとポイントが貯まるような仕組みです。ただこれだけをやっていればよいというものではありません。あくまで補足的な工夫と考えるべきでしょう。

【第5章のポイント】　-------------------------------

❶　特定の商品の売上を上げること、お店の売上を上げることを目的にするのではなく、お客様の「満足」を向上させることに着目すべきです。お客様の満足度を高めるのは結果として「マインド・シェア」と「ハート・シェア」を高める事に繋がります。それは商品の、お店のロイヤルティを

第5章 「購買価値」の向上と価値判断の容易化

高めることとイコールです。

❷ 「満足」とは何かというと、求めている何かしらの状態に関する一定の水準があって、それにどの程度対応しているか、近づいているか、ということです。ニーズを明らかにして、それに対応した商品やサービスを利用することによって、お客様が求める状態に近づくことが出来ると期待していただき、実際にどの程度の成果を顧客に感じていただけるか、その程度が「満足度」ということになります。

❸ 満足してもらうためには、お客様が何を求めているかを知り、それを買ってみたい、そのお店で是非買いたい等、「期待」を高める活動が不可欠となります。継続的に満足を高めるためには継続的に期待を高めなくてはなりません。期待を高めつつ、その高さに到達するような「価値」を与え続けることが重要です。

❹ 「期待どおりの価値」であることは重要であり、期待を裏切ってはいけません。そのためには、商品やサービスの効用を高める、と同時に買物にかかるコストを下げる工夫が必要です。

❺ 「買う価値が高い」ことを「お買得」と言いますが、値引きだけを指すのではなく、「購買価値」を向上させる方法は5パターンあるのです。お買い得な商品をつくることや、お買得感を高める購買促進の方法がそれぞれ5通りあることになります。

❻ 価値が高いということが買物をしている際にすぐに判断出来ることは重要です。そうでなければいくら価値が高くても売れません。購入対象商品の価値を計る割り算をしやすくする、または対象商品間の価値の高低を比較しやすくする工夫が重要です。価格帯を3段階設定するという工夫も有効な方法です。

❼ お客様が払っているのは商品の価格だけではありません。買物に関わる様々なコスト、さらに購買後の消費にかかわるコストも支払っています。他方、商品やサービスがもたらしてくれる直接的な効用以外にも、買物がもたらしてくれる間接的な効用をも考慮して「広い意味での購買価値(消費者価値)」を求めています。様々なコストを削減し、間接的な効用を増加することによって、お客様の「購買価値」はまだまだ高めることが出来ます。

第6章
マンネリ化しないISP
（インストア・プロモーション）

　多くの方々が、これまでのように販売促進をやっても売上が伸びないと実感されていると思います。おそらくそれはこれまでのやり方がすでに「マンネリ化」しているためです。そうならないためにどうしたら良いのかは、「マンネリ」とは何かを考えなくてはなりません。マンネリがなぜ起こるのかを知れば、それを防ぐ解決方法が見えてきます。まずは、セールス・プロモーションにどのような問題が生じているのかを確認することから始めましょう。マンネリを防ぐことの重要性が確認できるはずです。

1．「異なる情報」を提供する

　セールス・プロモーションの課題を2つのグラフで表してみました（図表6-1と6-2参照）。横軸が日数（時間）で、縦軸が売り上げ増加分のグラフです。

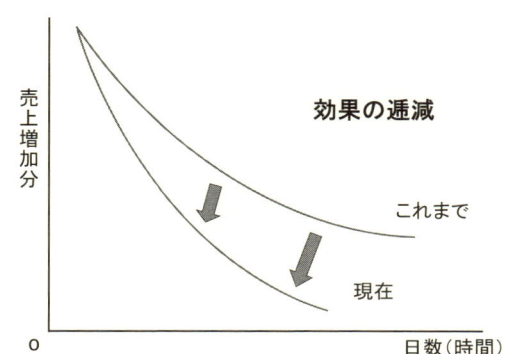

図表6-1　セールス・プロモーションの課題(1)

効果の逓減

図表6-2 セールス・プロモーションの課題（2）

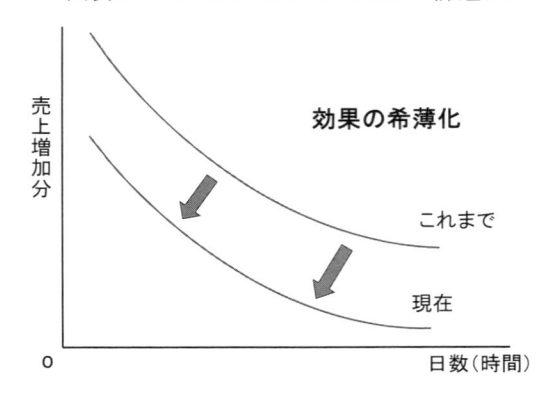

効果の希薄化

縦軸: 売上増加分
横軸: 日数（時間）

（上の曲線: これまで、下の曲線: 現在）

　まず図表6-1です。セール（売出し）をすると、多くの場合、グラフのような曲線を描きます。通常、売上は日数が経つと右下がりとなります。しかし、現在はこれまでよりさらに売上が下がり、効果の逓減率が高まっているのです。第一の課題は、この曲線を右上がりにすることです。

　次に図表6-2が示すもう一つの側面は、最初から売上が高くなく、セールの効果がそもそも希薄化していることです。第二の課題は、「従来のように効果の高いセールに戻す」ということです。

　結論から言えば、唐突かもしれませんが、このような課題を解決するためには、「異なる情報」を提供することです。なぜ効果が逓減したのか（あるいは希薄化したのか）よく考えてみてください。いつ行っても同じ商品が、同じような売り方で並べてある。特売も定期的にあるので、その時に必要なものを買えばよい、とお客様が思っていたとすれば、そのお店は決して「面白い」お店ではないでしょう。それに対して、行くたびに、新製品が売場に並び、様々な情報提供や販売促進が行われている。次はどんな変化があるのか楽しみ、というお店ならいかがでしょうか。いつ行っても変わりばえしないお店と変化があるお店、あなたならどちらを選びますか。

　「来店するたびに、異なる（と感じる）情報を提供する」ことが必要なのではないでしょうか。マンネリとは同じ情報を連続して与えられた結果、生まれる現象なのです。情報とは「差異と変化」です（図表6-3参照）。

第6章 マンネリ化しないISP（インストア・プロモーション）

図表6-3 情報＝差異と変化

---
1. 差異と変化がなければマンネリ化

　　＝情報が情報でなくなる

2. どのような情報であれば、差異と変化があるのか？

　　＝「情報処理方法が異なる情報処理」をした時

　すでに第3章でフェイス数のことを説明しました。フェイス数に差があるから、売れ行きの違いを表す情報として伝わる、と説明しました。どの商品も同じ陳列の量（フェイシング）だったら「差から生まれる情報」がなくなってしまうので、陳列位置などの条件が同じであれば、何が売れているか分からなくなります。陳列量の差異があるから売れている（売れていない）情報として伝わります。

　さらに、売場も品揃えも売り方も、昨日と同じ、さらに次の日も同じだと「変化がない」状態ですから、そこから新たな情報を入手することは困難になってしまうでしょう。視線もおそらく流れ過ぎて行ってしまいます。情報とは、差異と変化があるから情報なのです。差異と変化がなくなれば、情報ではなくなってしまいます。

　しかし、売り手がこの情報は差異があると考えていても、お客様からすると同じ情報であると受け取られるのであれば意味がありません。どのような情報であれば差異と変化があるのか、やや専門的な表現になりますが、「情報処理方法が異なる情報処理」と表現できるでしょう。

　さて、「異なる情報」とは何かを探るために、「情報処理の仕方」を知る必要性が出てきました。ここで、「消費者はどのように情報処理しているのか」について掘り下げてみることにしましょう。

　この種の研究領域は「消費者行動研究」と言い、消費者行動モデルとは、お客様がどのような買い方をするのかを考えたモデルです。

　伝統的な消費者行動モデルに、S-R理論というものがあります。図表6-4のSは刺激（stimulus）、Rは反応（response）の頭文字です。消費者に

「刺激」を与えると「反応」します。そして反応の仕方を観察して、与えた刺激を「振り返る」のです。すでに、お店でこのような実践を日々されているかもしれません。「刺激」として様々な売り方をしてみて、結果としての「売上（反応）」を見て、「刺激」の方法をどのように工夫したら、さらに売れるのかを考えているはずです。

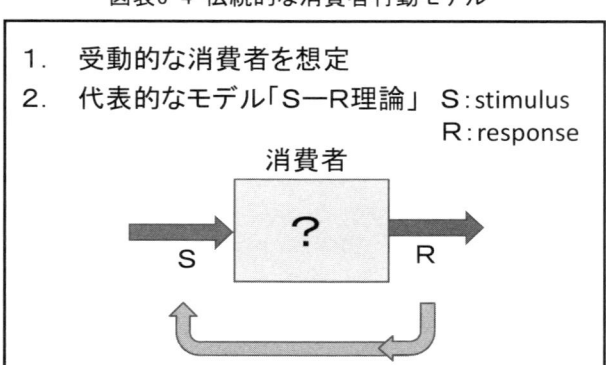

図表6-4 伝統的な消費者行動モデル

1. 受動的な消費者を想定
2. 代表的なモデル「S―R理論」　S：stimulus
　　　　　　　　　　　　　　　　R：response

消費者
？
S　　　R

しかし、問題があります。消費者がなぜ反応したのか良く分からないのです。S-R理論の欠点は「なぜ」に迫ることが難しいのです。消費者そのものはあくまでブラックボックスのままなのです。消費者がなぜ反応したのか解決する為に「消費者情報処理理論」が生まれました。S-R理論の改良版ともいえるS-O-R理論（Oはorganism:有機体）は刺激を受ける個体の違いに注目したのですが、ここでは同種の理論として捉えています(注27)。

「消費者情報処理理論」とは何やら難しい名前ですが、「消費者が頭の中で色々と考えている様子」を重視した理論です。

図表6-5における「長期記憶」とは、すでに図表4-11に示したように、情報がネットワーク化されたもので、通常の会話で使用する「記憶」のことです。「記憶がある、ない」「記憶力が良い、悪い」という意味での「記憶」のことです。「短期記憶」とは、別名ワーキングメモリーと呼ばれ、今、その瞬間で活性化している記憶のこと、今、脳裏に浮かんでいる事柄です。この記憶はまさしく、売場で商品を目の当たりにしているお客様が、その場で思案しているときに活性化している記憶なのです。この後に、買う、買わないという行動が直結しています。

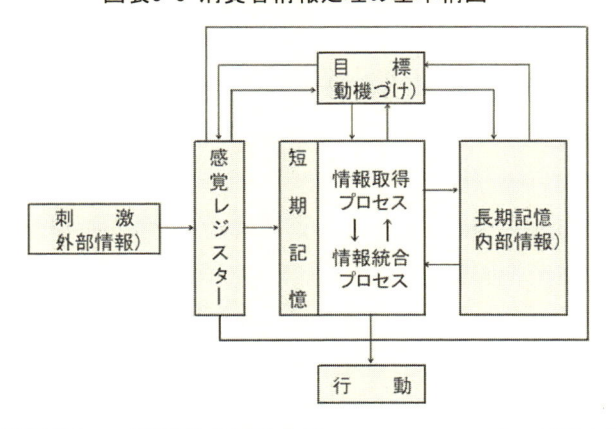

第6章　マンネリ化しないISP（インストア・プロモーション）

図表6-5 消費者情報処理の基本構図

(出所）中西正雄編著（1984）『消費者行動分析のニュー・フロンティア』誠文堂新光社、P. 122

　すでに図表2-3においても概説しましたが、「情報取得」の意味を噛み砕くと、買物をする最初の「きっかけ」部分だと考えてください。売場で足を止めた瞬間からこの情報取得が始まっています。「これを買おう（買わない）」と最終的な意思決定をする部分を「情報統合」と呼んでいます。後者は、何らかの情報処理の結果として、購買を行うか否かを決める部分で、「なぜそれを買ったのか（買わなかったのか）」と問われたときに語る「購買の理由」を形成する部分と考えてよいでしょう。

　「短期記憶」と「長期記憶」の間では情報のやり取りをしています。ここが重要です。例えば、今晩の食材を買おうと物色している最中に、売場で特売されている魚を見て「美味しそうだし今日はお買得だから買おうかな」と考えたとします。その時に、ふと昨日食べたメニュー、あるいは、以前食べて美味しかったという記憶を長期記憶から引き出し、さらには、特売価格の記憶を引き出して今日の価格はこれまでにないほど安いなど判断します。目の前の情報と長期記憶に内在する情報を相互に関連させながら意思決定しているのです。目の前の情報は同じであっても、長期記憶からの情報の引き出し方で買物の内容も変わってきます。

　「目標」とは、買物に来た何らかの目標（動機）です。調味料が切れた

から買物に来るのも目標の一つですし、主婦の方がほぼ毎日定期的に夕飯のおかずを買いにお店に来るということも実は目標化されています（目標が定着化・習慣化しているのです）。目標（動機づけ）は非常に重要です。目標の持ち方によって買物をするか否か、また、その中身が大きく変わります。チラシも目標を持ってもらうためのものと考えられます。買物目標の重要性については第2章でも触れたとおりです。

　「感覚レジスター」とは、例えば満腹時に食品の情報はなかなか頭に入っていきません。同じ情報であっても、その時々の情報の受け手の状況によって、情報の受け入れられ方が変わってきます。この感覚とは、五感です（一番影響が大きいのは視覚です）。情報がスムーズに入手されるように五感を研ぎ澄ませてもらえれば、情報処理には有効に作用します。

　例えばお店で流れているBGMは、感覚レジスターに影響を与えています。アメリカでの研究では、早いテンポのBGMを流すとお客様の足取りも早くなるという研究成果が出ています。それぞれの場所でどのようなBGMが流れているのか聞いてみるのも良いかと思います。音（音楽）は情報処理の効率化に大きな影響を与えるようです(注28)。

　その他にも例えば嗅覚は、お茶の香ばしい香り、あるいは食欲をそそる様々な香りは、特に食品の情報処理に大きな影響を与えることは言うまでもないでしょう。

　小さな子どもを連れているお母さんは、子どもに気を取られる分、収集する情報にノイズが加わり感覚レジスターが鈍ります。また、誰と来たかによっても感覚レジスターは影響を受けます。男女カップルで来た時に客単価が最も高かったという研究事例がありますが、これは、双方の感覚レジスターに好影響を与えたと考えることが出来ます。また、外気温や湿度などの自然環境も影響があるであろうことが想像できます(注29)。

　さて、基本的な構図は把握できたものの、実際にどのように情報取得し、情報統合しているのか、これを実証する調査実験をかつて行いました。関東のスーパーマーケットの売場で様々な商品（40アイテム）について、売場の前でお客様が手にとった瞬間、傍に立っている調査員が「なぜ買うのですか？」と聞きます。即座に聞くのは短期記憶が知りたいからです。時間が経ってしまうと、その時に「何を考えたのか正確に覚えていない」のが短期記憶なのです。ですので忘れないうちに、その場で調査する必要が

第6章 マンネリ化しないISP（インストア・プロモーション）

あります。対象は新製品であり、かつ、TVCMが放映されていることを条件としました。（この調査では、広告の効果を測定することも目的としたのです）。有効サンプル数713におよぶ結果を得ることが出来ました。その調査結果に基づいて以下説明します(注30)。

２．購買の「きっかけ」と購買の「理由」を知る

　情報取得（買物のきっかけ）には３つのパターンがあることが判明しました（図表6-6参照）。

　　　　　　　　図表6-6　情報取得の３つのパターン

```
1. 長期記憶から引き出す
    例）旬や季節、社会行事を思い出す
        家庭内の在庫不足を思い出す
        以前食べて美味しかったこと思い出す
        広告で見たことを思い出す

2. 短期記憶で処理する
    例）めちゃくちゃ安かったので思わず

3. 長期記憶に入れ込む
    例）家族が使用する場面を想定して
        新しい調理方法なので興味が湧いて
        これなら自分でも何とかつくれると思って
```

　① 長期記憶から引き出す：具体的には、旬や季節を思い出す、家庭内の調味料の切れを思い出す、チラシで見たことを思い出す、等々…。
　② 短期記憶で処理する：長期記憶とのやり取りがない（確認できない）場合です。例えば、安かったので思わず買ってしまう、その場で衝動買いをするパターンです。
　③ 長期記憶に入れ込む：売場から新しい情報（図表4-11参照）を入手し、長期記憶の他の情報と関連付けて購買に繋げるパターンです。
　調査対象すべてにおいて、情報取得のパターンはこの３つのどれかに分類することが可能でした。
　買物のきっかけがこの３つのどれかで行われるのであれば、売り手はこ

の3つのパターンのどれかを意識して情報提供すれば、お客様はより効率的に情報処理が可能となるでしょう。それはまさに、よりスムーズな意思決定に導き出す購買促進手法と考えられます（図表6-7参照）。

図表6-7 情報取得パターンへの対応と示唆

```
1. 長期記憶引き出し型
   → 当該商品(カテゴリー)の長期記憶に内蔵されている
     情報を明らかにして準拠する
   → いわゆる「カレンダー・プロモーション」はこれに該当

2. 短期記憶処理型
   → より強力な情報によって情報を参照しないで情報処理
   → いわゆる「衝動買い」がこれに該当
   → ストア・ロイヤルティが減少する可能性

3. 長期記憶入れ込み型
   → 新たな情報の入手と記憶の拡張
   → 面白い店(売場)と感じる時 ＝「情報創造」
```

① 該当商品をめぐる記憶にはどのような情報が内在しているのでしょうか。その記憶をスムーズに引き出してもらえれば、その商品が売れる可能性が高まります。

「カレンダー・プロモーション」と呼ばれていますが、52週（1年間）に沿って売り方を考える方法がすでに一般化しています。この週はこのような商品を打ち出して、このような売り方をしよう、というのはまさしくその時々の記憶を蘇らせる工夫だといえます。

② 極めて安い価格での販売は、まさしく短期記憶を狙ったものです。激安店は必ずしもストア・ロイヤルティが高くはありません。長期記憶を引き出さないで意思決定する衝動買いは後悔することも多いからです。そうした買物をした（させられた）お店にはロイヤルティは感じられないからです。

③ 長期記憶入れ込み型に基づいた購買促進はお薦めです。お店に行くと新しい情報が入り、このパターンで買い物をしたお客様は「面白い」お店と感じるのです。面白いと感じることをすでに第4章でみたように「情報創造」と言います。

さて次に進みましょう。「情報取得」の次は「情報統合」です。3つのパターンのいずれかで情報取得したお客様は、購入の決定を検討する段階

第6章　マンネリ化しないISP（インストア・プロモーション）

へ進みます。進んだ結果、時には、元に戻って、もう一度情報取得し直すこともあるでしょう。もう一回考え直してみる、のです。

情報統合は、いよいよ購入を決定する場面です。先の調査において消費者が回答した、買うと決める際の理由を分類してみました。すると、図表6-8に示したような4つの基準のいずれかを満たしていることを確認して決定していることが分かりました(注31)。

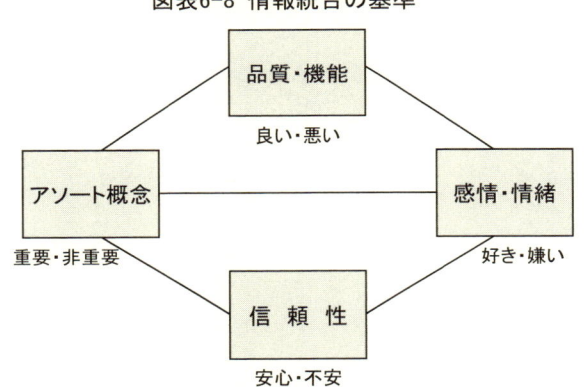

図表6-8 情報統合の基準

```
          品質・機能
          良い・悪い
   アソート概念 ――――― 感情・情緒
   重要・非重要              好き・嫌い
          信 頼 性
          安心・不安
```

(出所)渡辺・守口共著(1998)『セールス・プロモーションの実際』、日本経済新聞社、P.74

・「品質・機能」…良い・悪いの価値判断の基準です。品質が良い、機能が良い、鮮度が良い等。

・「アソート概念」…アソートとは品揃えですが、この場合のアソートはその人の生活にとっての品揃えを指します。日常生活においてその商品から得られる効用の意味が、重要か否かです。

・「感情・情緒」…好き・嫌いは明確に現れます。ブランド、色、ロゴマーク、パッケージデザイン、その会社が好き、嫌いなどたくさんあります。コマーシャルに登場する女優が好きだから、などという回答もみられました。

・「信頼性」…安心・不安という信頼性の基準です。衛生面や健康上のことを明確に意識した回答もあれば、「その会社なら安心」といった製造元の信頼性もここに含まれます。

図表6-7では、3つのきっかけに対応した情報提供を推奨しました。同

様に「情報統合」の基準も4つに分類できたことから、3つのきっかけにこの4つの基準を加えた視点から「差異と変化」のある情報提供の工夫を考えてみましょう。

　情報取得の3つのパターンをタテ軸に、情報統合の4つの基準をヨコ横軸にとって作成したマトリックスが図表6-9です。マス目が12個あります。すなわち、12通りの情報処理の仕方があると考えられます。ということは同時に12通りの情報処理に適合した情報提供、購買促進の方法があることを意味しているのです。

図表6-9　情報処理視点によるプロモーションの類型

情報取得の パターン ＼ 情報統合の 基準	品質 ・機能	アソート 概念	感情 ・情緒	信頼性
長期記憶から 引き出す機能				
短期記憶で 処理できる機能				
長期記憶に 入れ込む機能				

(出所)渡辺・守口共著(1998)『セールス・プロモーションの実際』、日本経済新聞社、P.82を修正

　遠回りになってしまいましたが、ここで改めて、「異なる情報」について整理します。図表6-9の同一のマス内に分類される情報は、同じ情報です。表現の仕方がたとえ違っていても同じ情報処理をされる情報なのです。異なるマスに位置付けられる情報は、異なる情報処理をされる情報であり、「異なる情報」なのです。

　例えば、［短期記憶で処理＋品質・機能］の情報を継続的に提供したとすると、お客様の情報処理のパターンはワン・パターンとなります。ここで情報を提供し続ける（安売りを継続する）ことは同じ情報を提供し続けることになり、マンネリ化し、それゆえに売上が逓減していくのです。マンネリ化させないためには違う情報を順次与えるべきです。短期記憶で処理できる情報でも、［品質・機能］→［アソート概念］→［感情・情緒］

第6章　マンネリ化しないISP（インストア・プロモーション）

→［信頼性］等、基準を変えると異なる情報となります。

　よって、その時々においてどのような情報を提供すべきかを、その都度考えるのではなく、情報提供内容の時系列での計画づくりを行うことが求められてきます。それらの計画は図表6-1に示したように効果が低下する前に次の「異なる情報」計画として実施すべきでしょう。また、様々なカテゴリーを扱うお店では、隣接する売場で、同様の情報を提供しては、お客様に同じ情報として処理されてしまい、図表2-14に示したように、買い回りが進むにあたって買物意欲が下がってしまいます。売場毎に異なる情報処理を意識して情報提供の方法を変えることは、「感覚レジスター」を活性化し、気持ちを切り替えて次の購買検討へ移ってもらう上手な売り方といえるでしょう。買い回りによって購買がなされるお店、特に広いお店で様々な商品を売っている場合は、このことを徹底すべきです。

　図表6-10はカルピスを想定して作成した表です。長期記憶から引き出すという面では、カルピスは大概の方がご存知なはずです。

　例えば、［長期記憶から引き出す＋信頼性］では、「ずっと前から売れているブランドとして知っているので、安心する」という情報を長期記憶から参照して購入に至っていただく情報提供です。信頼性というのは短期記

図表6-10　情報処理視点によるプロモーション事例（カルピスにて作成）

情報取得のパターン ＼ 情報統合の基準	品質・機能	アソート概念	感情・情緒	信頼性
長期記憶から引き出す機能	・天然素材だけで添加物のないことを訴求	・寒い日のホットカルピスが生活をホットにしてくれることを訴求	・使用しているタレントのイメージポスターを掲示	・伝統ブランドとしての訴求 ・安心健康飲料の定番訴求
短期記憶で処理できる機能	・値引き大陳 ・サンプル無料配布	・家庭の常備品としての訴求（今補充しておきましょう）	・水玉模様グッズのノベルティ提供 ・キャラクターのプレミアム提供	？
長期記憶に入れ込む機能	・希釈することの新鮮さ、便利さ、経済性訴求	・新しい仕様オケージョン提案 ・新しい使用方法の提案	・フレーバーバリエーションを訴求 ・カルピス愛飲者がカッコイイ訴求	・成分表、技術水準などK社の質の高さを訴求

（出所）拙著（2000）『店舗内購買行動とマーケティング適応』、千倉書房、P167

憶では簡単に処理出来ない場合が多いので「？」にしてありますが、ブランド名やロゴあるいは「〇〇産」という表示ですぐさま信頼され、直ちに購入されるなら、このマスでの情報提供方法として考えることも可能でしょう。

　図表6-10は例示にすぎません。図表6-9に皆さんが販売なさっている商品やサービスを想定して、情報提供方法を立案し記入してみてください。次に、それらの情報をどのような順番で提供していくか、時系列での情報提供計画も立案してみてください。

　「異なる情報」の提供を推奨してきましたが、情報を入手してもらいマンネリ化を防ぐもう一つの方法があります。それは同じ情報でも強度を増すことで可能となります。例えば、10％引きをした翌日は20％引きにする、その次は30％引きにするというように強度を増していけば情報は入手されるでしょう。それを積極的に行いたいか否かのご判断はお任せいたします。

3．購買決定の「手順」を考慮する

　「ヒューリスティック」という言い方が本来の専門用語なのですが、ここでは「手順」ないし「意思決定」という平易な言葉を使用することにします。意思決定の手順やルールと考えてください。図表6-11は、A商品とB商品があり、どちらを購入するかを決める2つの手順が示されています。ここに「属性」と書かれてありますが、その商品やサービスの特徴を示す

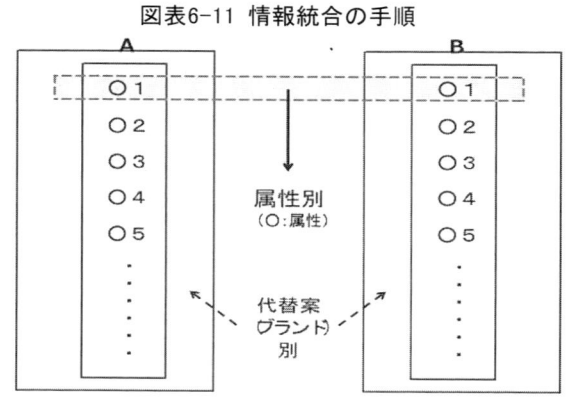

図表6-11　情報統合の手順

（出所）渡辺・守口共著（1998）『セールス・プロモーションの実際』、日本経済新聞社、P.76

第6章　マンネリ化しないISP（インストア・プロモーション）

ものです。例えば、自動車の購入を考えてみましょう。Aの自動車、Bの自動車のどちらかの購入を考えている場面を想像してください。

　気になる車の「属性」は○1燃費、○2走行性能、○3安全性等、その人にとっての自動車の属性が重要な順に並んでいます。

　決め方の一つは、AB両者の燃費で比較したり、走行性能で比較したり、安全性で比較する等、このようなことを「属性別意思決定あるいは手順」と呼んでいます。そして、もう一つの方法は、「代替案（ブランド）別意思決定あるいは手順」と呼びます。これは、A自動車の属性1～5をひとまとめにします。B自動車も同様にし、比較します。

　そして図表には表記してありませんが、もう一つ、前回購入した自動車と同じ自動車を購入する（習慣的意思決定）、という、大きく分けて3つのパターンがあります。我々は、無意識のうちにこれらのどれかの手順で決めているのです。

　ところで、我々が採用している手順には何か傾向があるのでしょうか。例えば、非常に気に入ったブランドがすでにある場合は、「今回もこれを買おう」と考えることが多いでしょうし、初めて購入する商品のブランドの知名度が高ければ、「これを買っておけば間違いないだろう」とも思うし、全く聞いたことのないブランドしかない場合は、「これらのどこに違いがあるのだろうか」と属性をチェックしたりするでしょう。こうした経験からも次のような示唆を得ることが可能でしょう（図表6-12参照）。

図表6-12　2つの意思決定の違い

```
1.　ブランド別意思決定
　　　ブランド→情報を縮約（情報削減機能）
　　　＊競争優位のブランドの購買促進に適切

            ⬇ ⬆

2.　属性別意思決定
　　　属性→「こだわり」を表現（情報創造機能）
　　　＊競争劣位でも有効な購買促進
```

① ブランド別意思決定：ブランドとは、全ての様々な情報を縮約した象徴です。ブランド名を聞くだけで意思決定をスムーズにすることも可能です。競争優位のブランド（よく売れるブランド）の購入においては、そのブランド力そのものが購買促進を行います。売り手はブランドを育てる必要があります。

② 属性別意思決定：例えば先ほどの自動車でいえば、燃費や安全性等、購入者の「こだわり」を訴求することで意思決定を迫るものです。ブランドが知られていないモノ、あるいは、競争劣位のモノを買ってもらうためには、お客様に「こだわり」を理解してもらって購買に繋げることが、最も有効な売り方です。

「新しい情報」として認知されるこだわりであれば、その情報は長期記憶に入れ込まれて新たな意味をつくります。そして、長期記憶に入れ込むためにも、ターゲットとするお客様にとって、どのようなこだわりであれば意味があるかを探求する必要があります。

図表6-13 詳細な情報統合のヒューリスティック

```
1. 感情依拠型ルール
    ：過去に形成された態度に依拠（習慣的購買行動）
2. 線形代償型ルール
    ：重要な属性を全てその重要度でウエイトづけし、総合点で評価
3. 連結型ルール
    ：各属性について必要条件を設け、1つでも満たされないものを拒絶
4. 分離型ルール
    ：1つでも特別に優れた属性がある場合に、それを選択
5. 辞書編纂型ルール
    ：重要度位置づけされた属性についてより高いスコアのものを選択
6. 半順序的辞書編纂型ルール
    ：ある範囲内の差異であれば差異を無視する、5のゆるやかなもの
7. 逐次的削除型ルール
    ：1つの属性を連結型で処理し、次の属性に移る

※2, 3, 4 → 代替案（ブランド）ベース、 5, 6, 7 → 属性ベース
```

（出所）中西正雄編著(1984)『消費者行動分析のニュー・フロンティア』誠文堂新光社、P.129〜131

第6章 マンネリ化しないISP（インストア・プロモーション）

　３つに大別出来た情報統合の手順ですが、詳細に分類すると図表6-13のように、７つに分けることが可能です。「１」が習慣的意思決定、「２・３・４」がブランド別意思決定、「５・６・７」が属性別意思決定としてまとめることが出来ます。
　① 感情依拠型ルール：「いつも買っているから」という理由で購入を決めます。昔から売れている商品が売れ続ける最大の理由は、このような意思決定をしているからです。このような商品は必要ですし、必ず存在しています。
　② 線形代償型ルール：先の自動車の例で重要な属性順で評価したブランドを総合点で評価して決める場合です。
　③ 連結型ルール：例えば、〇〇産であるだけで、そのモノが拒絶されるケースがあるとすれば、それは連結型のルールで〇〇産のブランドを排除していることになります。
　④ 分離型ルール：どのブランドも甲乙つけがたい場合など、１つでも優れた属性があるときにそれを選択するやり方です。
　⑤ 辞書編纂型ルール：辞書に掲載される言葉の順序のルールのように、優先される属性から逐次検討して行きます。「〇〇はどちらが良いか？」を順次決めていく方法です。慎重な商品の意思決定かもしれません。
　⑥ 半順序的辞書編纂型ルール：「燃費や安全性どちらも重要だけど、どちらが優先されても良い」等、人の意思決定はある程度の誤差であれば無視することがあります。それを認めた上で決めていくやり方です。
　⑦ 逐次的削除型ルール：連結型の作業を順次、次の属性に進めていき、除外するブランドを１つ１つ消していくやり方です。

　先程のマトリックスの情報を組む時に、意識的に以上のような情報統合の手順を踏まえ、意思決定がスムーズに行われるように考慮すべきでしょう。競争劣位、また、ブランド名があまり知られていない場合は、⑤、⑥、⑦を応用してみてください。

【第６章のポイント】

❶ 同じ情報を繰り返して提供すれば、情報は情報ではなくなります。受

け手は情報として入手しなくなります。ただ単に安売りを繰り返すだけでは、販売効果が逓減し、希薄化します。これはマンネリが生じているからに他なりません。情報とは「差異と変化」です。マンネリ化しないためには、「異なる情報」を提供しましょう。マンネリ化しない情報とは、情報の受け手にとって「前と違う情報だ」と感じることが必要です。情報処理方法（頭の中でその情報がどのように入手され処理されるのか）が違う情報であることが必要です。

❷ 消費者は購買行動を起こす際に「情報処理」をしています。何らかの目標をもって買物に出かけ、売場から様々な情報を入手しますが、その時々の状況によってその情報の受け取り方も変化します。その上で、その情報と自身の記憶と照らし合わせて購買の意思決定を行います。こうした一連の「情報処理」の仕方に沿った購買促進を行うことによって、効果的な販売促進も可能となります。

❸ 情報を入手する時には「きっかけ」があります。「これは何だろう？」と思う瞬間です。目が留まる、足が止まる。その時、我々の感覚は情報源に注目します。これを「きっかけ（情報取得）」と呼びます。このきっかけには３つのパターン（長期記憶引き出し型、短期記憶処理型、長期記憶入れ込み型）があり、このいずれかに沿った情報提供を考えるべきです。

❹ きっかけの次は、購買するか否かを考える検討段階に進みます。この検討をする際（情報統合）には４つの基準が存在します（「良い・悪い」、「重要・非重要」、「安心・不安」、「好き・嫌い」）。この基準のいずれかに合致するように情報提供することで購買促進されます。

❺ 購買の３つのきっかけと４つの基準を組合せた「情報処理マトリックス」を作成することができます。それぞれのマス同士は異なる情報を意味しています。同じマスの情報を与え続ける結果としてマンネリが生じます。これを防ぐには、意識的・計画的に異なるマスでの情報提供を行わねばなりません。

❻ 買おうかどうかを決める「情報統合」の手順には、いつもそれを買っているから、という習慣的な方法以外に、そのお客様にとって重要な商品の一つ一つの「属性」を手掛かりにチェックしていくものと、それらの属性を一括して一つのブランド（代替案）として総合的に判断するものがあります。どのような手順で意思決定してもらうかを考慮した情報提供は購

第6章 マンネリ化しないISP(インストア・プロモーション)

買促進として機能します。

❼ お店には売れるモノ(競争優位)とそうでないモノ(競争劣位)があります。競争優位のモノはブランド名を聞くだけで、購入を決めることができます。これを「ブランド別意思決定」と呼び、売り手と買い手にとって都合が良いのです。競争劣位なモノはブランド名が知られていないので、何らかの特徴を押さえて訴求することが重要となります。これはモノだけではなく、お店にも当てはまります。例えば開店したばかりのお店は、お店の特徴や他店と違うところを一つ一つ情報提供することから始めないといけません。

第7章
ISP（インストア・プロモーション）の諸視点

　第6章では、インストア・プロモーションの最大の課題、すなわち、マンネリ化を防ぐ方法を説明してきました。またすでに、第2章では、今後、お店は「買物目標」を大きくしてもらう工夫が重要だと述べました。さらには、第5章で、買物にまつわって発生する様々なコストを削減し、買物に伴って発生する間接的な効用を増加すべきと主張してきました。これらの指摘は、まさしくお店での購買を促進する根源的な方法なのです。第7章では、こうした大きな課題とともに、さらにこうしたら、まだまだ購買を促進しうるという諸点を提示していきたいと思います。

1．店舗内外での情報提供を連動させる
　第6章で説明した調査は、売場の前で購入したお客様に即座に「なぜこの商品を購入したのか？」と聞き込む調査でした。実は、調査の直接的な目的は広告（チラシ含む）が実際の購買にどの程度影響を与えているのかを把握することでした。その背景には、TVCM に多額の費用を投入しているにもかかわらず、売上は一向に改善しないと嘆くメーカーの現状、そして、チラシを強化しても思うように売れない、という小売業の現実もありました。広告に大きなお金を費やしている現状のやり方に関して、改めて、広告がどの程度売上に貢献しているのかを調べることにしました（対象は新製品かつ TVCM のある商品です）(注32)。
　図表7-1の円グラフの4分の1（25.2％）はそのブランドの計画購買で、残りの4分の3はカテゴリー、ブランドともに非計画購買（ブランド非計画購買者＋ブランド選択者＋ブランド変更者）でした（74.8％）。すなわち、広告に載っている商品を計画的に買いに来た人は4分の1で、かつ、そのう

図表7-1 広告の1次効果

＊広告が直接購買きっかけとなる場合

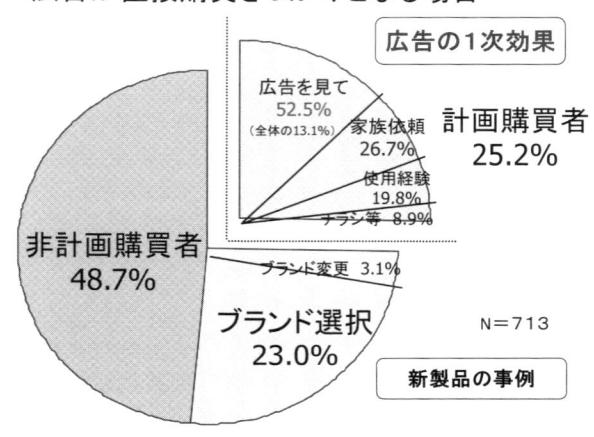

- 広告の1次効果
- 広告を見て 52.5%（全体の13.1%）
- 家族依頼 26.7%
- 使用経験 19.8%
- チラシ等 8.9%
- 計画購買者 25.2%
- ブランド変更 3.1%
- ブランド選択 23.0%
- 非計画購買者 48.7%
- N＝713
- 新製品の事例

（出所）拙著（2000）『店舗内購買行動とマーケティング適応』、千倉書房、P103

図表7-2 広告の2次効果

＊売場で広告が想起され購買きっかけとなる場合

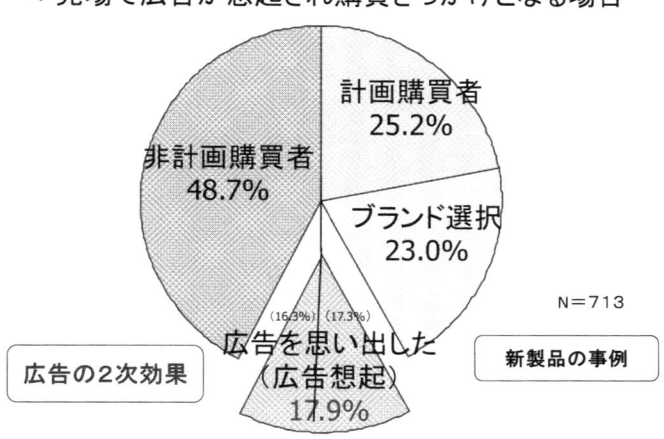

- 計画購買者 25.2%
- ブランド選択 23.0%
- 非計画購買者 48.7%
- 広告を思い出した（広告想起）17.9%
- (16.3%) (17.3%)
- 広告の2次効果
- N＝713
- 新製品の事例

（出所）拙著（2000）『店舗内購買行動とマーケティング適応』、千倉書房、P103

第7章 ISP（インストア・プロモーション）の諸視点

ち、広告を見て買物に来た人は52.5％（購入者全体の13.1％）でした。同種の調査はその後も繰り返し行いましたが、ほぼ毎回同じ数値です。この調査結果に対してのメーカーの反応は「そんなに広告は効いていないの？」というものでした(注33)。

ところが、この調査から興味ある結果が抽出されました。広告の新たな効果が発見されたのです。図表7-2がそれです。すでに第6章で購買のきっかけである「情報取得」について説明しましたが、購買のきっかけとして、「広告を思い出した」人が17.9％いました。広告を見て買いに来るのではなく、思い出すことがきっかけとなっていたのです(注34)。

TVのスイッチを入れれば、何らかのCMが必ずやっています。何気なく見てしまっている広告を思い出すことが購入につながっていたのです。お店で扱う商品に関して何らかの広告が行われていれば、それを思い出すことが購入に結び付くという事実を発見したのです。

この調査は3週間行いました。最初の1週間はそのお店の通常の価格で販売。2週目はその売場において値引きをしました。3週目はそれぞれのメーカーが工夫して様々な販売促進を行いました。推奨販売（マネキン）や大陳など、販売促進自体の効果測定も兼ねて様々なことが実施されました。

あるメーカーは有名なお笑いタレントを広告に起用していました。3週目は小さなPOP広告を売場の価格POPのヨコに付けたところ、広告想起がグンと増えて、売上が2週目より8倍に上がりました。価格は2週目と同じにもかかわらずです。

「広告想起」すなわち、長期記憶から広告の情報を引き出したパターンです（第6章を確認してください）。せっかく広告を流しているのであれば、広告を積極的に想起していただくことを意識した売場をつくってみてはいかがでしょうか。

広告の効果から我々は何を学ぶべきでしょうか。図表7-3にまとめておきました。

　① 広告とプロモーションの内容とタイミングを連動させましょう。
　② より広告を想起させたプロモーションのひとつはPOPの掲示でしたが、それと同じように効果があったのがその商品の大量陳列でした。大量の商品を見て、広告を思い出したのです。露出することの効果です。

図表7-3 広告の想起効果からの示唆

```
1. 広告とプロモーションを連動させる
   → タイミングと内容

2. 売場で広告を想起するようなプロモーションを行う
   → 商品の露出、広告想起を意図したPOP

3. 広告は売場で想起しやすいように工夫する
   → パッケージ露出、メッセージ露出＆人気タレント

4. 店内外を総合した「異なる情報処理」IMC
   (統合型マーケティング・コミュニケーション)を計画する
```

③ 人気のあるタレントが出演していたTVCMは想起されやすかったのですが、同様に商品のパッケージの露出時間が長い広告ほど想起されやすかった、という事実にも注目しなければなりません。売場で視認するのは実際のパッケージですから、長期記憶にそのパッケージが記憶されていれば、引き出しやすかったのだと解釈できます。なお、今回はパッケージ商品の購入を調査しましたが、形のないサービスを販売する場合は、何を想起してもらうか工夫が必要でしょう、イメージ（ブランド、タレント、トレードマーク等）をどのように記憶してもらうか、興味深いテーマです。

④ ネットの活用、スマホの普及、ID-POSの導入・普及など、様々な新しいツールが利用可能となってきています。店舗の内外を超え、様々な媒体を連携した新たな方法がすでに生まれています。このような方法をIMC（インテグレーテッド・マーケティング・コミュニケーション：統合型マーケティング・コミュニケーション）と称しています。小売店舗でのプロモーション方法も、もう変わってしかるべきではないでしょうか。

この調査期間中、TVCMを流している新製品であっても、調査対象者の3割のお客様がお店の中で商品を初めて知ったと回答しています（図表7-4参照）。購買のきっかけ（情報取得）は「製品が目立った」が42.6％。購買理由（情報統合）は「新製品」が36.8％です。

この結果は、広告を流していないメーカーにとって重要な示唆となります。極端に言えば、広告を投入せずとも商品を目立たせる工夫を施せばか

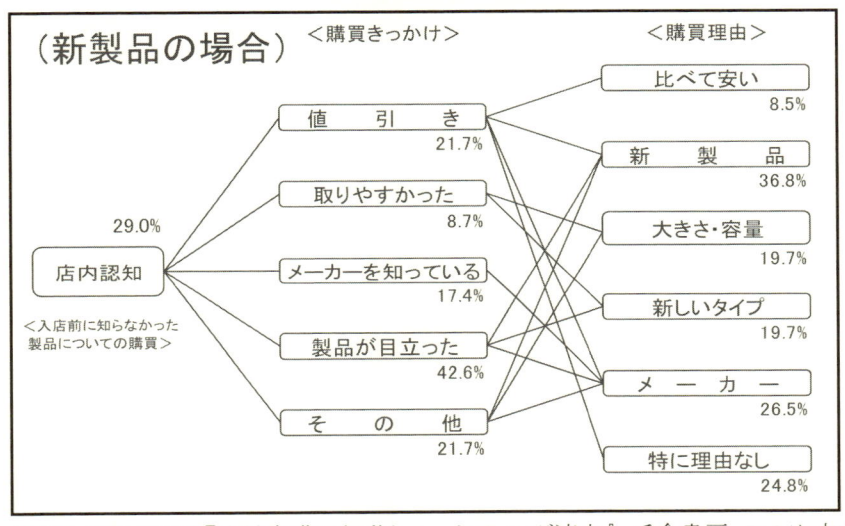

第7章 ISP（インストア・プロモーション）の諸視点

図表7-4 店内での認知の大きさ

（新製品の場合）

＜購買きっかけ＞　　＜購買理由＞

店内認知 29.0%
＜入店前に知らなかった製品についての購買＞

- 値引き 21.7%
- 取りやすかった 8.7%
- メーカーを知っている 17.4%
- 製品が目立った 42.6%
- その他 21.7%

- 比べて安い 8.5%
- 新製品 36.8%
- 大きさ・容量 19.7%
- 新しいタイプ 19.7%
- メーカー 26.5%
- 特に理由なし 24.8%

（出所）拙著（2000）『店舗内購買行動とマーケティング適応』、千倉書房、P104に加筆

なり売れる、ということです。小売業としては、積極的に商品を露出させ、「異なる情報」を順次掲示し、新製品であれば「新製品」であることを明示してアピールすることです。

図表7-5 チラシの現状

1. 現状のチラシ
   (1) 見て買いに来てくれる人：30％程度
   (2) 当該商品の購入者の20％程度
   (3) 来店頻度の高い消費者が見ている

2. チラシの効果
   (1) 購入対象の明示化
   (2) 短期記憶処理型情報処理の促進
   (3) 「チラシ想起」購入の可能性

3. チラシの逆効果
   (1) 購入商品（目標）の限定化
   (2) 多様な情報処理での購入を阻害
   (3) チラシ依存の売場づくりと矛盾の再生産

さて、店舗外の情報提供と言えば、ここでチラシについて言及しておかねばならないでしょう。チラシの現状を調査した結果のいくつかをご紹介しましょう（図表7-5参照）。

　30％程度のお客様は来店前にチラシを見ています。また、チラシ掲載商品を買った人のうち、そのチラシを見た人は20％程度にすぎません（チラシを思い出した人は入っていません）。さらに、来店頻度が高いお客様の方が見ている、という結果でした(注35)。

　チラシにまったく効果がないとはいえません。購入対象を明示化し、短期記憶型の情報処理が促進されます（安いから買いに来たなど）。静岡のある店舗で、広告想起ならぬチラシ想起をできないかと実験したことがあります。大陳した商品の脇にその商品を掲載したチラシを添付すると、チラシを見て、当該商品の特売を思い出すことをきっかけとして購入した人もいました。この時は既に短期記憶処理型ではなく、長期記憶引き出し型の情報処理へと移行していることに注目してください。

　チラシの逆効果、これが一番大きな問題です。チラシを見た人、見ない人で目標の大きさを比較したところ、ほぼ変わらない、あるいは目標が小さくなった、という結果が出ました。チラシは本来、目標を明示化すると同時に大きくしなくてはなりません。しかし、「これは買うけど、これは買わない」という購入を限定する結果となっています。この点を改良、改善する工夫が必要です。チラシは多くの場合カレンダー・プロモーションの色彩が濃いのですが、実際には安いから買うのです（短期記憶で処理）。本来のチラシの機能は、先の広告の２次効果ではないでしょうか。店内での買物の際に、チラシを想起することの効果をもっと活かすべきでしょう。チラシを見て来店していただく、という機能での活用はすでに限界に来ていると認識すべきです。

　様々な課題があるチラシですが、多くの店舗がチラシをおそらく今後も活用するであろうことも想像できます。なぜなら、小売業の伝統的な広告であり、販売促進であることに変わりはないからです。依存するのではなく、活性化することを考えましょう。

　そもそもチラシの最大の目標は訪店意欲を向上させることです（図表7-6参照）。チラシを最もよく見る人は、実は、普段から頻繁にそのお店を利用しているお客様であることを考えると、現状のチラシの効果はあまり高

第 7 章　ISP（インストア・プロモーション）の諸視点

図表7-6　チラシのあり方

```
1. 訪店意欲の向上
    → 他店舗支持者がチラシ閲覧することを期待
    → 自店支持者はチラシを見なくても来店
    * チラシ以外の方法を

2. 購買意欲（目標）の創造と拡大
    → 内容を覚えている人、ほとんど皆無
    → 入店時点まで維持あるいは入店時点で想起
    * 入店時点で長期記憶を活性化させる、入店時に情報提供

3. 売場空間の買い回り促進
    → 色々なカテゴリーの購入探索を促進
    * 売場間で「異なる情報処理」を促進させる情報提供を
```

くありません。

　チラシ以外の方法で訪店意欲を向上させる工夫を考えましょう。この時、いわゆるマス・マーケティング的な発想（誰彼構わず対象とする考え方）では従来の繰り返しになるでしょうから、個別のお客様を意識した情報発信による方法が効果的だと考えます。また、すでに第 2 章で指摘したように入店時に情報提供することの効果が上がる理由は、幸か不幸か、チラシの内容を覚えていないからなのです。したがって、そもそも事前に覚えていただかなくても良い店内での購買促進方法（これが実は従来からのインストア・プロモーション）を工夫するとともに、例えば、配布されたチラシを持参することに何か特典を付与したり、さらには売場でチラシの記憶を再生する工夫を行って店舗内外での情報提供による相乗効果を狙うことも可能でしょう。

　また、セルフサービスのお店の売上を上げるためには、買い回りを促進することが重要です。店内の様々なカテゴリーを買い回っていただき、購入探索することを訴求できれば効果的です。この際に第 6 章で指摘したように、売場間で「異なる情報」を提供すれば効果的ですし、売場間を買い回ることを訴求し意図したチラシを配布すれば、まさに店舗内外で工夫を連動させることに結び付くはずです。

　店舗外と店舗内を結ぶのが「入口」あるいは「出口」という場所です。外から内へ、また内から外へ、お客様は移動しています。お客様にとって

外と内の区別は問題ではなく、一連の購買行動の場所であって、買物の連続した流れの一部分に他なりません。店内外の行動を売り手としても連続した行動として把握し、そのプロセスに影響を及ぼす情報を提供し、プロセスを協働していく、といった発想が重要でしょう。本来、一連のプロセスであるにもかかわらず、連続していないために「買い損じ・買い忘れ」があったり、「売り逃し」が発生していると考えてはいかがでしょうか。店舗外と店舗内を結ぶ「入口」での情報提供のあり方を考えてみたいと思います。連続した買物行動として成立させるための工夫の第一歩として捉えています。

　店舗外から店舗内に移動するお客様の問題は、店舗外で形成された記憶をなかなか維持・再生できないことです。例えば、家ではそろそろトイレットペーパーがなくなりそうだ、などと一時は考えても、入店時にはすっかり忘れてしまっているのです。買物が済んで家に帰って来てから、「そうだ、トイレットペーパーを買わなければいけなかったんだ」などと思い出す。誰にでも経験のあることではないでしょうか。こうした買い忘れを防ぐ工夫としてお客様は事前にメモをして来たりします。メモは「外部記憶」です。でも、メモを見ることも忘れてしまうことさえありますし、全員のお客様がメモを持って来てくださるとは限りません（メモを取るのもコストですから）。

　さて、「入口」を「記憶の再生」を促す場所と考えて、有効な施策のあり方を模索してみましょう。入店直後のお客様に対して3種類の情報を手渡しして、その後の購買行動にどのような影響を与えるかを観察すること

図表7-7 入店直後の情報提供内容と効果

提供情報	サンプル数	動線長	滞在時間(分)	立寄回数(回)	買上回数(回)	立寄率(回/100m)	買上率(％)	買上金額(円)
生活場面の買物メモ	45	290.4	**17.3**	**19.5**	8.0	6.6	45.6％	**2,844.1**
商品に関する買物メモ	50	**309.5**	15.5	18.9	7.4	6.2	41.9％	2,581.6
当日チラシ	63	286.6	**16.8**	**19.6**	9.0	6.8	51.5％	3,062.2
なし	217	287.7	15.7	18.4	7.8	6.4	**47.6％**	2,603.4
総計	375	290.7	16.0	18.8	8.0	6.4	47.3％	2,706

＊店頭での配布物の購買成果は、生活場面の買物メモ、当日チラシが高かった

第7章 ISP（インストア・プロモーション）の諸視点

にしました。図表7-7がその結果です。2010年に行った、関東のスーパーマーケットでの調査・実験です。観察とは、具体的には、手渡ししたお客様の動線、立寄り、買上げ状況を追跡してチェックし、レジ段階で買物内容をレシートで確信しました。未配布者も同時に観察して比較しています。3種の配布物のうち購買金額が高かったのは「当日チラシ」、「生活場面の買物メモ」の順となりました(注36)。

図表7-8は実際の配布物です。「生活場面を想起させる質問票」（「生活場面の買物メモ」のこと）とは「お買い忘れはありませんか？」と問いかける極めて簡単なものです。生活場面を思い出してもらう（長期記憶を活性化

図表7-8 入店直後の2つの情報提供物

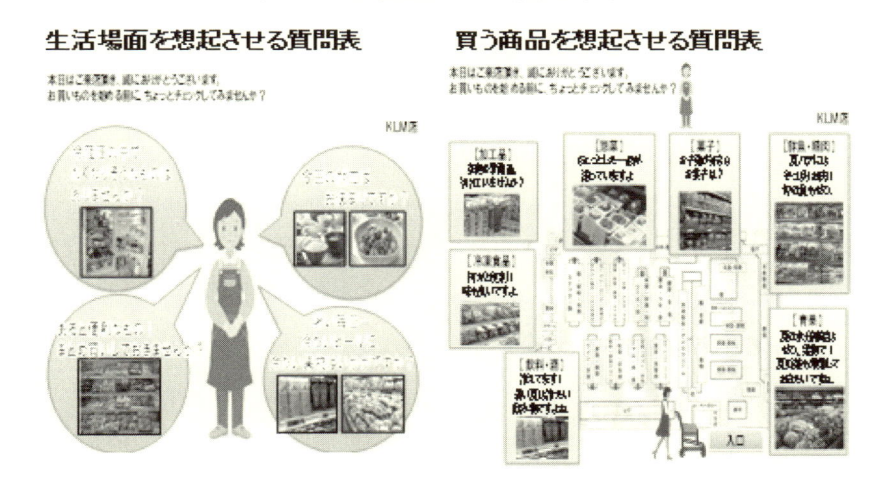

(出所)拙著(2011)『購買プロセスと買物効率および購買成果の関連』「流通情報」(財)流通経済研究所、No.494　P.91〜92

してもらう）ことを目的としたものです。「買う商品を想起させる質問票」（図表7-7における「商品に関する買物メモ」のこと）とは、当日の店内でお薦めの商品を紹介するものですが、チラシのような詳細な情報を掲載したものではりません。その商品が置いてある売場イメージを掲載したのが特徴です。ですから「売場イメージのメモ」と言ってもよいかもしれません。

「当日チラシ」はまさしく、当日朝に宅配された実物です。当日のチラ

シを配布したお客様の立寄率が高く、注目すべきは買上率で、51.5％（10回の売場の立寄りのうち、5回購入されている）となっています。チラシ配布を実施している店舗であれば、すぐにでも実行できる方法です。

　この調査では、チラシ配布者に当日のチラシを見たかどうかは確認していません。調査にバイアスがかかるからです。図表7-5のように、別の調査では見る人は30％程度ですし、正確には、チラシを見た人がチラシの記憶を再生した結果であると断定はできません。しかし、全く商品情報を掲載していない「生活場面の買物メモ」が、立寄りが高く、店内滞在時間も長く、結果として購買金額も高くなっていることを勘案すると、入店時に提供した情報が、何がしかの情報を長期記憶から引き出したと考えることが出来ます。

　少なくとも、入店直後のお客様に情報提供を行うと、それからの買物に影響を与えるであろうことが分かりました。撒かれたチラシの効果を高めることに寄与出来ますし、お客様自身の買物予定を確認、あるいは追加することに繋がったと考えることが出来ます。入口は買物目的を再生（あるいは形成）、強化する第3の場所と言えます。第1は入店前に、第2は売場において、そして、入口という第3の場所です。

　すでに第2章で述べたように、入店直後のお客様に働きかけることは、買物目標を明示化し大きくさせ、高い買物意欲で購買をスタートさせることに寄与し、「助走期間」を短くするであろうし、買物全体の効率化に結び付くのです。

2．「消費の脈絡」を形成・想起する

　「生活場面を想起する」ことをサポートする情報提供に、店内での購買を促進する効果があったという調査結果でしたが、他の調査においても、お客様自身が「消費の脈絡」を思い出しながら（形成しながら）買物をしている様子が観察できます。「消費の脈絡」を形成する程度が大きく明示的なほど、購買点数や金額に反映していることが明らかになっています(注37)。

　セルフサービスのお店ではお客様自身が売場からの情報を取捨しながら、自身の長期記憶から情報を引き出しつつ、情報処理を自身で進めていくプロセスです。店内の自由な買い回りによる買物のほうがお客様にとっても

第7章 ISP（インストア・プロモーション）の諸視点

買物がしやすく、結果としてお客様にたくさんの商品を買ってもらえるので売り手にもメリットがあるのです。

　生産性の高いお店を構築するには、お客様の買物を効率的・効果的にすることがミソです。どのように効率と効果を高めるかを考える前提は、一回の買物でたくさん買ってもらう、あるいは、一回の買物が同じ量であれば何回も来てもらうには、毎回のお客様の買物カゴの中身をどのように設計すれば良いのかという発想をすべきです。お店をどう設計するかが先ではなく、お客様の買物そのものをどのように設計するかという視点から発想すべきです。これはセルフサービス店舗だけでなく、業態を問わず行う必要があるでしょう

　すでに図表5-8において、購買にかかわる様々なコストを削減することの意味を示しました。その中で店舗内における買物コストは「店舗内探索コスト」と「情報処理コスト」でした。これらのコストをより少なくし、より多くの商品を買ってもらうことが出来れば、お客様の買物を効率化し、かつ同時に効果性をも高めることになります。効率的に、かつ、効果的に買物をしていただける店舗の実現はお店の生産性向上に直結することになります。

　そのためには、２つの発想視点が必要でしょう。

　① １つ１つの商品を買っていただく際に、どのようにすればお客様は素早く意思決定できるのか。

　② １回の買物（個々の商品の購買意思決定の連鎖）全体をより効率的に、かつ効果的に行っていただくためにどのようにすればよいのか。

　これまでの購買促進策の中心は前者であったと思います。第１章で論じたように「売場の生産性」向上が求められる今日ではむしろ後者の発想が不可欠でしょう。限られた売場スペースでより多くの買物を実現することが命題ですから。「この商品を買ったらあの商品も買ったほうが良い。これも一緒に買った方がいい（関連購買）」というように、どうやって関連付けるかです。関連付けの元となる消費の様々な情報は、お客様自身が持っています。先ほどの入店直後に「生活場面を想起」することの効果が見られたのは、「消費の脈絡」を想起することが、今これから始めようとしている「購買の脈絡」への変換を容易にするからだ、と考えるとよいでしょう。

「消費の脈絡」には様々なものがあります。その時の買物でどの場面の脈絡を想定しているのか、によって買物内容は異なるでしょう。そして、買物の習慣や制約（仕事をしている主婦で、1週間に一度、まとめて食材を買わざるを得ない、など）によって、「購買の脈絡」も変わってくるでしょう。さらに、セルフサービスの買い回りは、売場からの情報を手がかりに「消費の脈絡」を形成する買い方を促進しました。つまり、例えば、お買得なものを売場で発見したことがきっかけとなって、今晩のメニューを決めるような場合は、「購買の脈絡」によって「消費の脈絡」を決めたと考えることが出来ます。

　最近ではスマホで「クックパッド」などを買物途中で閲覧して買物をするお客様も増えているようです。これは、まさしく、「消費と購買の脈絡」の連携を促進して購買を効率化している姿に他なりません。

　先ほど検討したチラシがお客様に脈絡をつくってもらおうと意図しているのは明確です。例えば、「寒くなりました。こういう食卓はいかが？」という脈絡を提案しているのです。しかし、脈絡は買物客一人一人違います。目標を大きくするためには脈絡に働きかける事が不可欠ですし、購買を促進するというのは、脈絡の形成を促進することであると考えられます。

　ここで、具体的な調査事例を見ていきましょう（図表7-9参照）。関東のスーパーマーケット3店舗で調査を行った結果です。777サンプル中メニューを決めていない人が67人、それ以外はメニューを決めています。

図表7-9　メニュー形成と購買の関係(1)

1. メニュー数と購買の関係

		サンプル数(人)	購入個数（個）					購入金額(円)
			合計購入個数	計画購入個数	計画中止個数	非計画購入個数	非計画中止個数	
合計		777	14.89	8.51	0.27	6.38	0.24	3,296
メニュー数	メニュー未決定	67	11.94	5.03	0.33	6.91	0.18	2,326
	1メニュー	109	10.68	5.48	0.31	5.20	0.19	2,290
	2メニュー	144	11.39	5.99	0.31	5.40	0.24	2,447
	3メニュー	201	14.30	8.15	0.22	6.15	0.22	3,050
	4メニュー	102	16.08	9.33	0.26	6.75	0.27	3,294
	5メニュー以上	154	22.42	14.45	0.26	7.97	0.29	5,544

第7章 ISP（インストア・プロモーション）の諸視点

計画購入個数、計画中止個数、非計画購入個数（店内で買おうと決めた個数）、非計画中止個数（一時は買おうと思ったけどやめた個数）等を調査しています(注38)。

メニューは食事という消費の脈絡と考えられます。ここではメニューと「献立」を同じ概念で捉えています。その買物で想定されているメニュー数を目標の数・大きさと捉えています。この調査では、メニューという消費の脈絡の形成そして、その脈絡の形成の大きさ（目標の数の多さ）と買物の仕方との関連を調べることが目的でした。

メニュー数が多くなると、計画購入個数が増えていることが分かります。メニューの数が増えると必要な商品数が多くなり、たくさん買わなくてはならないので、結果として、事前の計画が増えるのは理に適っているのです。「これとこれを買って下さい」とお店側が言うではなくて、お客様自身がメニューを計画するだけでよいのです。

別の角度から見てみましょう。メニューを事前に決めて来るのか、店内

図表7-10 メニュー形成と購買の関係(2)

2．メニューの決定方法との関係

		サンプル数（人）	購入個数(個)			購入金額（円）	平均メニュー数	メニューの予定数（構成比）				
			合計購入個数	計画購入個数	非計画購入個数			5つ以上のメニュー	4つのメニュー	3つのメニュー	2つのメニュー	1つのメニュー
合計		777	14.89	8.51	6.38	3,296	2.80	19.8	13.1	25.9	18.5	14.0
メニューの決定方法	メニューなし	67	11.94	5.03	6.91	2,326	0.00					
	事前決定のみ	359	14.85	10.04	4.81	3,402	2.92	19.8	13.1	26.2	21.2	19.8
	事前決定・店内決定	143	17.08	9.33	7.75	3,655	3.69	33.6	19.6	28.7	18.2	
	店内決定のみ	208	14.42	6.44	7.98	3,178	2.90	16.8	13.0	31.7	20.2	18.3

※ただし、「5つ以上のメニュー」はメニュー数「5」として算出。

図表7-11 店内でのメニュー決定場所

N＝777

1．野菜、和風日配、鮮魚各売場の比率が高く、「主動線の前半部分」で、店内メニュー決定数の58.6%

2．惣菜、精肉、洋風日配、冷食、その売場を加えると、同88.1%が「コンコース」で形成されている

で決めるのか調べました（図表7-10参照）。結果は事前に決めてもらって、かつ、店内でも決めている人が高い購買点数と金額を示していることが分かります。

　さらに、それでは店内のどこでメニューを決めるのでしょうか（図表7-11参照）。調査店舗の3店は同一のチェーンに属し、ほぼ同じカテゴリー配置となっています。

　入ってすぐの場所に野菜・果物の売場、対面に和風日配（生めん、豆腐、練物、納豆など）、そして角を曲がった所に鮮魚売場があります。この第1コーナーを曲がる手前で店内で決められるメニュー数の58.6%が決定されていました。特に高いのは野菜の売場（表示してありませんが44.1%）でした。いわゆる生鮮のコンコース（外側の通り）まで進んでいくと、88.1%が決まっています。

　やや細かい話となりますが、野菜売場ではどのようなメニューを決めていたのかというと、「和・洋・中全て」のメニューで、「煮る・焼く・蒸す、色々な調理方法」かつ「野菜＋様々な材料」のメニュー形成がなされていました。

　野菜売場はメニュー形成に重要な意味を持つと考えられます。以下は推測の範囲を出ませんが、2つ考えられるでしょう。

　まず誰もが想像するのは、野菜というのは全てのメニューでほぼ使われるので、様々なメニューとの関連性が高い野菜売場でのメニュー想起が多くなるであろうこと。そして、もう一つは、野菜は入口の場所にあるので、入店してすぐにメニューを決めた方がその後の買物が効率化しうる（購買の脈絡が明示される）と考えられます（調査店舗で入口付近が野菜売場以外のお店がないので、残念ながらこれ以上の調査は出来ていません）。確かに、必ずしも野菜がメインでないメニューも野菜売場で想起・形成されていました。

　また、野菜売場で想起・形成されていたメニューは必ずしも当日の晩の食卓のものではありませんでした。お客様の買物習慣によって影響を受けるでしょうが、翌日以降のメニューも含まれていました。

　その他、いくつか興味深い点を図表7-12にまとめておきました。想定するメニュー数が多いほど、動線長や立寄、買上、購入点数・金額に好影響を与えていました。かつ、メニューが一つ加わると、買上個数が2個増える（うち1個は野菜）という結果となっていました。

図表7-12 メニュー形成と購買促進

N＝777

1. 想定するメニュー数が多いほど、
   (1) 動線長が長く、売場への立寄・買上（特に生鮮）回数が多く、
   (2) 購入個数、購入金額も多くなる。
   (3) この傾向は、特に平日において顕著

2. メニューが1個増加することにより、
   (1) 購入個数は2個増加し、増加分の1個は野菜
   (2) メニューが2個から3個になるときに、追加されるメニュー目的は明日以降の主菜・副菜が多く、
   (3) これらのメニューの決定場所が野菜売場である比率が高いことからも、

→野菜売場でのメニュー形成の成否が店舗成果に大きく影響

スーパーマーケットにとって、野菜売場はとても重要であると認識することが出来ます。先に述べた、入店後すぐの売場での「消費の脈絡」の想起・形成そして追加はその後の「購買の脈絡」をスムーズにさせ、お店の売上にも貢献しているのです。入店直後における情報提供によって、買物の早い段階で、2つの脈絡の結びつきを強化することが出来るのであれば、その方法は有効な購買促進方法といえるでしょう。

お店によっては、入口付近に大量の商品を陳列し、安さを訴求することがしばしば行われています。確かに、その場で商品をピックアップしているお客様を見かけますし、買上に一品加わったことは事実でしょう。しかし、重要なのは、その後の店内での買物です。店内での買物を促進するために入口でどのような工夫が可能か、このように発想してください。

3. 購買阻害要因を除去する

店内での購買を促進するための工夫をこれまで考えてきましたが、逆の発想をしてみましょう。購買を阻害している要因を除去するのです。すでに第5章の「広義の購買価値（消費者価値）」で、買物に関わるコストを削減する提案を行いました。店舗内外に渡って、お客様のコストとなっている要素を削減しよう、という提案でした。ここでは、売場での購買情報処

理・意思決定をつぶさに観察することによって、さらに除去可能な要因を探ってみましょう。仮に、除去出来なければ、何らかの工夫によって阻害の程度を軽減する工夫を考えてみましょう。

まず、阻害された結果、購買に至っていない未完の買物があるはず、と考えました。しかし、買物しなかったモノはPOSデータを見ても分かりません。そこで、実現しなかった買物がかなり存在するのではないだろうかと考え、調査を行いました。

図表7-13のように、買物の全体像を捉えました。「購買意思量」とは買物が始まる前に購入を予定した点数を意味しています(注39)。

一般的に調査されているのは「(買物が) 実現された計画購入」、「実現された非計画購入」という面だけですが、「中止された計画購入」、「中止された非計画購入」があるはずと考えたのです。

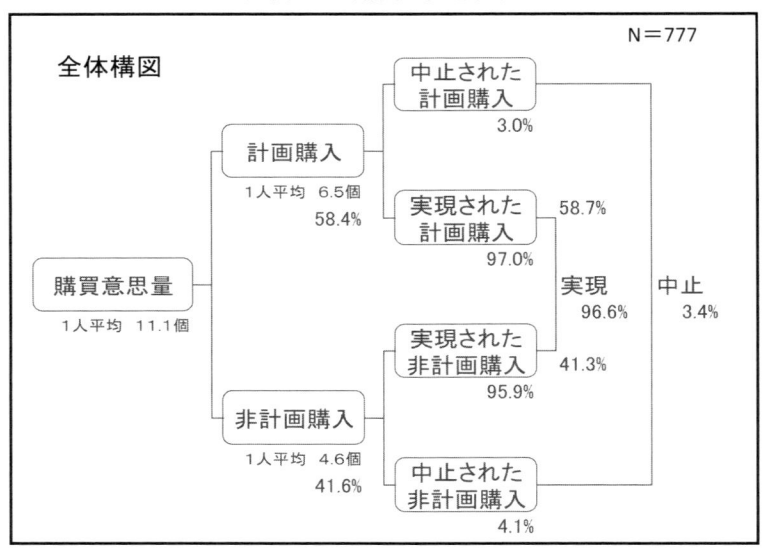

図表7-13 購買の実態把握

```
全体構図                                              N＝777

                        ┌─ 中止された
                        │   計画購入
                        │      3.0%
          ┌─ 計画購入 ──┤
          │  1人平均 6.5個 │
          │   58.4%     └─ 実現された ── 58.7%
          │                 計画購入
          │                   97.0%              実現   中止
購買意思量 ┤                                     96.6%  3.4%
1人平均 11.1個                                         
          │              ┌─ 実現された ── 41.3%
          │                 非計画購入
          └─ 非計画購入 ─┤    95.9%
             1人平均 4.6個 │
              41.6%      └─ 中止された
                            非計画購入
                               4.1%
```

レジで精算を終了した直後のお客様に中止した買物とその理由を聞き取るアンケートを実施しました。メニューの調査をしたお店と同じ店舗です。清算直後とはいえ、短期記憶を拾うには限界があることを承知での調査でした。中止した率の高さを正確に知ることが目的ではなく、それが存在し、

第7章 ISP（インストア・プロモーション）の諸視点

かつ中止に至らしめた売場の要件が想定できれば、それでよいと考えて調査しました。

その結果、買おうと思ったが、結果的に買わなかった「中止」個数（計画・非計画含む）が購入意思量を全体とした時の3.4％ありました。ここに注目して「なぜ買うのをやめたのか」について細かく調査しました。このような調査方法で3.4％存在していたということは実際はさらに多く存在していたと考えて差し支えありません。

調査で「なぜ買わなかったのか？」とお客様にいきなり聞いても答えられないものです。まずは「今回の買物の量は予定していた量より多かった

図表7-14 購買意思量と購買結果の増減理由（1）

N＝777　MA（複数回答可）

1.「多め」になった理由

理由	%
値段が安かったから	55.5%
おいしそうな商品があったから	34.7%
買う必要性を思い出したから	29.4%
他を買ったついでにいろいろ	14.5%
同伴者がいたから	10.9%
（メニューを追加したから	10.1%）

図表7-15 購買意思量と購買結果の増減理由（2）

N＝777　MA（複数回答可）

2.「少なめ」になった理由

理由	%
荷物が重くなるのが嫌だったから	30.5%
買いたいものが見つからなかったから	14.5%
どれにしようか迷ってしまったから	13.7%
買いたいものが品揃えになかったから	13.0%
時間がなかったから	11.5%
（値段が安くなかったから	10.7%）
（メニューを変更、取り止めたから	10.7%）

ですか？それとも少なかったですか？」と質問し、「多めになってしまった」と回答されたお客様に対して、購買が多めになった理由を聞きました（図表7-14参照）。ここでは理由の項目を抜粋して載せています。

続いて購入が少なくなった理由を挙げていただきました（図表7-15参照）。「重くなるのが嫌だったから」という理由が圧倒的に多かったのです。更に「どういう場面で重くなるのか？」と聞いたところ、「レジを出て駐車場まで運ぶのが面倒」という理由や、「買物している最中にカゴが重くなる事が嫌」という理由が挙がりました。

この点については、第5章でも取り上げましたが、買物負担を軽減する工夫として例えば、コンビニエンスストアではお酒コーナー付近にカゴを置いたり、重いモノ（お米等）をレジの近くに置いたり、商品の代わりに商品カードを持って精算し、その後商品を受取るという工夫もあります。また、ビールケースに取っ手を付けて持ちやすくすると効果がありました。このように、少しでも持ち運ぶ負担を軽減（持ち運ぶ買物コストの負担を軽減）すれば買上個数が増えたのです。重く感じさせないことが、購買に直結したのです。非常に単純ですが、買物途中で、駐車場まで、家まで、限りなくモノを運ばずに済むのは重要な購買促進となります。

「どれにしようか迷ってしまった」に関しては補足の質問によって、どのような場面で迷うのかを調査しました。種類がたくさんあってどれがいいのか分からなくて面倒になり、購入をやめたという事実が確認できています。

先ほどメニューについて説明しましたが、メニュー・献立を事前に思い出して計画的に購入したケースが圧倒的に多いようです。「在庫がなくな

図表7-16　購買の生起・促進理由(1)

```
                          N＝777    MA(複数回答可)
1. 計画購買において

   メニュー・献立上必要だったから   47.5%

   在庫がなくなりそうだったから     26.2%

   定期的に買っているので           13.5%

   家族に頼まれたから                6.6%
```

第7章 ISP（インストア・プロモーション）の諸視点

りそうだから」はまさに生活場面を想起した結果として、計画的に購買されているのです（図表7-16参照）。

　非計画的な購買理由もおおよそ想像の範囲でした。商品に関わる要素（安い、おいしそう）と、それ以外のお客様に関わる要素（在庫、メニュー、子供・孫）に大きな差がないことに注目してください。ちなみに「ご主人のために」という回答は0.0%でした（図表7-17参照）。

図表7-17 購買の生起・促進理由(2)

N＝777　MA（複数回答可）

2. 非計画購買において	
安かったから	28.5%
おいしそうだったので	16.2%
在庫がないのを思い出して	16.0%
メニュー関連で必要性を思い出して	15.5%
子供や孫のために	10.3%

図表7-18 購買の中止理由

N＝777　MA（複数回答可）

1. 計画購買（※中止率 3.0%）	
買いたいものが品揃えになかったから	21.9%
買ったら荷物が重くなるから	17.2%
値段が安くなかったから	15.9%
2. 非計画購買（※中止率 4.1%）	
値段が安くなかったから	18.3%
買ったら荷物が重くなるから	14.4%
買い置きがあるのを思い出したから	13.9%

　図表7-18は購買の中止理由です。計画購買の中止において、「買いたいものが品揃えになかった」を挙げているお客様が多いようです。そもそも品揃えになかったか、あるいは、品切れしていたか、ここでは定かではありませんが、非計画購買も含めて、一番大きな要素です。お店は当然これ

に対応しなくてはいけません。

「値段が安くなかった」というのも、「特売をやっていなかった」からなのか、通常時の価格が安くないのか、ここで判別は難しいのですが、どうして安く感じなかったかを調査をする必要があります。

非計画購買の中止理由で、買い置きがあるのを思い出したから（13.9％）」という理由に対しては対応可能ではないかと思います。すでに第5章でも紹介しましたが、買いたいけど買い置きがあるので今はいらないといったお客様に対して、当日の特売価格で後日購入できる優先カードを発行すれば、購入中止を防げます。それから、今、購入したら置き場所がないお客様に対して、店舗でお預かりするサービスなども有効でしょう。

さて、様々な購買阻害要因がお店に存在することが確認されました。中止される理由が分かったところで、どのようにしたら中止を防げるのかそれぞれのお店で具体化しなければなりません。いずれにしても工夫次第で対応出来ることは結構あるようです。まったく防ぎようの無い中止要因はそれほどないはずです。

ここでもう一つ、忘れてならない阻害要因があります。図表2-14を振り返ってみてください。それは、お客様自身の「買物意欲の逓減」です。これをどのように逓減させないようにするか、あるいは、逓減することを前提とした時に「買物目標」を大きくすることの意味について、すでに第2章で解説しました。でも、もう一つの対応方法があります。それをここで考えることにしましょう。それは「買物の進行に合わせた売り方の工夫」です。

様々な工夫をしつつも、買物の進行とともに買物意欲は下がらざるを得ないのも事実です。意欲が下がるのを前提として、それに合わせた売場をつくることは可能です。買物意欲の高い状態と低い状態で、売り方を変えることによって、それぞれの場面に最もふさわしい売り方を実践することで、買物意欲の逓減への対策としましょう。

図表7-19には買物コストの大小の観点から、情報処理の仕方を大別してみました。まず、買物意欲が低い段階でどのような商品が、あるいはどのような売り方であれば、売れるのでしょうか。このコストとは「買物に関わる情報処理コスト」です。

コスト大：自分が情報を持っていない（長期記憶に含まれていない）商品

第 7 章　ISP（インストア・プロモーション）の諸視点

図表7-19　情報処理のコスト

```
コスト大：長期記憶に含まれていない情報を
　　　　　外部刺激から取得して統合する情報処理
　　　　（情報処理意欲が高い状態で処理可能）
                    ⇅
コスト小：長期記憶から引き出した内部情報により
　　　　　統合する情報処理
　　　　（情報処理意欲が低い状態でも処理可能）
```

を買おうとする時、多くの「考えるコスト」を費やしてしまいます。買物意欲が高い状態でない限り成しえない情報処理です。よって、入店後、なるべく早い段階で買物の意思決定をしていただく工夫をしなくてはなりません。（会議でも、意欲の高い最初の段階で重要な話、審議事項を話題にして、その次に報告事項をするのが一般的です）

　コスト小：いつも買っている商品を買う時、すなわち、習慣的な買物はコストが少なく、また、習慣的でないにしてもどのブランドでも構わない時、さらには、購買価値を判断する際に割り算の必要性がない時などにおいて情報処理コストは低くなるでしょう。情報処理コストが低いものは最終のレジ付近で売るのが理想的です。

　それでは入口やレジ付近には具体的にどのような商品を置くと良いのでしょうか。その検証実験の結果をお伝えします(注40)。

　新製品と従来製品、新しいメニューの商品と誰もが知っているメニュー商品、など情報処理コストに差があると思われる対照的な商品を入口付近に、あるいは場所を置き換えてレジ付近で販売するなど、様々な組み合わせで入口とレジ付近の販売効果の差異を比較する実験を行いました。その結果は商品に関わらず、販売効果（売上個数）が高かったのは、入口付近で販売した時でした。これは、そもそも入口の方が通過者数は多く、買物意欲が高い状態の場所であったためと考えられます。特に新製品は入り口の方が良いといえます。従来商品は入口付近においてはもちろんですが、買物の終わりの方でも売れていました。したがって、有限の場所を上手く

使うには、仮説通り、新製品は入口、従来商品は買物終わりのレジ付近で良いといえるでしょう。

　入口とレジ付近の販売効果差に関して検証が不十分だった点についても列挙しておきましょう。これらの検証は今後の課題です。

　①　同種の商品では（実験ではワインを使用）、価格が高いものは入口の方が良い結果の可能性が高い。しかし、高い商品があまり売れずサンプル数が集まらず実験が出来ていないので断言できません。

　②　食材の新しい食べ方を提案すると、お客様は立ち寄ってくれますが買上率は高くありません。新しい情報なので興味は示してくれるのですが、あまりにも新しすぎて情報処理が不完全な場合は購入には至らない可能性があります。

　③　お店の規模の大小の効果差については全く検証出来ていません。

　④　買物意欲が低い場所において、どのような工夫をすればそれを改善できるか、は未検証です。今後の課題です。

＊今後の検証課題として：ゆったりと買物をしていただく

　私自身が持っている一つの大きな仮説です。皆さんも買物をしていて、時間を長く感じる時と、短く感じる時があるはずです。

　お客様が滞在時間を短く感じると長く店内に滞在してくれるので、結果としてたくさん買ってもらえる。てきぱきと買うのと、時間が短く感じることは別の問題です。ゆったり過ごすには具体的にどうするのかという研究は、殆どされていないのです。体験的には、心地の良い状態で興味のあることに時間を費やしている時に時間は短く感じるでしょう。

　たくさん店内を歩く人とそうでない人、ゆっくり買い物をする人とそうでない人、２つの基準によって、買物の仕方を４分類し、それぞれに該当するお客様の店内での購買行動の違いを比較する分析をしてみました。これも関東のスーパーマーケットでの調査です。図表7-20の通りのサンプル数となりました。

　次に、この４グループがどのような買い方をしているか比較してみました。図表7-21です。

　かつての調査では、大きなお店は動線長と売上の相関が高く、小さなお

第7章　ISP（インストア・プロモーション）の諸視点

図表7-20　動線長・滞在時間の4分類（中央値）

意図：動線長と滞在時間ではどちらが購買成果に強く影響を与えているかを探る
方法：動線長と滞在時間でそれぞれ中央値をとり、4つのグループに分割

結果、以下のようにきれいに分割することができた。

		動線長(m)	
		短	長
滞在時間（分）	短	148 グループ1	39 グループ2
	長	39 グループ3	149 グループ4

（出所）拙著（2011）『購買プロセスと買物効率および購買成果の関連』「流通情報」（財）流通経済研究所、No.494　P.78

図表7-21　動線長・滞在時間の4分類と各種指標

1. 購買成果は滞在時間と関係している
2. グループ3の買物客は、買物の効率が特に高い
   動線あたりの効率を高めることが、購買成果を高める上で重要と考えられる
3. グループ1・2は、急ぎの買い物や目的買いを行っている人たちと考えられる

	グループ1 滞在時間：短 動線長　：短	グループ2 滞在時間：短 動線長　：長	グループ3 滞在時間：長 動線長　：短	グループ4 滞在時間：長 動線長　：長
サンプル数	148	39	39	149
動線長（m）	204.5	325.1	234.6	382.1
滞在時間（分）	9.5	11.8	18.5	22.9
立寄回数（回）	11.7	16.3	19.9	26.3
買上回数（回）	5.7	6.8	8.9	10.0
買上金額（円）	1,861.0	2,215.1	**3,292.9**	**3,521.4**
立寄率（回/100m）	5.7	5.1	8.6	7.0
買上率（％）	47.2%	44.4%	47.4%	46.7%
買上単価（円）	348.0	328.7	**406.0**	366.6
100mあたり買上回数（回/100m）	2.8	2.1	**3.8**	2.7
100mあたり滞在時間（秒/100m）	282.3	219.1	**480.8**	367.8
10分あたり立寄回数（回/10分）	**12.4**	**14.2**	10.9	11.6
10分あたり買上回数（回/10分）	**6.2**	**6.1**	4.9	4.6

（出所）拙著（2011）『購買プロセスと買物効率および購買成果の関連』「流通情報」（財）流通経済研究所、No.494　P.78

店（コンビニエンスストアも含む）は滞在時間と相関していました。ところが、今回の調査では、大きなお店でも買上は滞在時間と関係している結果となりました。ひとつのお店の中でお客様のお店の使い方の違いを比較することによって、時間が買上に対し、より大きな影響を与えていることが分かりました(注41)。

　滞在時間が短く動線長が長い場合、早足で買物をしているためでしょうか、買上金額が少なくなっていました。あまり買い回っていないけど滞在時間が長いお客様は、買上金額は高い傾向が現れました。この結果を見る限り、たくさん歩いてもらう事が良いとは言えず、ゆったりしてもらった方が良さそうです。

　すでに第2章でも指摘しましたが、セルフサービスのお店は動線長を延長すれば売上が上がるというこれまでの概念は、どうも当てはまらないようなのです。動線長を基準にするこれまでの施策より、立寄時間を大切にする、すなわち、お店に居てもらう時間を増やすほうが重要なようです。

　特に、移動時間ではなくて立寄っている時間を費やしている方が、購買点数に寄与しています。迷った結果滞在時間が長くなっている可能性はありますが、仮に全ての売場で迷ってしまったとしても、買上点数の増加の理由がつきません。したがって、迷った結果滞在時間が長くなったとは思えません。何らかの形で買上点数が伸びている、あるいは効率的に買物をしているということは、売場での立寄時間がプラスに影響していると考えられます。

　今後の課題ではありますが、どのような売場にすればその売場でゆっくりと過ごしてもらえるのか考えてみる必要があると思います。立寄って最終的に買上をする間に、どのような情報処理のプロセスをたどれば良いのか、情報取得（きっかけ）と情報統合（購買の理由）両面からの追究が必要でしょう。

【第7章のポイント】

❶　広告を見て買いに来てくれることを期待するのではなく、売場で広告を思い出す（想起する）ことの効果の方が大きいことを再認識しましょう。しかし、広告の有無にかかわらず、商品を露出させ、新製品であることを

第 7 章　ISP（インストア・プロモーション）の諸視点

正確に伝えることが基本中の基本と言えるでしょう。

❷　店舗外の情報提供と店舗内の情報提供を連動させることに注力しましょう。広告内容とタイミングに合わせた売場での購買促進、さらには、店舗外と店舗内を結ぶ「入口」での購買促進方法を工夫しましょう。入店時における目的の再生も効果のある方法です。

❸　チラシに依存した販売方法はすでに限界です。広告と同様で、購入時に思い出してもらえるか否かによって、その効果が変わってきます。入店時に「生活の場面を想起してもらう」情報提供に効果がありました。お客様自身の「購買の脈絡」を形成・再生してもらうことがその後の購買を活性化します。

❹　個々の商品を売ろうとすると中々売れません。しかし、食卓やメニュー等「消費の脈絡」を提案して買物をしていただくと、効果的に（よりたくさん）、かつ、効率的に買物してもらえることが分かっています。入店後の早い段階で「購買の脈絡」を明確化し、買物の目的を大きくしてもらうことで、より多くの購入点数増が期待できます。

❺　買物の際に発生している様々な阻害要因を除去することによって、買物の中止を防ぐことが可能です。購買を阻害する要因を除去したら、購買促進に繋がります。特に「運ぶ」ことはお客様にとって大きな阻害要因であることが分かりました。「運ぶコスト」を除去する様々な工夫は効果的であると確認されています。このための工夫をされてみてはいかがでしょうか

❻　買物意欲が逓減することを前提として、買物意欲が高い場所とそうでない場所での売り方を工夫すべきでしょう。買い物し始めは購買意欲が高いのです。このような状態では、情報処理コストの高い商品も購入してもらえます。買物の終わりでレジに並ぶ段階では、あまり考えなくても買える商品が売れます。入店直後やレジ前等、場所に応じた売り方を工夫してみてはいかがでしょうか。

❼　動線長を延長するより、むしろゆっくりと買物をしてもらう（滞在時間を延ばす）方が購買にプラスに働きかけます。ゆったり買物をしてもらう売場の工夫こそ、今求められているのです。

第8章
カテゴリー・マネジメントの諸視点

1．小売経営のパラダイムの転換
　小売業経営のパラダイム（大きな拠り所とする考え方）は明らかに変わりつつあります。3つのポイントがあります。
　① 客数志向から客単価志向に変わってきています。
　② 特定の商品をたくさん売ろう、という発想から、カテゴリー全体のバランスを図り、店舗全体の生産性を高めよう、という発想に変わってきています。
　③「売り手主導」から「買い手主導」に明らかに変わりました。
　客数志向から客単価志向に移り変わる時、それは「既存顧客の重要性」に気付く時に他なりません。
　① 今後、日本の人口は減少していきますので、新規顧客の見込み数も減少してきます。
　② 既存顧客の維持にかかる費用は新規顧客の開拓の5分の1とも言われています。既存顧客を大切にすることのコストは実は高くはないのです。
　③ 売上の80％は20％の優良顧客がもたらしています。既存顧客の中でも20％の上得意客を大切にしなければなりません。しかし問題は、上得意顧客をどう把握するか、です。近年ではID付きのカードシステムがすでに利用可能です。しかし、顧客情報を収集する道具が無くても、帳簿に記載したり、何らかの形で知ることは可能ですし、意味のあることです。ネット販売が強い理由は、まさに上得意顧客を容易に識別できることにあります。
　④「満足した既存顧客は最高の広告である」とP.コトラーは紹介しています。彼ら・彼女らが進んで広告してくれるのです(注42)。

⑤ 既存顧客を満足させない状態で、新規顧客を開拓できるでしょうか。既存顧客が満足して初めて新規顧客も増えてくるのではないでしょうか。

すでに図表2-1において、マーチャンダイジング（MD）の原理について説明しました。店舗やフロアの利益最大化を意図する上で、商品の売れ行きに合わせた売場の管理が極めて重要であり、マーチャンダイジングとは「動態的な売場管理」と訳すべきと指摘しました。売場や商品を対象とした時にどのような考え方でマネジメントしたら売上利益が最大化するのかという原点の考え方です。それをお客様に対応させて考えてみました（図表8-1参照）。

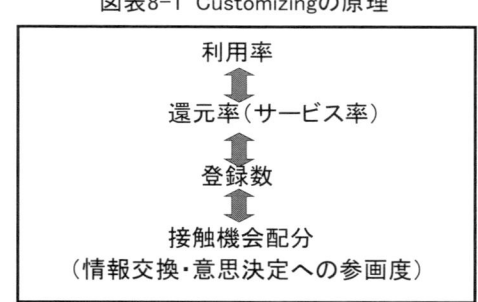

図表8-1 Customizingの原理

```
┌─────────────────────────┐
│          利用率          │
│           ⇅            │
│    還元率（サービス率）    │
│           ⇅            │
│          登録数          │
│           ⇅            │
│       接触機会配分        │
│ （情報交換・意思決定への参画度）│
└─────────────────────────┘
```

有限な資産である店舗において、その利益を最大化する論理が、マーチャンダイジングだったわけですが、有限な顧客から得られる客単価を最大化する論理を考えてみました。Merchandise に ing を付けたように、Customer に ing を付けて Customizing（カスタマイジング）と名付けます。

【利用率】お客様のお店への貢献度、具体的には特定期間の利用金額（1回当たり利用金額×利用頻度）をベースに置きます。

【還元率】お客様の貢献度に応じて、お客様への還元率（サービス率）を連動させます。方法としては、販売金額を割り引く場合は割引率に反映させます。あるいは、ポイントの還元率を変化させる方法も考えられます。すでに実施されている携帯電話やマイレージ・サービス等、利用の仕方に応じて付加されるサービス率が変わる事例を挙げることが出来ると思います。

【登録数】貢献度の低い人をピラミッドの下に位置付け、最上位顧客を頂上に位置付けた図を想定して下さい。貢献度の高い人（したがって還元率

の高い人）の構成比は低く、貢献度の低い人（したがって還元率も低い人）の構成比は高くなります。このピラミッドを管理していくイメージです。貢献度を高めれば、上位に移動できることを常にアピールします。

【接触機会配分（情報交換・意思決定への参画度）】マーチャンダイジングでは、この部分はスペース配分に該当していましたが、スペースは「資源」であり、その配分のウエイトを高めるのは、それだけ重視していることを示します。貢献度の高いお客様に対しては、売り手が持つ資源の配分ウエイトを高めねばなりません。その資源はまさしくお客様との「接触機会」ではないでしょうか。様々な情報提供、お店の行事への参画、共同での商品開発など、サービス内容を充実させ、貢献度に応じた特典を提供してお店に接触してもらうのです。

このように、セルフサービス小売業の原点の発想であるマーチャンダイジングの考え方を活かして、お客様中心のお店づくりの理念を具体化していってはいかがでしょうか。

何がどれだけ売れているか、を知ることがこれまでの小売業のマネジメントの原点であり、それは今後も変わらない視点だと思います。今後は、これにプラスして、Customizing のプロセスの中で、どのような買い方をしているお客様が売場に貢献しているのか、それを常に見極める姿勢こそが求められます。どんな人がどのような買い方をしているのでしょうか。

貢献して下さっているお客様の買い方に沿って MD、ISM（インストア・マーチャンダイジング）、ISP（インストア・プロモーション）のあり方を考える事が小売業のマーケティングの原点だと考えます（図表8-2参照）。

図表8-2 マーケティング志向の小売の発想

これまでの発想の原点：

「何がどれだけ売れているか」

新しい発想の視点：

「どんな買い方をしているお客様が売場に貢献しているか」

⬇

MD、ISM、ISPの原点

ところで、1996年に公開された映画『スーパーの女』（伊丹十三監督）は小売経営へのヒントが満載でした。映画のシーンで、お店のモノを全て10％引きで売る場面で、「こうするとね、普段買わなかったモノを買うお客様が増える」というセリフがありました。全て10％引きにするということは、お店がお客様に特定の商品を買えとは言っていません。すべての商品が安いのです。さらにセリフが続き、「お客様はこの時期に自分で買いたいモノを考えて、自分であれやこれや判断して、価値が高いと思うものをこの時期に買おうと考える」という趣旨のことを語っていました。何を買おうとするのかは、お客様自身が決めているという映画のワンシーン…まさにこれです。

　例えば、セール（特売）は期間を限定して、売り手が選出した特定商品の価値を演出しています。特定品目を大量に販売して、売上、予算比、前年比をクリアしたか否かということをお店の従業員の間での会話として良く聞きますが、お客様にとって、その商品がその時に本当に買いたいものとは限らないはずです。しかし、すべてのお客様個々人に合わせて特定の商品をセール対象に選択するのは不可能です。

　そうであれば、『スーパーの女』のように全品を割り引くか、お店の提案を訴求するのであれば、この時期はこのようなコンセプトで生活されてはいかが、と「消費の脈絡」を推奨するべきではないでしょうか。したがって、特定商品を訴求するのではなく、どのカテゴリーをお客様に提供すべきか、どのようなカテゴリーを組み合わせて買っていただくのか、それらを生活に取り入れることで生活がどのように変化するか、充実するかを提案するのです。その提案を実現するためにどのような商品をこの店では取り寄せているのか、こうした脈絡にお客様の賛同を得る事だと思います（図表8-3参照）。

　特定期間でセールをしても、セールを止めたら元に戻るのです。先食いする可能性もあります。来週売れるはずの商品の売上がセールをした今週に上がる訳ですから、来週は売上が下がるかもしれません。同じようなセールの繰り返しでは、すでに第6章で指摘したように、効果は逓減してしまいます。

　お店にとって今日の売上が一番重要です。明日の売上より今日の売上という気持ちは良く分かります。ただ、経営者にとっては、今日の売上は2

第8章　カテゴリー・マネジメントの諸視点

図表8-3　カテゴリー全体のバランス管理へ

```
・「特定期間での価値演出」
       → 特定品目の大量販売

           ⬇

・「自主的な価値創出の向上」
       → カテゴリーのMDコンセプト
              ＋
         カテゴリー間のMDバランス
```

倍になったけど、明日は半分になってしまった、などということをいつまでも繰り返すのは考えものです。売り手が売上を操作しようとすることは、売り手がお客様を操作しようとしているのと同じこと。お客様が求める購買と消費の両方の価値を高めることを目的として「お客様と協働」すると、お客様が自身の価値を最大化するよう行動してくれるので、効果は持続するのです。Customizing はお客様との協働の成果を求めるものに他なりません（図表8-4参照）。

図表8-4　売り手主導から買い手主導へ

```
・「特定期間での価値演出」(情報削減)
       → 売り手による「操作」
       → 効果は逓減する


・「自主的な価値創出の向上」(情報創造)
       → 買い手との「協働」
       → 効果は持続的
```

既に、図表4-10において、「買い易い」、「面白い」という概念を説明しましたが、今、求められているのが、まさしく「面白い」お店・売場づくりなのです。我々自身が買物をしていて、様々な業態、業種のお店で「面白い」と感じる場面があるはずです。買物以外でも「面白い」と感じると時間が短く感じ、結果として長くゆっくり滞在している経験はないでしょうか。その感覚です。これを買物で実践すればよいのです。

「買い易い（情報削減）」だけを追究するのではなく、お客様が「面白い（情報創造）」と感じることを積極的に取り入れて、お店のあり方を考えることが重要だと思います。

２．カテゴリーの購買特性と売り方

　お客様の買い物や意思決定の仕方はカテゴリーを超えて共通ではありません。様々なカテゴリーに分類される商品をすべて同じ売り方で売ってよいのでしょうか。Ａカテゴリー、Ｂカテゴリー、それぞれお客様の買い方が違うのであれば、売り方を変えなくてはなりません。それぞれのカテゴリーにどのような買われ方の特徴があるのか知り、それに合わせてどのようにすれば効果的に購買促進しうるのか、まさに売り手として必要な知識となってくるでしょう。客単価を向上させるには様々な商品カテゴリーを組合せて買ってもらうことが必要です。したがって、特定のカテゴリーのみではなく、店内の様々なカテゴリーについてこの知識が求められます。

　すでに本書においてこれまでにも、カテゴリーの購買のされ方から何らかの知見を引き出してきました。

　① 購買頻度が高いか低いか。頻度高く買う商品とそうでない商品が存在することは容易に分かるはずです。日配商品（牛乳・パン・麺・練物など）という言い方は買われる頻度が高いから「日ごとに配送する」商品という意味です。そのお店、あるいは通路の中で購買頻度が高いカテゴリーは多くの来店者が立寄るカテゴリーですから「パワーカテゴリー（パワー・グループ）」に他なりません（第２章、第３章参照）。

　② そのカテゴリーが計画的に購買され易いか否か。非計画的に購買され易いのか。この特徴はセルフサービス店舗の設計において基本的な指標となるものです。すでに第２章で説明したカテゴリーの一つの特徴です。

　③ いわゆる最寄品、買回品、専門品という分類はよく知られた分類方法ですが、これはその商品の購買に関する情報処理にどれだけ労力を費やすのか、という視点に着目しています。意思決定する時にパッと決められる（コストがかからない）のか、じっくり決める（コストがかかる）のかという違いです。当然、売り方を変える必要があります。同様の視点から商品の情報処理特性に応じて、売る場所を工夫することを第７章図表7-19で提案しました。

第8章 カテゴリー・マネジメントの諸視点

④ これを買おうと決める時の意思決定の手順のあり方はカテゴリーの特性として反映されることが多いようです。誰もがよく知っているカテゴリーと、あまり知られていないカテゴリーでは、買い方が変わってきます。第6章の「情報統合の手順」として見てきました。

このように「買い方の違い」をこれまで様々な視点で考えお店づくり・売場づくりに応用してきたのです。「購買を科学する」とはまさに買い方の違いを発見することに他ならない、といえるでしょう。

図表8-5は、2つの視点によって、スーパーマーケットの代表的なカテゴリーを位置付けたものです。

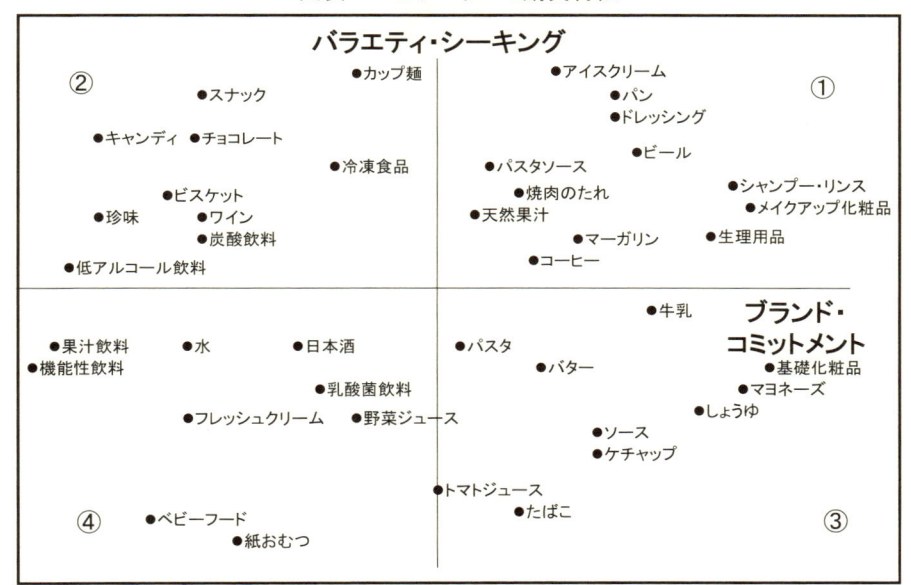

図表8-5 カテゴリーの購買特性

```
                    バラエティ・シーキング
 ②                                                              ①
        ●スナック    ●カップ麺          ●アイスクリーム
                                        ●パン
    ●キャンディ  ●チョコレート                ●ドレッシング
                        ●冷凍食品   ●パスタソース
                                                ●ビール
            ●ビスケット          ●焼肉のたれ      ●シャンプー・リンス
    ●珍味  ●ワイン                ●天然果汁       ●メイクアップ化粧品
              ●炭酸飲料                ●マーガリン   ●生理用品
 ●低アルコール飲料                      ●コーヒー

                                            ●牛乳        ブランド・
                                                         コミットメント
    ●果汁飲料                        ●パスタ
    ●機能性飲料  ●水    ●日本酒                      ●基礎化粧品
                                        ●バター
                        ●乳酸菌飲料                ●マヨネーズ
            ●フレッシュクリーム ●野菜ジュース                ●しょうゆ
                                        ●ソース
                                        ●ケチャップ
                                ●トマトジュース
 ④     ●ベビーフード                     ●たばこ          ③
            ●紙おむつ
```

(出所)(公財)流通経済研究所

ヨコ軸「ブランド・コミットメント」：右に行けば行くほどブランドにこだわった買い方をします。コミットメントとは、こだわるという意味です。

タテ軸「バラエティ・シーキング」：上に行くほどバラエティを求めます。色々な商品を買ってみたいと思うかどうかの指標です。

181

色々な質問文を設定し、スーパーでの買物を想定して、それぞれのカテゴリーについてお客様がどのような気持ちを抱いているのかをアンケート調査してこの表が完成しました。1990年後半に行った調査で、その一部を載せています。同じ店内で販売されているカテゴリーであっても、「買われ方」には違いがありました(注43)。

　①第１象限に位置するカテゴリーは、ブランドにこだわりつつ、色々な商品を買ってみる傾向があるカテゴリーです。ビール、ドレッシング、アイスクリーム、シャンプー・リンス等があります。

　②第２象限はお菓子類のカテゴリーが多いようです。ブランドにこだわらないが、様々な商品を買ってみる。新製品が出ると飛びつくようなカテゴリーです。

　③第３象限は基礎調味料が多いのが特徴です。特定のブランドを使っている人は別のブランドになかなかスイッチしません。スイッチする理由が見つからず、いつも使っているブランドを購入します。

　④第４象限はブランドにこだわらず、様々な商品を買うこともなく、特定の商品を購入するカテゴリーです。

　散らばっているカテゴリーの位置ですが、それぞれのカテゴリーについてブランド・コミットメント何ポイント、バラエティ・シーキング何ポイントというように評価して、位置づけています。カテゴリーを位置づけてから、ヨコ軸とタテ軸を平均値として線引きしています。原点（中央）に近いと特徴があまりないカテゴリーということになります。

　「バラエティ・シーキング」と「ブランド・コミットメント」このふたつの考え方はスーパーマーケットにおけるカテゴリーに限定される概念ではなく、他の業態における買物の仕方においても応用出来ます。今回の調査ではスーパーマーケットでの購入を想定しての回答です。買物をする業態や場面が異なれば、同じカテゴリーであっても、「買い方、買う際の気持ち」は異なって当然です。また、様々な新商品の登場や人気ブランドの成長などに伴って、カテゴリーの買われ方は変化するでしょう。マーケティング活動の成果は、そのカテゴリーを④の位置から時計回りで移動する可能性があります。ブランドが強化されるからです。したがって、ずっとその位置に留まっているわけではありません。定番のブランドが固定し、かつ、消費者も購入ブランドを固定すると、左から右側に移動する可能性

第8章 カテゴリー・マネジメントの諸視点

が高まるでしょう。
　では、こうした「カテゴリーの購買特性」に対して、売り手はどのように売り方を適応させればよいのでしょうか。買い方が異なるのですから、売り方も変えたほうが効果的に売れるはずです。

（1）購買特性と品揃えのあり方
　図表8-6において最も基本的な品揃えの考え方を見てみましょう。この図の4つのマスは、図表8-5の各象限の位置に対応しています。

図表8-6　マーチャンダイジングの適応方向

バラエティ・シーキング

② ・品揃えの豊富さ、バラエティ ・新商品の積極的投入 ・PB不適（相乗りPB可）	① ・セグメントごとの品揃え拡充 ・セグメントごとの商品評価 ・PB不適
④ ・重点的、限定的品揃え ・店舗政策の明確化 ・PB適（積極的PB）	③ ・市場シェアに応じた品揃え ・PB適（ダブル・チョップ）

ブランド・コミットメント

（出所）拙著（1991）『消費者情報処理特性とマーケティング適応』「マーケティング・ジャーナル」、日本マーケティング協会、第11巻第1号、P.4〜15

　①「セグメント」とはそのカテゴリーを形成している小グループです。第3章の棚割りの際に使用した「サブカテゴリー」と同じ意味です。例えばシャンプーのカテゴリーはここに位置づけられますが、シャンプーの中にも様々なシャンプーがあります。○○ヘア用、男性用、ベビー用、等のサブカテゴリーで構成されています。こうした小グループは、独立性が高いのが特徴で、それぞれのグループ毎に品揃えのあり方を考えねばなりません。
　例えば、商品の売れ行きを評価する際に、サブカテゴリーの独立性を無視して売れていない商品を撤去してしまうと、そのサブカテゴリーの存在

までなくなってしまったりすることも考えられます。カテゴリーとしてどのようにサブカテゴリー群を設け、カテゴリーを形成するのかが極めて重要な課題となってきます。

　ここでは、すでに強力なブランドが存在していることが想定され、小売業が PB（プライベート・ブランド）を一つのブランドとして確立させるのはそう簡単ではない、と考えられます。もちろん、無理と言っているのではなく、PB であっても努力が実ればこの位置での地位を確立することも可能でしょう。

　② 新商品が出たら積極的に導入するべきです。品揃えの豊富さ、バラエティそのものがお客様の支持を得ますので、色々な商品を取り揃えることが基本です。売れ筋商品とそうでない商品の改廃をこまめに行う価値のある場所です。ブランドにあまり関心を寄せてくれない、ということは、商品の改廃を頻繁に行うべき場所ですので、PB としての評価を高める場所としては不向きです。

　③ 市場シェアの高いブランドが支持されています。市場シェアの数値を無視して品揃えした場合、売上が落ちる可能性があります。そのエリアで支持されているブランド・シェアに応じた扱い方をしなくてはなりません。そのブランド力を生かす形でダブル・チョップ（製造メーカーを明記した PB）で PB をつくれば売れる可能性は高くなります。

　④ ブランドにこだわりがないので、お店として売りたいブランドや商品を独自の判断でおくことが出来ます。ここでは、ブランドにこだわらないため、PB のリスクが一番少なく、その意味において PB に適しています。PB に限らず、商品開発を考える時に、これら４つのどの領域で行うのかによって、その戦略が大きく異なってくる点に注意してください。

（２）購買特性と ISM のあり方
　ここでは棚割りに焦点を当てて、その適応方法を考えてみましょう（図表8-7参照）。

　① この場所に属するカテゴリーこそ、棚割りの作成が重要な意味を持ちます。セグメント（サブカテゴリー）ごとに市場が異なるとすれば、そのサブグループにあったグルーピングがなされ、そのグループが明確にゾーニングされている必要があります。売場から情報発信するつもりで売場

第8章 カテゴリー・マネジメントの諸視点

図表8-7 ISMの適応方向

バラエティ・シーキング

② ・売場内商品露出 ・売場内優位置確保 ・メーカーツールの活用	① ・グルーピングの徹底 　　　（ブランド別、機能別） ・ゾーニングの明確化 ・情報提供
・フロア内優位置確保 ・小売主体の売場計画 ④	・スペース確保（市場動向） ・グルーピング 　　　（メーカー別、ブランド別） ③

ブランド・コミットメント

(出所) 拙著(1991)『消費者情報処理特性とマーケティング適応』「マーケティング・ジャーナル」、日本マーケティング協会、第11巻第1号、P.4〜15

をつくるといいでしょう。特に、新しいグループを形成するような新製品を導入する場合は、何を「情報創造」するのか、正確に伝わるように「情報削減」することが必要です（第4章を参照してください）。

② 売れている商品は売場の中で露出させます。MDの原理（売れる商品にスペースを）を徹底する事によってカテゴリー全体の生産性も高まるはずです。

③ 市場シェアに応じたスペース確保が重要です。メーカー別、ブランド別に売場をつくる事が基本です。市場データを参照しなければなりません（第3章を参照してください）。

④ 小売業がPBを組み入れて、独自の棚割り計画を立てやすい場所です。独自色をPRすることを狙うとすれば、店内で露出する場所で陳列すると良いでしょう。

（3）購買特性とISPのあり方

カテゴリーの購買特性を考えると、ISP（インストア・プロモーション）の方法も工夫をしなければなりません（図表8-8参照）。ここではセール（売出し）の基本的な方法を比較することにします。図中のSPとはセー

図表8-8 ISPの適応方向

バラエティ・シーキング

② ・多種多様商品の　SPローテーション ・バンドル、ミックスマッチ ・懸賞　　　　感情・情緒訴求	・セグメントごとの　SPローテーション ・店内外SPの連動 ・サンプリング、　トライアル・サイズ　　アソート概念訴求 ①
・複数商品の交互　SPローテーション ・クーポン ④　品質・機能訴求	・限定商品の定期的な　SPローテーション ・異容量・異サイズの　SPローテーション ・増量、おまけ　　信頼性訴求 ③

ブランド・コミットメント

(出所)拙著(1991)『消費者情報処理特性とマーケティング適応』「マーケティング・ジャーナル」、日本マーケティング協会、第11巻第1号、P.4〜15

ルス・プロモーションの略です。

① 毎回同じセグメント（サブカテゴリー）を対象としたセールを企画してはなりません。そのサブカテゴリーを購入するお客様が固定していますので、同じ場所で繰り返しては効果が減少します。買う人がセグメント毎に違うのですから、違うセグメントに対象としてローテーションさせなくてはなりません。

広告投入が多いのもこの領域です。お店の外で行われる広告等と連動させたプロモーションが有効です。おまけや小さなサンプリング配布が有効に機能するのもここに位置するカテゴリーにおいてです。

第6章で説明した「情報統合の基準」では、特に、「アソート概念訴求」（生活における必要性、意味を訴求）することがこの場所のプロモーションの訴求ポイントとして特に有効でしょう。

② 色々な商品をローテーションさせます。セグメントが明確に区分されていないため、いろいろな商品の購入が見込めます。色々な商品のセールをローテーションすることで売上が伸びるでしょう。商品を組み合わせ

て束ねて売ることや（バンドル、ミックスマッチ）、懸賞等も有効です。「感情・情緒」に訴求するのが有効です。

　③　市場シェアに応じたブランドで SP のローテーションを組みます。当該ブランドで異容量・異タイプのローテーションなどをするべきです。ブランド・スイッチはなかなか起こりません。ブランドへの「信頼性訴求」がこの場所の大きな特徴です。

　④　クーポンが有効なのはこの場所です。クーポンが付いているからという理由で選んでくれます。ブランド・スイッチは比較的しやすいと言えます。特定のブランドへのこだわりはありませんから、コスト・パフォーマンスを訴求する「品質・機能訴求」が有効です。

　以上、「ブランド・コミットメント」と「バラエティ・シーキング」という２つの軸で、スーパーマーケットで取り扱っているカテゴリーの購買特性を説明した時に想定される売り方の工夫を説明しました。実務において詳細な調査を行うのは困難でしょうから、まずは、それぞれの業態において取り扱われている様々なカテゴリーに関して、頭の中でイメージして分類して考えてみてはいかがでしょうか。購買のされ方の違いを発見できたら、それに見合った効果的な購買促進の方法の示唆は意外と容易に浮かんでくるかもしれません。

　さらに、この２つの軸以外の切り口を発見できたならば、他店では未実施の新たな売り方の糸口を発見できるはずです。

3. カテゴリー・マネジメントの背景

　店内に存在する数多くのカテゴリーのそれぞれの購買特性に適応した購買促進方法を考慮する、ということの重要性について述べてきましたが、まだ検討しなければならない課題がいくつかあります。３番目の話題に移ります。

　一般に「カテゴリー・マネジメント」と称されている分野です。

　カテゴリーをマネジメントするとは、どのようなことなのでしょうか。そもそもカテゴリーとは商品の塊ですが、どのような基準やコンセプトで商品を寄せ集めてカテゴリーを形成するのかが問題ですし、お店側の視点としてはそれらのカテゴリー群をお店の中でどのように位置づけて、どの

ように割り振るのか、すでに第2章や第3章でも検討したスペース・マネジメントおよび棚割りでの課題でもありました。

いわゆるストア・マネジメント、あるいは、フロア・マネジメントがあり、他方で、ブランド・マネジメントがあります。ストアあるいはフロアとブランドの中間に位置する商品群の塊を単位、対象としてマネジメントをする視点をカテゴリー・マネジメントと呼んでいます。

この言葉が生まれたのは1980年代におけるアメリカにおいてです。その背景を知ると色々な言葉の繋がりが見えてきます。そもそもカテゴリーがどのような経緯で注目されたのか、整理をしてみました。

80年代のアメリカ小売業は低価格競争がどんどん激しくなり、安売り合戦をしていました。その後の経緯を図表8-9にまとめてみました。お店はその日の業績を上げなくてはならず、さらに小売業もメーカーも4半期毎に業績をチェックされるので、勢い値引きも激しくなってきます。お客様は「安い」ことが購買の最優先基準となってしまい、小売業もメーカーも低価格販売への依存から抜けだせませんでした。

図表8-9 カテゴリー・マネジメントの必要性を生んだ背景

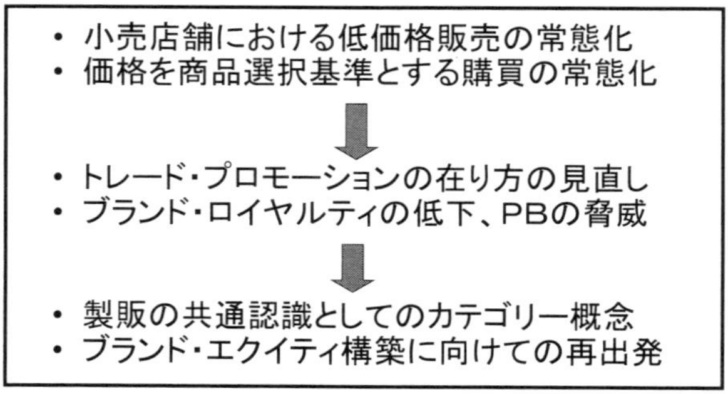

- 小売店舗における低価格販売の常態化
- 価格を商品選択基準とする購買の常態化

⬇

- トレード・プロモーションの在り方の見直し
- ブランド・ロイヤルティの低下、PBの脅威

⬇

- 製販の共通認識としてのカテゴリー概念
- ブランド・エクイティ構築に向けての再出発

まさにクーポン合戦でした。クーポンを持参して当該店舗で購入したら表示された割引率（額）の2倍値引きするダブルクーポン、3倍値引きのトリプルクーポンなどというのも出現しました。そもそもメーカーは自社ブランドの商品を小売店頭で大幅に値引きされることを嫌います。ブランドの価値を損ねるからです。そもそもクーポンはメーカー自身がそれを発行して小売業の大幅値引きへの誘惑を削ぐことが目的でした。クーポンをレジで提示すれば、その商品を安く買うことが出来ますが、額面上の価格

第8章　カテゴリー・マネジメントの諸視点

はあくまで通常価格であって、特売されたわけではないのです。しかし、小売業はそれでも値引きをやめることはせずに、その上さらに安く売る手段としてクーポンを利用してしまったのです。因みに、小売業によって回収されたクーポンはメーカーごとに分類され、クーポンによって割り引いた金額の支払いをメーカーや取引先に要求したのです。

メーカーや取引先は小売業への販売促進方法（トレード・プロモーションと呼んでいます）を見直さなくてはならなくなりました。このままだとブランド・ロイヤルティが低下してしまい、安価なPBにも負けてしまいます。

その中で3つの概念が生まれました。1つはブランドを「資産」と考え、その価値をもう一度立て直す「ブランド・エクイティ（brand equity）」という考え方です。90年代のマーケティング研究の相当数はブランド・エクイティに関わる研究でした。

それから2つ目の概念、EDLP（エブリディ・ロープライス）という言葉も流行り始めました。「いつでも安い」とウォルマートが当時から盛んに使うようになりました。実はEDLPはメーカーも（その代表がP&G）も言い始めました。ここではやや違う意味合いでした。小売業は安く販売するために、特売時にまとめてたくさん安く仕入れて特売時でない時にそれを販売したり、他地方で安く仕入れて当該地に持って来たり、ありとあらゆる安く仕入れる為の様々な努力をしたのですが。P&Gは「いつでも市場実勢価格に近いロープライスで卸しますから、このような買い方は止めてください。必要な分だけエブリデイ・ロープライスで出荷します」という使い方をしていたのです。

エブリデイ・ロープライスは後述するSCM（サプライチェーン・マネジメント）に結びつきます。売れた商品を売れた分だけ発注し流通し生産する、後々の効率経営の基本となります。

そして、3つ目の概念、カテゴリー・マネジメントが誕生しました。カテゴリー・マネジメントが生まれた背景は、単に値引きして売上を稼ぐのではなく、お店としてカテゴリー毎にどのような政策を立てるのか、そのことを明示化することこそ重要だと訴え、その政策に基づいて個々のカテゴリーをどのように売るのかを考えるべきとして、カテゴリー・マネジメントの考えと体系が生まれました。

こうして「ブランド・エクイティ」、「エブリデイ・ロープライス」、「カテゴリー・マネジメント」の3つの概念が80年代後半にほぼ同時に生まれ育つようになります。
　「カテゴリー」の適当な定義がなかったので、私は以下のように定義しました。「カテゴリーとは、何らかの基準・視点によって分類された商品のかたまりであり、同じ分類に属する商品は採用された基準ないし視点において共通の属性ないし商品間の関連性をもつ」（図表8-10参照）。

図表8-10　カテゴリーとは(1)

何らかの基準・視点によって分類された商品のかたまり。その分類に属する商品は採用された基準ないし視点において共通の属性ないし商品間の関連性をもつ。

（渡辺の定義）

図表8-11　カテゴリーとは(2)

1. 生産・流通・消費それぞれの視点からの基準設定

　(1) 生産視点：
　　　原料・素材・製造方法・容器形態・ブランド等
　(2) 流通視点：
　　　輸送条件(チルド・冷凍等)、発注、配送頻度等
　(3) 消費視点：
　　　用途(例：調味料、主食、嗜好品)
　　　場面(例：朝食、おやつ、キャンプ、雨の日)
　　　消費者(例：男性用、女性用、子供用)
　　　空間(例：居間、玄関、トイレ、屋内・外)　etc

　「商品間の共通の関連性」とは、例えばコーヒーに関連する商品を集めて一つの売場とすることが可能ですが、この括り方を一つのコンセプト（概念）として設定するのであれば、「コーヒーを飲む」いう消費の関連性で新たなカテゴリーを形成することになります。どのようなコンセプトで商品群を集めたのかが重要であり、適当に分類し寄せ集めただけではカテゴリーとは呼べません。

第8章　カテゴリー・マネジメントの諸視点

　カテゴリーの分類基準・視点を図表8-11にまとめてみました。生産、流通、消費の視点に大きく分けられます。
　① 商品の素材、製造方法、容器形態（缶詰、レトルト食品等）といった生産・製造に関わる視点から商品を分類します。
　② 輸送・保存条件からチルド食品や冷凍食品と呼んだり、発注や配送頻度が日毎に発生することから「日配」カテゴリーと呼ぶ場合が該当します。流通の視点から分類していることになります。
　③ 最も多いのは消費視点です。消費の場面・視点からカテゴリー概念をつくりだすので様々な括り方がたくさんあるはずです。消費の脈絡が多様化すればするほど、消費視点でのカテゴリーは今後増えると思います。新しいコンセプトによる分類の仕方を模索することは、第4章で述べた「情報創造」につながる重要な課題といえましょう。
　なお、小売業で「〇〇コーナー」という場合があります。「朝食コーナー」とか「大きいサイズのコーナー」などです。カテゴリーと同じ意味で使用している場合もあれば、本来は別のカテゴリーに属していて、特定の期間だけ、何らかのコンセプトで商品を集合させた場合に使うことが多いようです。また、カテゴリーは商品の分類に着目した言葉ですが、コーナーは、売場空間に着目した言葉と言えるでしょう。
　さらに．商品は1つのカテゴリーのみだけに属す必要はありません。例えばノンアルコール・ビールは、ビールとして位置づけることも出来るでしょうし、清涼飲料としても分類されるでしょう。昨今のように、様々なノンアルコール飲料が新製品として発売されて、それなりの数の商品が品揃えされるようになれば、「ノンアルコール飲料」という新たなコンセプトでカテゴリーを形成しても良いでしょう。
　また、大きいカテゴリーもあれば、小さいカテゴリー（サブカテゴリー）もあります。例えば「しょうゆ」は基礎（あるいは和風）調味料という大きいカテゴリーに分類され、さらに大きく括ると、調味料となります。あるいは、こいくち・うすくち、〇〇用というサブカテゴリーがあります（図表8-12参照）。
　話を戻しましょう。先ほど、EDLP は SCM（サプライチェーン・マネジメント）に結びつくと言いました。SCM の基本は、売れたモノを売れた分だけ発注し流通し生産することによって、受注及び生産・流通量の変動

図表8-12 カテゴリーとは(3)

2. 1つの商品は各視点毎での基準によって分類される。したがって、複数の分類基準をもつ

3. 同時に1つの商品は階層的な基準によって多段階に分類される

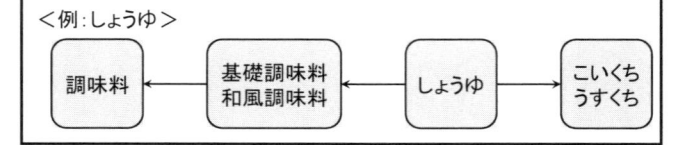

＜例：しょうゆ＞

調味料 ← 基礎調味料 和風調味料 ← しょうゆ → こいくち うすくち

図表8-13 改めてECRとは？

- ECRの目的

  流通システムの中に潜む非効率的な取引慣行を排除して生産性を向上させ、消費者により安い価格で商品を提供すること、を目的とする

  ECR：efficient consumer response

（波）を平準化すれば、小売業から卸売業、そしてメーカーに至る流通の全体において効率化しうることにあります。

　この SCM の概念が生まれる前のもともとの発想が ECR（エフィシエント・コンシューマー・レスポンス）と呼ばれる方法でした（図表8-13参照）。

　ECR とは文字通り訳せば、「効率的消費者対応」です。お客様の買い方（レスポンス）に合わせて発注し、納品し、売場を管理していくことであり、その徹底によって無駄・無理が排除され効率化された分を消費者に還元（より安く）しよう、というものです。ECR はその後「単品管理」という平易な概念で日本でも普及する事になります。食品・日用品業界では ECR、ファッション業界では QR（クイック・レスポンス）と呼んでいますが基本的に同じ概念です。

　小売店頭での販売情報を起点として、流通の川下から川上に向かって様々な仕組みを構築するのです。構築された仕組みとその運用を後に SCM

第8章 カテゴリー・マネジメントの諸視点

と呼ぶようになりました。因みに、最近では、SCM を DCM（ディマンドチェーン・マネジメント）と呼ぶこともあります。供給から発想するものではなく、需要側から（川下から）発想すべきことからこのように呼ぶべきと主張されています。確かに ECR の思想を考えれば、まさに DCM と呼ぶべきでしょう。

　ECR そして SCM は、流通チャネル全体の取り組みを伴う改革プランだとすれば、それ以前にもメーカー、卸売業と小売業の間で様々な協働が行われていました。それが、第3章でも説明したプラノグラム（棚割）の策定での協働でした。与えられたスペースの中でスペースを再配分する方法がプラノグラムであり、カテゴリー・マネジメントの普及は、そもそも売場に与えられた現状のスペースが最適なのかどうかの見直しを迫りました。そして、SCM が構築されてからは、さらに、カテゴリー・マネジメントの重要性が高まったと言っても過言ではありません。SCM の効率的な運用を徹底するためには、適切なカテゴリー・マネジメントが行われていなければならないし、またそのためには、売上状況に応じたスペース・マネジメントが個々の売場で実践され、これら3つの活動レベルが連動していることが重要だからです。こうした関係を図表8-14にまとめておきました。

　小売業にとってカテゴリー・マネジメントは3つの意味合いがあると思います（図表8-15参照）。

① 前節で、カテゴリーによって、買い方が違うという説明をしました。

図表8-14 メーカーと小売業の協働関係の変化

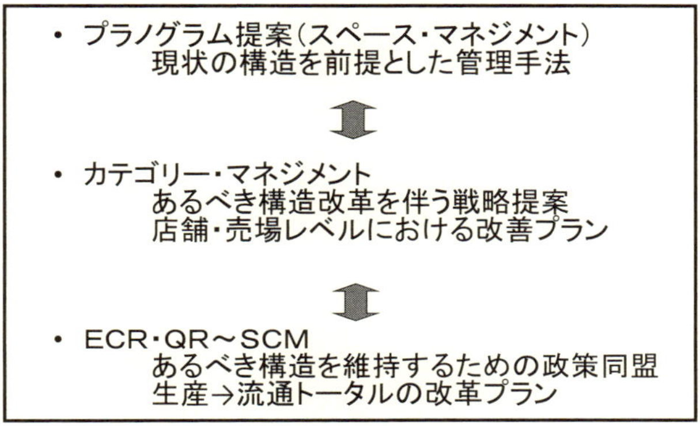

- プラノグラム提案（スペース・マネジメント）
　　現状の構造を前提とした管理手法

⇕

- カテゴリー・マネジメント
　　あるべき構造改革を伴う戦略提案
　　店舗・売場レベルにおける改善プラン

⇕

- ECR・QR〜SCM
　　あるべき構造を維持するための政策同盟
　　生産→流通トータルの改革プラン

図表8-15 小売業にとってのカテゴリー・マネジメント

```
ある店舗の売上
　＝カテゴリー数 × 1カテゴリーの売上　？
　　　　　　　　＝カテゴリーのシェア×店舗売上　？
　　　　　　　　＝アイテム数×1アイテムの売上　？

1．カテゴリーの売上を増加しうる方法はすべてのカテゴリーで同じか？
　　→カテゴリー特性に応じたMDの必要性

2．あるカテゴリーの売上極大化は店舗の売上極大化になるか？
　　→店舗の全体最適の中にカテゴリーが位置付けられる必要性

3．あるアイテムの売上極大化はカテゴリーの売上極大化になるか？
　　→カテゴリー生産性を考慮したアイテムの意思決定の必要性
```

例えば、焼肉のたれはブランド・コミットメントが高く、バラエティ・シークされますが、基礎調味料ではブランド・コミットメントは高いものの、バラエティ・シークのレベルは低いのです。買い方が異なるのですから同じような購買促進では効果的とはいえないでしょう。それぞれのカテゴリーの特性を知ることが重要ですし、それに応じた売り方をきちんと考えなくてはなりません。

　② お店にとって重要なのは、お店全体の売上や利益の最大化です。これを目標とした時に、それぞれのカテゴリーの役割を明確化し、カテゴリーをどのように位置づけるべきか考える必要があります。特定のカテゴリーだけに注目するのではなく、店舗全体を見据えた「全体最適」としなければなりません。

　③ 最終的な意思決定の単位は個々のアイテム・商品です。例えば、特定商品を値引きして特売を仕掛ける事はそれが属するカテゴリーにとってはどのような意味があるのかを考慮しなくては、アイテムの意思決定は出来ないはずです。

　このように、小売業にとってカテゴリー概念を意識せずにお店を経営することは不可能と言ってよいでしょう。

第8章　カテゴリー・マネジメントの諸視点

図表8-16　商品の売上の規定要因（メーカーにとってのカテゴリー・マネジメント）

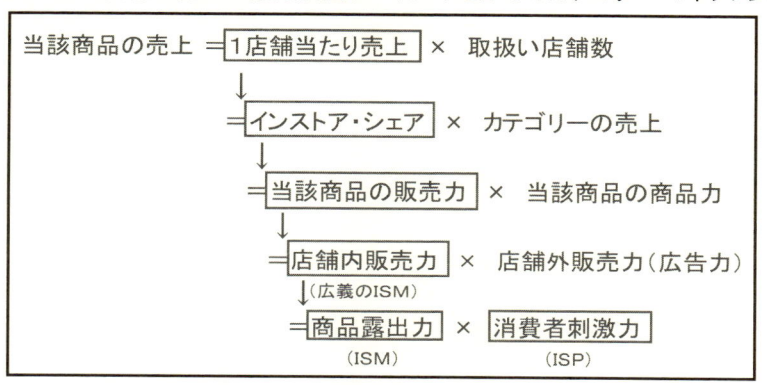

```
当該商品の売上 ＝ 1店舗当たり売上 × 取扱い店舗数
                        ↓
                ＝ インストア・シェア × カテゴリーの売上
                        ↓
                ＝ 当該商品の販売力 × 当該商品の商品力
                        ↓
                ＝ 店舗内販売力 × 店舗外販売力（広告力）
                   ↓（広義のISM）
                ＝ 商品露出力 × 消費者刺激力
                     (ISM)      (ISP)
```

（出所）（公財）流通経済研究所

　では、メーカーにとってのカテゴリー・マネジメントの意味をどのように考えたらよいでしょうか（図表8-16参照）。

　ある商品の売上は「取扱い店舗数×1店舗当りの売上」によって規定されます。1店舗当りの売上を上げるには、「カテゴリーの売上を高めるか、インストア・シェア（カテゴリー内におけるブランド・シェア）を高めるか、あるいはそれらの両方を高める」と考えることが出来ます。カテゴリーの売上に寄与することを前提とした上での自社ブランドのシェア・アップに繋がる施策を打つ必要があります。こうした発想をしない限り、小売業はメーカーの提案を受け入れないでしょう。

　カテゴリーの売上アップと自社のブランドのインストア・シェアのアップ、両者が伴って高まらねばなりません。メーカーからの売場提案は最終的に自社の商品をどのように売るのかを明示するのは当然ですが、この提案の前提に、カテゴリーの売上をどう高められるのかという発想とそのための様々なアイデアがなくてはなりません。両者が出来てこそ取扱い店舗数を増やすことが出来るのではないでしょうか。そのためには、自社のブランドが属する当該小売店舗のカテゴリー全体の売上を向上させる方法を熟知することは、メーカーにとって極めて重要な意味を持つことになります。図表8-16の「当該商品の販売力」以下の説明はまさしく、これまで見てきたように、店内での販売力、すなわち極論すれば「商品露出力」を高

図表8-17 カテゴリー・マネジメントの3つの側面

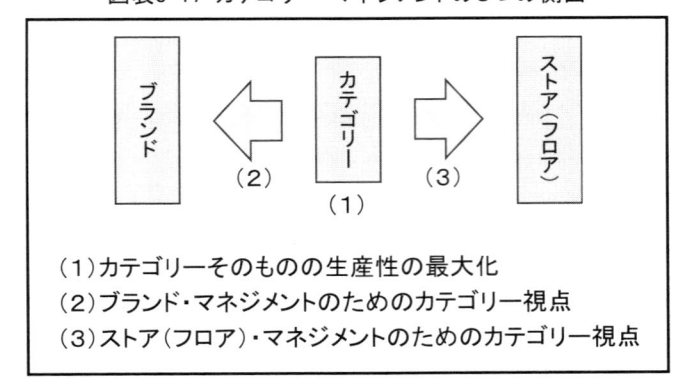

```
   ブランド  ⇐  カテゴリー  ⇒  ストア(フロア)
           (2)    (1)    (3)
```

(1) カテゴリーそのものの生産性の最大化
(2) ブランド・マネジメントのためのカテゴリー視点
(3) ストア(フロア)・マネジメントのためのカテゴリー視点

める ISM と「消費者刺激力」を高める ISP が重要であることを意味しています。

　カテゴリー・マネジメントは、3つの側面があります（図表8-17参照）。
　①当該カテゴリーそのものの生産性をどのように高めるか、②ブランドの意思決定の際に、そのカテゴリーの特性をどう反映させるか、③ストア（フロア）・マネジメントの中で、そのカテゴリーをどのように位置づけるべきかで、といったそれぞれの側面において、カテゴリーの概念が必要となってきます。

　図表8-6、8-7、8-8において、カテゴリーの2つの購買特性に基づいた品揃え、ISM、ISPのあり方を説明しましたが、これは①当該カテゴリーそのものの生産性をどのように高めるか、を解説したものに他なりません。カテゴリーの特性把握は①に限らず、②、③それぞれの側面においても必要な手順です。

　次節では、カテゴリーの特性を把握する方法を紹介し、③ストア（フロア）・マネジメントの中で、そのカテゴリーをどのように位置づけるべきか、この具体的な手順について説明することとします。

　②の詳細は述べませんが、どのような新製品を開発するか、その際に、当該カテゴリーの特性を想定しなければ開発できないでしょうし、投入する新製品をどこのカテゴリーに投入するかによって、スペック（仕様）やブランド戦略などを適合させることが不可欠となるはずです。第4章で説明したその商品の「情報統合の手順」のあり方もカテゴリーの特性に合わ

第8章　カテゴリー・マネジメントの諸視点

せて検討されてしかるべきです。

4．カテゴリー・マネジメントの手順

　繰り返し述べているように、カテゴリーの購買特性を知らずして、そのカテゴリー全体の売上を向上させることは出来ません。同様にして、様々な側面を持つカテゴリー・マネジメントにおいて、それぞれの側面でのマネジメントを遂行する際に知っておかねばならないカテゴリー特性の把握は必須であると言えます。カテゴリーを見る視点は様々あり（購買頻度、購買の計画性、バラエティ・シーキング、ブランド・コミットメント等々）、様々な視点でカテゴリーを「比較」してその相違を把握することが最初の手順です。図表8-18の視点1～4はカテゴリーを知るための様々な切り口と考えてください。

図表8-18　カテゴリーの特性把握

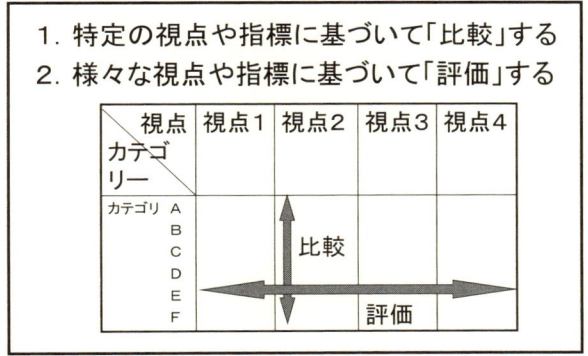

1. 特定の視点や指標に基づいて「比較」する				
2. 様々な視点や指標に基づいて「評価」する				
視点＼カテゴリー	視点1	視点2	視点3	視点4
カテゴリ A B C D E F		比較	評価	

　物事の全体を把握して説明しうるためには1つの視点のみで見るだけではなく、様々な視点で比較する必要があります。様々な視点での比較によって、それぞれのカテゴリーを評価することが可能になります。

　また、2つの視点や指標（2つの軸）によって同時に物事を評価することによって、空間上に評価対象を位置づける（4象限での分析）ことが可能となってきます。本書においてすでにこの方法での説明が随所にありました。どのような視点、指標を組み合わせるのか、によって、空間の意味が異なってきます。皆さんがよく見かけるのはボストン・コンサルティング・グループの「ポートフォリオ・マネジメント」かもしれません。売上

の大きさ（正確にはその事業が属する業界でのシェア）と売上の成長率の2つの指標で、企業内の各事業部門を位置づけて評価する方法です。花形、金のなる木、問題児、負け犬、といった各象限に付けられた名称をご存じの方は多いはずです。

さて、カテゴリー・マネジメントにおいて、最も伝統的に行われた4象限分析（6象限の場合もあります）をご紹介しましょう。図表8-19がそれです。ヨコ軸はカテゴリーの売上金額。タテ軸は粗利率です。それぞれの視点で、各カテゴリーを布置します。そして基本的にはそれぞれの平均値を取り4分割します（カテゴリー間の距離が遠い場合は中央値をとります）。このような切り口で各カテゴリーを配置して、各カテゴリーの意味を解釈するのが伝統的なやり方です。伝統的な解釈と抽出される示唆は以下の通りです。

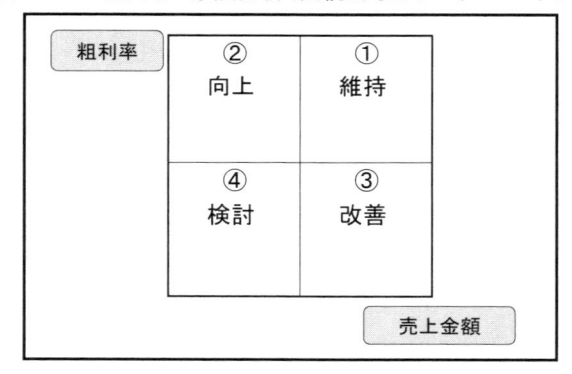

図表8-19　一般的な4象限分析（伝統的なカテゴリー・マネジメント）

	粗利率	
	② 向上	① 維持
	④ 検討	③ 改善
		売上金額

① ここに位置づけられるカテゴリーを「デスティネーション：Destination（目的地）」などと呼びます。お店の最も重要なカテゴリーです。売上が大きく、儲かるから「目的地」なのでしょう。お店の顔として、その存在価値を維持しなければなりません。

② 売上向上が課題となります。儲かるカテゴリーですが、もっと売上をあげたらお店への貢献度がもっと高まるカテゴリーです。

③ 売れてはいるのですが、利益に貢献出来ていません。粗利率の改善が急務なカテゴリーです。

④ 今のやり方で良いのか、今後取扱うのかも含めて根本的な検討が必

第8章　カテゴリー・マネジメントの諸視点

要なカテゴリーです。

　このような示唆が出てくるので図表8-19は貴重なのですが、問題点もあります。セルフサービスにおいて、カテゴリー・マネジメントはスペースの見直しに結びつけるものでなければなりませんが、この表ではスペースをどうするべきかの示唆が生まれないのです。

　このような問題を解決するためにごく簡単な工夫を施したのが、図表8-20です。カテゴリー全体の売上ではなく、スペース当りの売上をベースに粗利額（率ではなく）で考える表を作成してみました。

図表8-20　スペース再配分を可能にする4象限分析
全体最適のためのスペース再配分

	粗利額	
	② 売上改善	① 拡大
	④ 縮小	③ 利益改善
		スペース当り売上

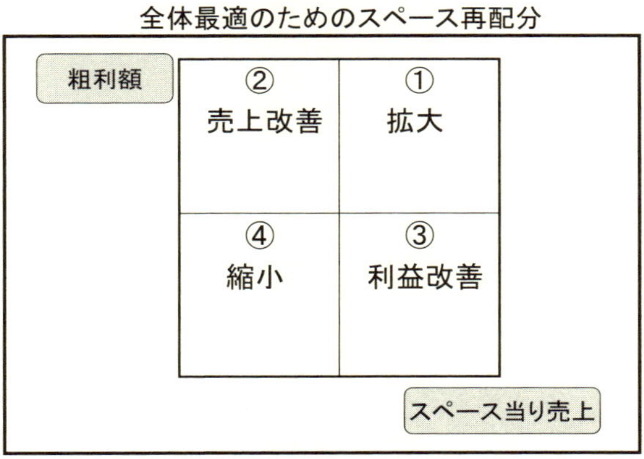

①　スペース生産性が高く粗利額も高い、スペースを拡大すればもっと儲かるカテゴリーです。
②　スペース維持で売上改善のカテゴリー
③　スペース維持で利益改善のカテゴリー
④　スペース縮小のカテゴリー。①の拡大とは逆に縮小の示唆が出ます。

　スペースを測定する手間はかかりますが、そもそも最適なスペース配分の見直しを行うのが目的ですから理にかなった分析方法といえるでしょう。この表はカテゴリーの売れ行きと粗利益額に連動させてスペースを見直す、まさにマーチャンダイジング（動態的売場管理）そのものです。

　セルフサービスにおけるカテゴリー・マネジメントとは、スペース・マネジメントそのものに他なりません。カテゴリー・マネジメントを推進してスペースの見直しをするわけですが、店舗（フロア）全体でのスペース

の見直しもあれば、特定カテゴリー内のサブカテゴリーのスペース再配分においても、また、サブカテゴリー内のアイテムのスペース（この場合はフェイス数と呼んでいますが）再配分も全く同様の考え方で行うことが出来ます。

　スペースを拡大すれば、拡大したスペースをどのように使うのか、既存の品揃えでスペースを埋めるのか、あるいは、新たなサブカテゴリーないし、新製品を導入するのか、といった検討がその次に必要となります。同様にして、縮小した場合はどのサブカテゴリーを縮小するのか、どのアイテムを縮小するのか、あるいはカットするのか、といった見直しが必要となってきます。

　図表3-27ですでに説明したような、内部および外部の POS データを活用する場面がこのカテゴリー・マネジメントの普及と相まって多くなったと言えます。外の売れ筋に関しては小売業は自社の POS データでは把握できませんので、取引先からの教示を仰ぐなり、あるいは外部のシンジケート・データ（調査会社が独自で収集したデータ）を活用して、このエリアでの売れ筋を把握すれば良いのです。外部データの活用のニーズの高まりと同時に、様々なデータを収集・分析加工をしてビジネスをする会社が成長し、メーカーの小売業に対するコンサルティング・セールスのやり方も変化し普遍化していきました。

　カテゴリー・マネジメントは、メーカーや卸売業をはじめ、小売業を取り巻く様々な取引先（市場調査会社や広告代理店等）が協力し合ってお互いにないものを補い、アイデアを持ち寄って協働することの意味を訴求しました。しかし、それらの大前提はそのお店そして売場にどのような問題があるのかを正確に発見するという問題意識を出発点にしなければなりません。徹底した現場主義でなければなりません。問題を把握して、そこで改善仮説あるいは代替案を立てることが重要でしょう。この議論を行うことこそ重要だと思っています。

　小売業チェーン全体で漠然と机上でその課題を議論するのではなく、個々の店舗で、あるいは、特定のお店（モデル店舗）を決めてどのような問題があるのかを診断する協働作業が必要でしょう。

　カテゴリー・マネジメントの概念を理解し、分析フレーム（枠組み）を使ってお店やカテゴリーの改善案を作成する際に、お店の問題をどのよう

第8章　カテゴリー・マネジメントの諸視点

にして発見し、協働する関係者で共有すれば良いのか、を考えてみましょう。

　図表8-21はカテゴリー・マネジメントの特有の分析方法ではありません。いわゆる SWOT 分析（正確には SW と OT をクロスさせているので、クロス SWOT 分析）です。業種業態に関係なく様々な場面で使える表です。この表をお店の方々で、また取引先を交えて行ってはいかがでしょう。SWOT 分析と呼んでいますが、手順は OT 分析が最初で、次に SW 分析です(注44)。

図表8-21　SWOT分析

外部環境 / 内部環境	機会(OPPORTUNITY)・・・	脅威(THREAT)・・・
強み(STRENGTH)・・・	SO戦略	ST戦略
弱み(WEAKNESS)・・・	WO戦略	WT戦略

　「外部環境」：お店の外で何が起こっているか。「機会」と「脅威」として起こりつつある、あるいは予想しうる事実・問題を整理してみましょう。外部環境の「機会」と「脅威」を最初に書きだして、それらを想定しつつ、内部環境の「強み」と「弱み」を書き出します。
　「SO 戦略」：機会を確実に取り込むために自分の強みをどのように生かしていくか、そのための課題を挙げます。最優先の課題として認識して下さい。
　「ST 戦略」：迫りくる脅威に対して、自らの強みを生かして、それにどのように対処するか、そのための課題を挙げましょう。
　「WO 戦略」：機会として認識しつつも、それを取り込めない現在の自らの弱みをどのように克服して行くか、そのための課題を挙げましょう。
　「WT 戦略」：脅威として認識しつつ、自らの弱みゆえに、それを乗り越える手段を投入するための課題を挙げましょう。

戦略の優先順位は「SO」が最優先、「ST」,「WO」戦略はその次の優先となり、「WT」は最後となります。

　ここでも２つの視点から店舗を評価したわけです。４つの空間に別個の課題が存在することを認識できるはずです。そしてこれを既に第１章で説明した「売上構造」の４つの指標（利用客数、利用頻度、商品単価、買上個数）」と一緒に考えてみてはいかがでしょうか。

　小売店舗の売上を構造的に改善するためには４つの指標のいずれかを改善することを明確にすべきと主張しました。図表8-21の４つの戦略をこれら４つの指標とリンクさせて（対応させて）優先付けを再確認すべきでしょう。戦略としての整合性のチェックもここで行うことが出来ます。

　こうした「店舗診断」の作業を行った上で、４つの戦略に基づいてカテゴリーの位置づけを行い、カテゴリーに与えられた使命への示唆に基づいて、具体的な施策のあり方を論じる、といったプロセスが小売業のマネジメント・プロセスといえるのではないでしょうか。「店舗診断」と同様にカテゴリー・マネジメントを別称すれば「カテゴリー診断」、その後の具体的な施策を「売場診断」と呼べば明快でしょう。「店舗診断」が政策決定のためにあり、「カテゴリー診断」が戦略、「売場診断」が戦術それぞれの決定のためにあると考えることが可能ではないでしょうか。

　カテゴリー・マネジメントの本来の意義は、いきなり個別単品に注意を払うのでもなく、店舗ないしフロア全体を一括して把握するのでもなく、カテゴリーという管理単位で課題を把握するところにあります。ところが、カテゴリー・マネジメントの実践が小売店舗全体のマネジメントに活かせていない可能性が高いのも事実です。その理由は、「カテゴリー単位」で店舗全体のマネジメントを掌握する体系が描かれていないためではないでしょうか。図表8-22では小売業がカテゴリー・マネジメントの概念を導入した際のマネジメント体系の骨子を表してみました。

　「店舗のROI向上」、ROIとはリターン・オン・インベストメント（return on investment：投資収益率）であり、既に第１章で説明したように、売上を伸ばしつつ、様々なコストを削減する、この２つの施策を実施することによって、その値を高めることが出来ます。店舗全体の利益を向上させる為には、各カテゴリーから上がる利益を向上しつつ、お店で発生するコストを削減する事が必要になってきます。そして、各カテゴリーの

第 8 章　カテゴリー・マネジメントの諸視点

図表8-22　カテゴリー・マネジメントの行為体系

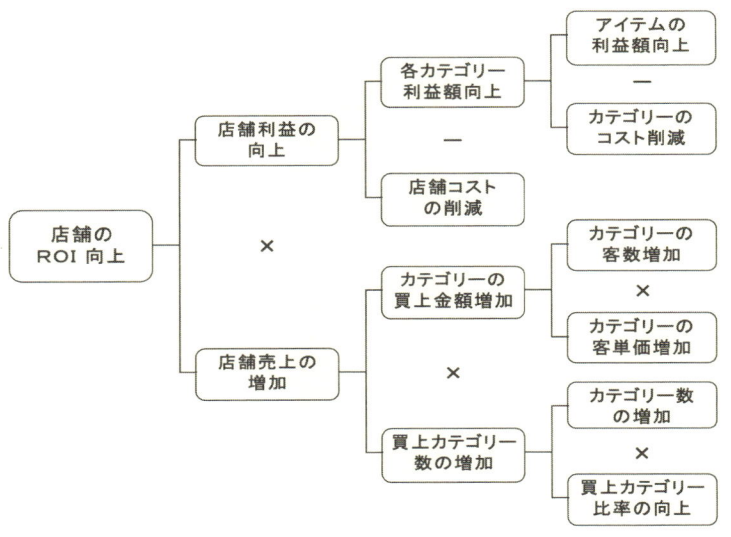

```
                        ┌─ 各カテゴリー ─┬─ アイテムの利益額向上
         ┌─ 店舗利益の ─┤  利益額向上    │        －
         │   向上       │               └─ カテゴリーのコスト削減
         │              └─ 店舗コストの削減
店舗の    │
ROI向上  ×
         │              ┌─ カテゴリーの ─┬─ カテゴリーの客数増加
         │              │  買上金額増加  │        ×
         └─ 店舗売上の ─┤               └─ カテゴリーの客単価増加
             増加       ×
                        └─ 買上カテゴリー ─┬─ カテゴリー数の増加
                          数の増加         │        ×
                                          └─ 買上カテゴリー比率の向上
```

　利益を向上させるためには、各アイテムが稼ぎ出す利益を向上させると同時に、カテゴリーで発生するコストを削減する事が必要となります。

　「店舗売上の増加」は、2つの視点が必要です。1つは言うまでもなく、各カテゴリーで買上（売上）金額を増加する事が必須となります。

　そして、もう1つ重要な視点があるのです。「買上カテゴリー数の増加」はこれまでのカテゴリー・マネジメントで欠けている発想なのです。本書の各所で触れてきましたが、お店、特に、店内の買い回りによって、購入点数の向上を意図したセルフサービスのお店では、「買上していただくカテゴリーの数」が店舗の売上を大きく左右しています。お店の売上はお客様に様々なカテゴリーを買っていただいてこそ成り立ちます。これまでのカテゴリー・マネジメントでは、購買者の買物カゴを一杯にするという視点が欠如していました。しかしながら、個々の顧客 ID カードを採用しうるようになった今日では、第7章で説明したような「消費の脈絡」をより積極的に想起してもらうことも容易となりました。図表8-22で示したような「買上カテゴリー数の増加」という発想を明示し、その実践が可能となってきたのです。

「買上カテゴリー数」は、お店としてどのようなカテゴリー群を取りそろえるのか、新しいカテゴリーをどのように取り入れるのか、という発想と同時に、それらのカテゴリー群をどのように買い回ってもらうのか、すなわち、どのような「消費の脈絡」を想定してもらうのか、を策定することが必要となってきます。

　お店のマネジメントの全体像を図表8-22のようにカテゴリー視点で体系付けることをお勧めします。お店全体の生産性向上を意図するならば、一貫した論理でマネジメントすることが重要なのです。

【第8章のポイント】

❶　客数増を志向した時代から客単価増を志向する時代に明らかに変化しつつあります。お店は現在の顧客を大事にすることは言うまでもなく、顧客の貢献度に応じた顧客管理を行うべきですし、どんな買い方をしているお客様が売場・お店に貢献しているのか、そうしたお客様をどのようにして増やしていけるのか、と考えるべきです。

❷　特定の商品の売上実績を追い求めるのではなく、その商品が含まれるカテゴリー全体の売上・利益を志向すべきであり、同時に、特定のカテゴリーの売上実績を追い求めるのではなく、カテゴリーのバランスを常に考え、お店（フロア）全体の売上・利益を志向すべきです。

❸　お店の中のカテゴリーはそれぞれ買われ方が異なることが多く、売り方もそれに対応しなければなりません。同じカテゴリーでも業態が変われば買われ方も変わると考え、常に「買い方に合わせた売り方」を心がけなければなりません。売り方は、品揃え、ISM、ISPの3つの視点からそれぞれ考えてはいかがでしょうか。

❹　カテゴリーは「商品の塊」ですが、何らかのコンセプトによってその塊が出来上がっています。いろいろな視点、切り口によって、この塊のコンセプトがあるのですが、新しいコンセプトでのカテゴリーの形成も検討してはいかがでしょう。これは「情報創造」のひとつの方法です。

❺　個々の売場のプラノグラム（棚割）を策定する際に、そのお店におけるそのカテゴリーへのスペース配分は適正なのかを検討する必要があります。また、SCMはカテゴリーと個々の売場に適正なスペース配分がなさ

れてこそ機能します。プラノグラム、カテゴリー・マネジメント、SCMこの3つが連動することが重要です。

❻　カテゴリー・マネジメントには3つの側面がありますが、すべてにおいて、カテゴリーの特性把握が出発点となります。お店の最大の資源はスペースですので、どのカテゴリーを重点に置くのかは、どのカテゴリーにより多くのスペースを配分するのかと同義であり、これが重要なポイントとなります。「スペース当りの売上」と、粗利率でなく「粗利額」の2つの指標でカテゴリーを評価し、お店全体の「全体最適」を目指してはいかがでしょうか。

❼　カテゴリーのスペース再配分を行う際に、「お店の政策」を明示しておくべきです。そのためには SWOT 分析を行って、お店の優先課題を列挙し、併せて、「売上構造」の4つの要素を対比に整合性をチェックするようにしましょう。さらに、お店全体のマネジメントを「カテゴリー単位」で体系づけて整理しておくと、お店として「何をしなければならないか」が見えてくるはずです。

終章
新しいマーケティングの発想と方法

　8章に渡って、セルフサービス店舗でのお客様の買い方を調べ、それに対応した売り方を様々な視点から模索してきました。小売店頭での購買の仕方を解明すれば、解明した分だけ販売方法への示唆があると信じています。それだけまだ解明されていない部分があるとも実感しています。

　マーケティングの「完結」場所として認識されていた小売店舗と売場ですが、「完結」しうるだけのノウハウを蓄積していたのかどうか、はなはだ疑問です。これまでの考察からすれば、そもそも「完結」場所として認識するよりは「生起」する場所でありました。完結場所でもあり、生起する場所でもある、この両面の要素それぞれを機能させてこそ、お客様にとって支持されるお店となるのでしょうし、お店にとっても高い生産性が約束されるのではないでしょうか。生起する場所としてお店を捉えると、これまでのマーケティングの理論構築では不十分であることを感じざるを得なくなります。すなわち、これまでのマーケティングの焦点は「態度変容」にあったと言っても過言ではないでしょう。態度が変わることが行動を変える最も有効な方法であることは否定しませんが、例えば、第4章で説明したようないわゆる衝動買いは限りなく態度変容のない行動といえるでしょう。さらに、本書をまとめるにあたり注目したいことは、「行動が新たな態度を形成する」という効果です。

　すでに「消費の脈絡」が「購買の脈絡」を決める、と説明しましたが、売場でお客様が「これはお買得だ！今晩のメニューはこれにしよう！」などという場面を想像すれば、「購買の脈絡」が「消費の脈絡」を決めている、ということになります。お店・売場は、「消費の脈絡」と「購買の脈絡」の接点であり、相互作用する場所なのです。だから、人々は街に繰り

出し、お店の中を買い回るのではないでしょうか。
　最終章では、改めてこれからのマーケティングの方向性を再確認しておくことにいたします。

1．そもそもマーケティングとは？

　マーケティングは一言で言えば、「変化する市場と多様な市場にどのように適応していくか」を求めるための方策です。市場が変化してなかったら、これまでに成功したやり方を踏襲すれば良いのです。あるいは、人々の求めるものが一律で同じであり、誰に対しても同じように売れば、いつも通りに売れるのであれば「マーケティング」という言葉はおそらく普及しなかったでしょうし、具体的にどのような工夫をするかを深くは考えなかったと思います。

　変化していることを当然と受け入れられるか、また、人々のニーズは当然に異なっていて一様の対応をすることの限界を認識しているか、昨日と同じではなく、今日は、明日はこんな風にしようと常に考えられるかどうか、常にこれまでのビジネスを見直し続けるかがポイントだと思います。

　マーケティングについて、P.コトラーは、「マーケティングとは人間や社会のニーズを見極めてそれに応えること」と定義しています。あるいは、P.ドラッカーは「マーケティングの狙いはセリング（販売）を不要にすることであって（買ってくださいと言わない）、顧客を知り尽くし、理解し尽くして、製品やサービスが顧客にぴったりと合うものになり、ひとりでに売れるようにすること」とこれも明快な定義です(注45)。

　図表9-1は、AMA（米国マーケティング協会）の定義です。「関係性を構築する」という言葉がポイントです。売った、買ったという関係から、お客様と売り手との関係性の構築を目的とし、プロセスを重視しています。

　私は図表9-2のように定義しています。「満足」、「価値」、「関係性」がキーワードとして挿入されています。

　定義に拘らず、マーケティングの社会的な機能を考えてみましょう（図表9-3参照）。工場でつくった製品、あるいは、農・畜産物、海産物を、商いとして成立する商品（Merchandise）に変えます。単なるモノではなくて売れるモノにします。最終的にはお客様にとって意味のあるモノ（Goods）。Goodsをあえて日本語にすると「良品」といえましょう。

終章　新しいマーケティングの発想と方法

図表9-1　マーケティングの定義(1)

- AMA（米国マーケティング協会）の定義

マーケティングとは、
　組織とそのステークホルダー双方にとって有益となるよう、
　顧客に向けて価値を創造し、
　コミュニケーションし、届け、
　顧客との関係性を構築するための、
　組織機能とそのプロセスである

（2007年の定義）

図表9-2　マーケティングの定義(2)

1. 常に量と質が変化している需要に対して、
2. 的確にその変化を読み取り、
3. 顕在する、ないし、潜在的な競争上の優位を保ちつつ、
4. 需要そのものの拡大と創造を通じて、
5. 顧客の満足と価値を高めることに寄与し、
6. その対価としての利益を得つつ、
7. 顧客との継続的な関係性を維持すること

　　　　　　　　　　　　　　　―渡辺の定義

図表9-3　マーケティングの意義

＊市場経済システムの中で、人間や社会のニーズを
　見極めて「市場機会」と捉えて活動すること

Product・Produce　（製品、産物）
⇅
Merchandise　（商品）
⇅
Goods　（良品？）

この矢印のプロセスがまさしくマーケティングです。これを社会全体の仕組みとして把握すれば、「流通」の機能として説明可能でしょう。逆に、Goods としてどうあるべきか、次に Merchandise としてどうあるべきか、そして、どのような Product、Produce をつくるべきか、という矢印の方向を遡る発想をすべきです。

　かつて、ある調味料メーカーが、昔ながらの派手な伝統的なパッケージデザインを刷新したのです。食卓に並べて見栄えのする洒落たデザインのボトルに変更しました。しかしながら、売場では目立たず、売上も大きく落ち込んでしまいました。すぐに以前の派手なパッケージデザインに戻しました。派手なデザインは売場通過者の視線を集めていたのです。これはまさしく Goods だけ考えても駄目で、Goods を考えつつ、Merchandise としての意味も考えなければならないことを示唆しています（パッケージ・デザインやブランド名も含みます）。「インストア」で考えねばならないのです。

　続いて、マーケティングの方法を考えてみましょう。ドラッカーは「マーケティングはセールスを不要にすること」だと言いました。「買ってください」と言わずしても売れる方法とは、具体的にどのような方法なのしょうか。水を飲みたくない馬は水場に連れて行ってもなかなか飲んではくれません。買う気がないお客様に買ってもらうのはそう簡単ではないのです。どうしたら良いのでしょうか。

　「マーケティング」と「セールス」の比較をします。図表9-4のように、セールスは「行動」に働きかける「買ってください」という趣旨の様々な工夫です。「行動」とは「買う、買わない」に関わる実際の行動です。買うという行動を引き出す意思決定をしてもらう様々な工夫をセールスとい

図表9-4　セールス活動とは？

```
    ┌─────────┐
    │ セールス │
    └─────────┘
         │
         ▼
      ╭─────╮
      │行　動│
      ╰─────╯
```

終章 新しいマーケティングの発想と方法

うことが出来ます。

例えば、買う気がないのに何気なくお店に行き「半額ですよ」と勧められて買ってしまった人は、半額という言葉、値引きというセールス活動によって、買う行動をとったということです。実際に買うという行動を起こした意思決定を導き出すための様々な工夫を、「セールス」あるいは「セールス・プロモーション」と呼びます。

それに対し、「マーケティング」とは、行動に働きかける「態度（気持ち）」へ訴求する方法であり、態度を変えるための様々な工夫を行うことを意味しています（図表9-5参照）。

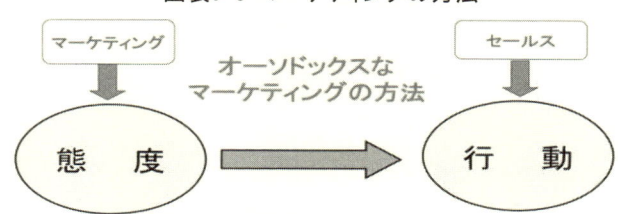

図表9-5 マーケティングの方法

```
  マーケティング                          セールス
       ↓         オーソドックスな            ↓
                 マーケティングの方法
    ┌─────┐                          ┌─────┐
    │ 態 度 │  ━━━━━━━━━━━▶   │ 行 動 │
    └─────┘                          └─────┘
```

＊態度を変えたほうが行動を変えられる

具体的に、どのようにして態度を変えようとするのでしょうか。メーカーであれば、モノをつくってブランドを付けて、宣伝をします。良い商品をつくって非常に上手に宣伝し、多くの人に見てもらい、好きになってもらい、買いたいと思ってもらうのです。態度を変化させるほうがよりスムーズに行動に移すことが出来るのでセールスだけではなくてマーケティング活動をすることの意味があるのです。これが伝統的なマーケティングの方法です。

しかしながら、こうした伝統的なマーケティングには2つの問題が起こっています。

①態度は変わったけど行動が変わらない、
②そもそも態度そのものが変わらない、

両者の意味は違いますが、結果として買わないのは同じです。前者は、確かにTVCMなどでその商品に興味は示したものの、行動を変えるまでにはいかないような場合であり、後者は、TVCMそのものを見ていない

ので、行動には至らない場合です。

　こうした事態への対処方法は大きく２つに分かれます。

　①従来の方法でマーケティングを強化する。具体的には、製品を次々に出し、TVCMを強化し、チラシも積極的に投入するやり方です。

　②新しい発想と方法でマーケティングのやり方を見直す。

　従来の方法を強化して売上が上がればそれはそれでよいかもしれません。ただし、お金がかかるのが問題ですが、それ以上に、結果として態度が変わっていないとすれば、そのことが大きな問題だと思います。

　新しい考え方の特徴は「行動」から「態度」への矢印を追加し、その流れを強化しようというものです（図表9-6参照）。行動した人に良い態度を形成してもらうことを意味しています。行動起点で態度変容をめざし、マーケティングを再構築出来ないかという発想です。顧客満足：カスタマー・サティスファクション（CS）という言葉がありますが、それは購入した人たちに満足してもらうという概念に他ならず、まさにこの図の新しい流れの必要性と重要性を強調した概念でした。

図表9-6　新しいマーケティング発想の必要性

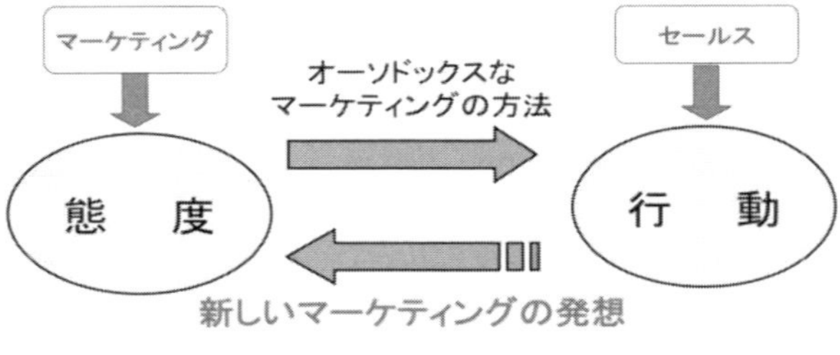

　　　マーケティング　　　　オーソドックスな　　　　セールス
　　　　　　　　　　　　　マーケティングの方法
　　　　　態　度　　　　　　　→　　　　　　　　行　動
　　　　　　　　　　　　　　　←
　　　　　　　　　　新しいマーケティングの発想

（出所）渡辺・守口共著（1998）『セールス・プロモーションの実際』、日本経済新聞社、P.51に加筆

　すでに図表7-1、7-2において、広告についてのこれまでの誤解を紹介しましたが、「広告は誰が興味深く見るか」について、もう一つの誤解があるようですので紹介しておきましょう。

　広告を投入した側は、潜在的な購買者、すなわち、その広告を見たら買うであろう人に最も興味深く見てほしい、と願うのは当然ですが、実際はそうではありません。一番興味深く見るのは、その広告主の会社の皆さん

終章　新しいマーケティングの発想と方法

（家族も含めて）と広告代理店の人、および、競合会社の方々です。給料を上げるよりも広告を投入するほうが、社員のモラルも高まるという研究成果があるようにも聞いています。では、そうした関係者の皆さんを除くと、いったい誰が興味深く見てくれているのでしょうか。実は、その商品あるいはサービスの購入者なのです。この事実はまさしく「行動」した人が自分の「態度」を何らかの方法で変化させようと考えていることの表れといえます。

であれば、より良い態度を形成するための広告の役割があるはずですし、広告以外にも、購入者の態度に良い影響を与える方法があるのではないでしょうか。

広告は本来「態度」を変えて「行動」に移ることを期待しているのですが、買った人が広告を見ることによって良い態度を形成しているのであれば、図表9-7のような流れの効果があると言えましょう。

図表9-7　新たな広告の効果

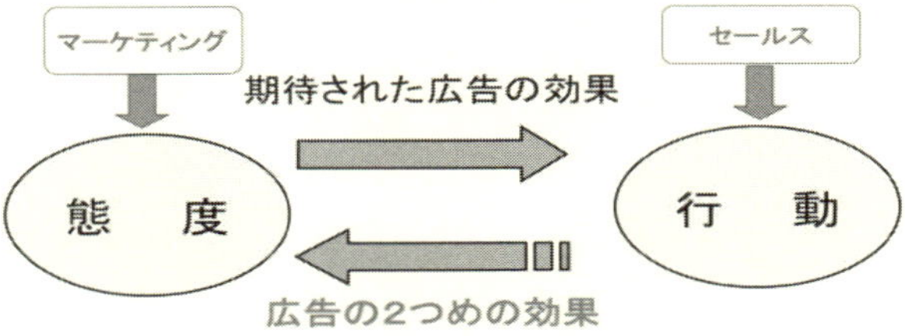

マーケティング　→　態度　　期待された広告の効果　→　行動　←　セールス
　　　　　　　　　　　　　広告の2つめの効果

一つの広告で2つの効果の両方を狙うことも可能でしょうが、2つの方向の異なる矢印において広告のやり方を変えることで、よりそれが効果的に行えるのであれば、変えたほうが良いでしょう。さらに、より良い態度を形成してもらうには、広告だけではなくて、他にも色々な工夫を併せて行うことが出来るし、有効なのではないかと思います。

この新しい効果に注目したい理由は、その根底に、既存顧客を重視することの必然性があるが故です。既存顧客が他の店に行ってしまう、他の商品を買ってしまうことを何とか避けたいと思うのは誰でも同じです。特に80対20の法則が示すように、商品の売上の80%は、顧客の20%（上位顧客）が提供しているのですから、この20%の顧客が他の商品を買ってもらっては困ります。まずは、どのような人達が20%なのか、どうしたら継続

的な関係が作れるのか、に重点を置いてその施策を強化することが求められます。そのためには「行動」をした人に積極的に働きかけて「態度」をより良い方向に強化する必要があるのです。

「態度」から「行動」へという流れと同じかそれ以上に、「行動」から「態度」への好循環を強化することが、新しいマーケティングのあり方だと考えます。図表9-8にあるように、キーワードは3つあります。態度を変えるためには、興味ではなく、「期待」を持ってもらわねばなりません。そして、お客様の行動を変えるための、「購買促進」し、購買後に「満足」して貰わなくてはいけません。この3つのキーワードを循環させることが、新しいマーケティングであると考えています。

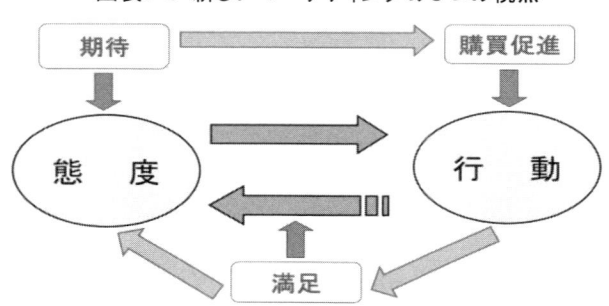

図表9-8 新しいマーケティングの3つの視点

新しいマーケティングの方法を改めて定義すると、「期待」を持っていただき、行動を変えるべく「購買促進」し、「満足」していただき、その満足が次の「期待」に繋がる。この3つのキーワードをスムーズに回し、強固なものに育てていくことが重要ではないでしょうか。

これまでの伝統的なマーケティングは「期待」から始まりましたが、これからの原点は「行動」だと思っています。買わなければ（行動を変えなければ）態度が変わっても売上は上がりません。むしろ、より直接的に、こういう買い方をするからこうやって態度を変えたほうが良いのではないか。こういう行動をしたから、この後により満足してもらうためにはこのようにしたらいいのでは、と考えるべきです。

今現在の行動をつぶさに観察していると、次の行動が予測できるようになります。そうなると次のアクション（満足向上・購買促進の最適化）のた

終章　新しいマーケティングの発想と方法

めのヒントも浮かんでくるはずです。他方、通常、「態度」は中々見えないことから、予測というよりは推測に近くなります。行動を見ていると「こういう態度ではないだろうか」と推測できます。そうすると、それまでの期待を高めるやり方を見直そうというヒントも浮かんでくることが多いはずです（図表9-9参照）。

以前ある小売業から、マネキン（デモンストレーション販売）と試食販売を含めた効果測定の依頼が来ました。これまで効果測定をしていなかったようです。POSデータではマネキンと試食販売を実施した時の売上効果は分かりますが、「なぜそのような結果になるのか」を探るために、ビデ

図表9-9　行動起点の重要性

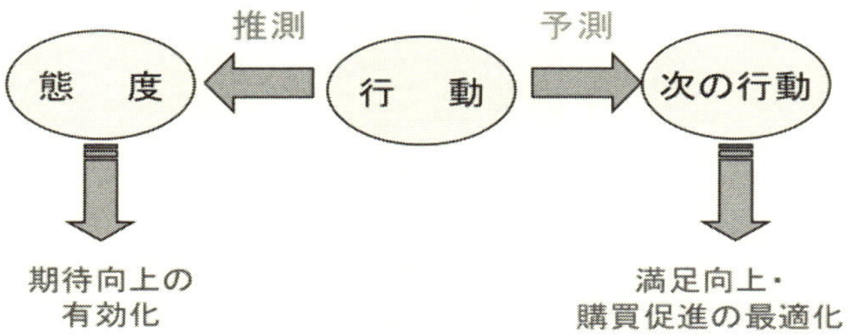

態度　←推測―　行動　―予測→　次の行動

↓期待向上の有効化　　　　　　　↓満足向上・購買促進の最適化

図表9-10　「行動変容」中心のマーケティング

1. インストア・マーケティング：
　　行動を起こす「場」を重視したマーケティング

2. カテゴリー別マーケティング：
　　購買の仕方の異なるカテゴリー毎に適したマーケティングの実施

3. 業態別マーケティング：
　　業態によって異なる購買行動に適したマーケティングの実施

4. ターゲタブル・マーケティング：
　　特例の属性を持つ消費者の行動に焦点を当てたマーケティング

5. プロモーショナル・マーケティング：
　　行動を変える主たる手段がプロモーションであることを強調した表現

(出所) 渡辺・守口共著(1998)『セールス・プロモーションの実際』、日本経済新聞社、P.53

オカメラを設置してお客様の行動を観察してみました。

　POS データでは買った事実は分かるのですが、買わなかった人については何も知らせてはくれません。ところが、どんな人が試食し、試食した内の何％が買ったのか、買わなかったのかといったことがビデオカメラでは見えてきます。後日ビデオを編集して小売本部の方々に見せたところ、多くの方々がビデオのお客様の行動に驚嘆していたのです。お客様がどのような買い方をしているか初めて知ったようです。お客様の買い方を知らない人たちが売場での購買促進の方法を考えていたのです。

　図表9-10には○○マーケティングなる言葉がありますが、全て、行動を変える、あるいは、行動を起点とした発想の仕方をしています。「行動」に着目することは今や当然といってよいかもしれません。

２．満足を向上させることの意義

　すでに第５章で説明したように、「チョコレートと聞いたら、どんなブランドが思いつく？」と聞かれて答えられたブランドを集計し、そのブランドを答えた回答者の数を調査全体の対象者数で割った数値を「マインド・シェア」と呼びます。最初に頭に浮かぶブランドの割合です（買うか買わないかは別として）。同様にして今度は「どのブランドのチョコレートを買いますか？」と聞かれて同様に集計されたものを「ハート・シェア」と言います。買いたいと思うブランドの割合です。この２つは、何らかの形で消費者の記憶の中に残っている事を意味しています。マーケティングを志向する時には市場シェアよりも、この２つのシェアを大事に考えます。なぜなら、マインド・シェアは「認知度」を反映していますし、ハート・シェアは「満足度」を反映した数値に他ならないからです。

　冒頭に挙げたP.コトラーは「満足」を、「顧客の期待に対する製品の成果の程度」、というように非常にあっさりと定義をしています。満足を実感してもらうためには、製品やサービスそのもの（成果：第５章で論じた効用と同じ）が一定の水準に達していればよいというものではなく、期待を持ってもらうことが重要です。ハート・シェアが高いブランドの大きな特徴は、「期待が高く、成果も高い」のです。だからこそ、満足を高めるためには、期待が必要です。期待を持っているからこそ、それに対する満足があるので、期待を持ってもらう事が満足の前提です。

終章　新しいマーケティングの発想と方法

　したがって、満足をより高めるためには、さらなる期待を高めることが必要となってきます。より大きく満足してもらうためには、より大きな期待をしてもらうのです。そのためには、これまでよりも上回るニーズを開発する必要があります。マーケティングは態度に働きかけると話ましたが、それはニーズを創造し、開発し、期待を高めることに他なりません。

　ところで、第5章で論じた「価値」は、得られた効用（成果）から、それを得るために費やしたコストを差し引いたものと考えられますし、あるいは、また図表5-3、あるいは、図表5-8のように「割り算」で考えることもできるでしょう。価値が得られた効用とコストの対比で求められるのに対して、満足は「得られた効用と期待との対比」と考えるよりは「得られた価値と期待の対比」と考えるべきです。なぜなら、効用が高くても、それを得るためのコストが高かった場合には、価値が高いとは必ずしも言えないからです。

　さらに、この価値とは使用上の効用やコストだけでなく、購買に関わる効用と購買に関わるコストを加味した「購買価値」を加えた「消費者価値」として考えたわけですから、まさしく、購買という「行動」を通して「価値」の大きさが決まることになります。したがって、満足を高めるためには、まず2つの側面、すなわち、行動前の態度に働きかけて消費価値への期待を高める、と同時に、行動に働きかけて購買価値を高めることが必要となってきます。

　消費という概念および行動と、購買という概念および行動は、本来別のものであるとすれば、消費することによって得られる価値と、買うという行為を通じて得られる価値の、2つの価値がそもそも本来は別に存在すると考えるべきでしょう（図表9-11参照）。価値というと暗黙のうちに多くは消費価値だけが考えられてきました。ところが今は、どのような買い方をしたかという価値を高めなくてはなりません。

　価値を消費価値と購買価値、両面から捉えるとすると、「期待」を高める際にも、この両面から期待を高めることが必要となるのではないでしょうか。両面から期待を高めるからこそ、より大きな期待になるでしょうし、より確実に「行動変容」（お店にその商品やサービスを購入しに行くという行動）へ導くことが出来ると考えられるからです。

　したがって、①メーカーは、その商品やサービスが、ニーズに合致して

図表9-11 消費価値と購買価値

1. 消費価値：製品の使用から得られる効用

$$V1（消費価値）＝\frac{U1（直接的な効用）}{C1（消費コスト）}$$

2. 購買価値：製品購入に関する様々な効用

$$V2（購買価値）＝\frac{U2（間接的な効用）}{C2（購買コスト）}$$

いることを知覚し、消費することの期待を高める情報を提供します。同じような商品が色々ある中で、「この新製品はここが違う」と消費価値を知覚できねばなりません。当然ですが、新製品は旧製品より水準が低ければ誰も買いません。そしてさらに、実際に消費してみて価値が高いことを実感できねばなりません（図表9-12参照）。

②小売業はそのお店に買いに来ることの期待を高める情報を提供します。同じようなお店がいろいろある中で「当店はここが違う」と購買価値を知覚できねばなりません。そのお店での買物がニーズに合致していなければなりません。そして、前に来店した時よりも今回の方が、価値が高いことを実感出来ることが重要だと思います（図表9-13参照）。

さて次に、先ほど図表9-7において、買った人が広告を見てしまう事実について説明しました。購買者への情報提供は、広告のもう一つの機能だとも説明しました。購買者がなぜその商品やサービスの広告を思わず見てしまうのか、それはその商品やサービスをそのお店で購入した自分の行動の正当性を確認したいからだと考えられます。

購入後において、自分の購買行動を正当化し得るか否か。買ってしまったが、これで良かったのだろうか。という疑問は常につきまといます。なぜなら購入時の情報が不完全だからです。多かれ少なかれ情報は不完全であり、その中での意思決定は正しかったのかどうか、常に自信が持てない状態（認知的不協和と呼んでいます）なのです[注46]。

発生する認知的不協和は少ない程よく、発生したならば、早くなくなる程よいのです。買う時点で認知的不協和の発生をより少なくするためには、

図表9-12 消費側面からの期待と成果

> ＊満足の前提（消費価値からの視点）
>
> 1．「期待」を持ってもらうこと（U1に対して）
> 　　　　　（＝求める目的と水準の明確化）
>
> 　→その商品やサービスがニーズに合致していることを知覚してもらう
>
> 2．これまでと同水準以上の
> 　　　「消費価値」（U1/C1）を実感できること
>
> 　→これまでの水準以下の成果ではダメ

図表9-13 購買側面からの期待と成果

＊満足の前提（購買価値からの視点）

1．「期待」を持ってもらうこと（U2に対して）
　　　　　（＝求める目的と水準の明確化）

　→そのお店・売場での購買が
　　ニーズに合致していることを知覚してもらう

2．これまでと同水準以上の
　　　「購買価値」（U2/C2）を実感できること

　→これまでの水準以下の成果ではダメ

情報をより完全に近づける（完全化する）ことと、情報処理をスムーズ（容易化）にすることが重要となってきます。図表7-15では購買の阻害要因を見てきましたが、「迷う」ことによって購買が中止されることもあれば、購買が実現しても「迷った」上での購買決定では、認知的不協和が増大することは容易に想像できます。

　買った人が自分の心の中で、「自分の意思決定は正しかったのだ」と自分に言い聞かせて自己正当化するのですが、その際に、より容易に自己正当化出来るのは、自分への賛同者が現れた時です。「あなたは正しい！」と言ってくれたら、自己正当化を後押ししてくれるでしょう。その逆に

「もっといい商品があったのに！」などと言われたら、さらに不協和が進行してしまうかもしれません。すなわち他の購買者（第三者）の意見が自己正当化に大きな影響を与えます。購入後に無意識のうちに賛同者を求めていると言っても決して大袈裟ではありません。買った後に意見をシェアするのはこのためです。

こうした賛同者を求める最中で、「広告」も見てしまうのです。広告は実は第三者ではないのですが、興味深く見てしまうのです。「広告が流れている商品を私は買ったんだ！」と自分に言い聞かせているのでしょう（図表9-14参照）。

図表9-14 満足の前提としての自己正当化

```
1. 購買前・購買時・購買後において、
    自分の購買行動を正当化しうるか否か
      → 不完全情報下での意思決定の「正しさ」への懐疑の解消

2.「認知的不協和」の発生の防御（購買時）
      → 情報の完全化、情報処理のスムーズ化による軽減・解消

3.「自己正当化」のための情報収集（購買後）
      ← 賛同する「第三者の意見」を無意識に求めてしまう意味

    ＊既購買者が思わずその広告を見てしまう！
    ＊購買後のShare（共感）もこのため
```

満足度を高めるポイントを3つ述べてきました。すなわち、
①「消費して得られる価値を高め、消費することの期待を高める」、
②「買物を通して得られる価値を高め、購買することの期待を高める」、
そして、
③「購買時の認知的不協和の発生を抑え、購買後の自己正当化を促進する」です。

さて、4つ目のポイントを説明する前に、図表9-15でさらに満足を高めるためのヒントとなる実例を列挙してみました。これらに共通しているのは売り手と買い手のプロセスの共有です。共有できる環境（場と時間）を限りなくつくることにより、売り手と買い手の垣根を超えられるのです。

終章　新しいマーケティングの発想と方法

図表9-15　さらに満足を高めるために

> 寿司屋さん、ステーキハウス、鉄板焼き、炉端焼き、
> オープンキッチンのイタリアン、焼き肉屋、手打ちそばや
> 壁や窓がなく処理の様子が分かる生鮮売場、
> 縁日のタコ焼き屋、ビール工場見学、産地見学、
> 生産者が分かる野菜・果物、ネットのレビュー・書き込み、
> 生活共同組合、
>
> 　　おまけに理想の夫婦‥‥‥
>
> これらで共通する要素は？
> ### 答え：プロセスの共有

　「こうやってつくっているのか、凄い！」というように、プロセスを共有出来るか否かがポイントだと思います。最近の回転寿司屋さんでは、お客様が声を直接掛けられるように工夫しています。かつて評判になったアメリカのスーパーマーケットでは、まるで生鮮の作業場を歩くイメージで買い物をすることが出来ます。どれもプロセスの共有です。
　「共創価値」と呼ばれていますが、売り手が勝手に買い手のニーズを想像して、商品やサービスを提供するのではなく、買い手のニーズを探りながら提供し、提供しながらよりニーズに適合するよう改良・工夫し、買い手も最終商品、あるいはサービスを提供される前に、自分のニーズを正確に伝える。ここまで完璧にいかなくても、売り手と買い手がお互いに情報提供する、あるいは、完成した商品が売られる前に、商品が生まれた背景や原料や製造方法が買い手に情報提供される、こうした「協働」ないし「共有」プロセスは、満足を高める効果が大いに期待できます。
　まず、このプロセスの共有そのものが「期待」を醸成させるでしょう。提供される商品やサービスに対する認知的不協和も低減されるでしょう。共有プロセスは、従来、購買コストとして認識されたもののコスト意識を低減させ、場合によっては、コストではなく「購買から得られる効用」と感じさせることも十分にありうるでしょう。例えば、蕎麦屋さんで、注文してから目の前に運ばれるまでの待つ時間は、普通でしたらコストでしょうが、手打ちを目の前で見ながらであれば、その調理プロセスの共有はも

221

はやコストではないのではないでしょうか。

　図表9-1、および図表9-2において、AMA ならびに私のマーケティングの定義にも「関係性」というキーワードがありましたが、プロセスの共有は関係性の一つであり、どのような、また、どのようにして関係性を構築していくか、これこそ極めて需要な課題であり、実はこの関係性を構築することこそがマーケティングの目的と言ってもよいでしょう(注47)。

3．期待を高めることの意義

　本書は、購買促進を中心に解説してきたことは言うまでもありません。この終章では、新しいマーケティングの3つのキーワードである、「期待」「購買促進」「満足」のうちの残る2つのキーワードについても解釈を述べておきます。「満足」の次は、「期待」について触れておきましょう。

　図表9-16は2つの消費者行動モデルです。

図表9-16 AIDMAからAISASへ

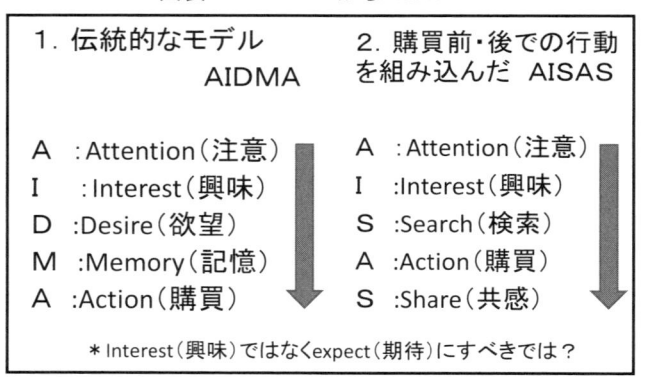

```
1. 伝統的なモデル           2. 購買前・後での行動
        AIDMA              を組み込んだ AISAS

A ：Attention（注意）      A ：Attention（注意）
I ：Interest（興味）        I ：Interest（興味）
D ：Desire（欲望）          S ：Search（検索）
M ：Memory（記憶）          A ：Action（購買）
A ：Action（購買）          S ：Share（共感）

    ＊Interest（興味）ではなくexpect（期待）にすべきでは？
```

　AIDMA（アイドマ）…気がついて（A）、興味をもち（I）、買いたいと思い（D）、一旦記憶して（M）、購買（A）する。

　AISAS（アイサス）…広告代理店の電通が提唱するモデルです。AIDMA と違う点は、調べる（Search）、共感（Share）であり、自分の買物が正しかったのか確認します。特にネット時代、かつ、関与度の高い商品に適していると言われています(注48)。

　両者の違いは明白ですが、しかしながら、最初の Attention（注意）と Interest（興味）は同じなのです。そして。AIDMA では、Interest の次

がDesire（欲望）であり、AISASではInterestの次はSearch（検索）へと結びついています。両モデルともに興味が湧くと欲望あるいは検索へ直接結びつくと教示しているのですが、やや違和感を覚えるのです。買いたいと思う、あるいは、買うことを想定して情報検索するに至るには、興味以上の何かがなければならないのでは、と思うのです。

私は「興味」では不十分で、「期待：expect」が重要だと思っています。「興味」や「期待」は、新しい情報に対する何らかの反応であることは事実ですが両者には違いがあります。図表9-17にまとめてみました。

図表9-17　興味と期待の違い

興味	期待
共通：新しい情報への反応	
1. 期待の前の感情	1. 興味の後の感情
2. 好奇心	2. 自己利害との関係
3. 情報の入手のみ	3. そのものの入手可能
4. 客観的判断	4. 主観的判断

期待は、①興味を持った後の感情であり、②自己利害との関係（自分や家族が使ってみたらどのような意味があるのか、使った場面で自己との利害との関係で感じること）で感じることであって、単なる好奇心ではない、かつ、③入手出来ることの可能性が見えてきた時の感情であって、入手出来ないと判断されれば、欲望にも検索にも結び付かない。そして、④主観的判断（自分の主観をもとに判断）を行っている、という点において、興味とは決して同じではないと考えます。

ただし、興味がすぐさま期待になる場合もあるでしょう。最寄品であれば、情報入手した段階で、すぐに興味を通り越し期待に移ることも想定できます。しかしながら、その場合においても、興味から期待への変換スピードが極めて速かっただけと考えることが出来ます。第4章で説明したような「情報創造」要素を大いに含んだ新製品においては、興味を十分に高めておいてから期待へ変換しないと「情報削減」出来ないまま終わってし

まう可能性が高くなります。

　別の説明の仕方をしてみましょう。高い情報創造が成功する商品やサービスに不可欠であり、巧みな情報削減を伴って、長期記憶に収納されるということを図表4-11において説明しました。興味から期待へ変換するプロセスがまさにこのことを意味しています。

　さらに、記憶との関係で期待を説明すると理解しやすくなります。図表9-18にまとめてみました。主観的な判断を行うということは、長期記憶の中に情報が取り込まれた上での判断を意味しています。したがって、興味で終わる場合というのは、長期記憶に入り込まないで短期記憶で終わってしまったか、長期記憶の既存の情報と結びつくことが出来なかったと考えられます。

図表9-18　記憶と期待の関係

```
1.　長期記憶：通常の会話での「記憶」
　　短期記憶：その場で活性化した記憶の一部

2.　期待を高める＝長期記憶に新しい情報が入り、
　　　　　　　　　既存情報と関連付けられ、新たな意味を持つ

　　→「新しい」情報でなければ、期待にはならない

3.　期待が行動に結びつく
　　　　＝短期記憶にスムーズに長期記憶から情報を引き出す

　　→引き出しやすい形で長期記憶に入れる
　　→より多くの関連性＋より強い関連性
```

　また、期待が欲望（D）へ、あるいは検索（S）へ移る（図表9-8で示せば期待が態度を変容させ、行動へ結びつく）ためには長期記憶から短期記憶にスムーズに情報を引き出さねばならず、より引き出しやすい形で情報を長期記憶に入れる（例えば、CMでパッケージデザインを印象づけるのは、売場でパッケージを見ることが購買のきっかけとなることを意図した方法）、あるいは、より多くの関連情報と結びつけて、引き出しやすい状態で長期記憶に入れる必要があります。図表4-12以降の説明を改めて参照してください。

　期待と記憶の関連について触れましたので、同様の視点で、伝統的なマ

終章　新しいマーケティングの発想と方法

図表9-19　マーケティングが機能しない原因

1. 期待を高めるような新しい情報ではなかった
2. 期待の高め方に問題があった
3. 長期記憶からの情報の引き出しが不十分

態　度（長期記憶）　→情報の引き出し→　行　動（短期記憶）

図表9-20　期待を高める情報提供方法

1. 購入前に情報を流す
2. 少しずつ情報を流す
3. より具体化して行く
4. 「満足」している内容を示す
5. 不完全な情報で留まる（全部見せない）
→購入し、消費して情報が完全化する

ーケティングが機能しなくなった原因を考えてみます（図表9-19参照）。「態度」は「長期記憶」におけるそのブランドやお店への情報の塊です。買う・買わないという「行動」は「短期記憶」における情報処理の結果です。長期記憶から短期記憶に情報を送り出していることを、この図の矢印は示しています。

したがって、伝統的なマーケティングが機能していない原因は3つに分けられます。①そもそも期待に程遠い情報だった、②期待の高め方に問題があった、③期待を持ってもらったが、短期記憶への送り出し方（短期記憶での情報の引き出し方）が上手でなかった、のいずれかとなります。

実際に行われている期待を高める効果的な情報提供の仕方をまとめてみ

ました。図表9-20です。購入前に情報を少しずつ流し、少しずつ具体化していきます。そして、使った人が満足しているので使いたいと思わせて、不完全な情報に留めるのです。全部見たかったら購入し、消費して初めて情報が完全化します。

　スーパーマーケットを例に挙げると、クリスマスケーキやおせち料理など、大きなイベントがある時には事前に少しずつ情報を流しています。そして段々と情報量を多くしていることに気が付きます。すでに試用するなり、あるいは体験した人が「満足」している状況を伝える情報提供は、認知的不協和を抑える効果も期待できます。そして、購入して、消費して初めて完全に理解できる、というがポイントでしょう。そのためには、あえてすべての情報を購買前に提供しないのです。

　また、最後に強調しておかねばならないことがあります。これまで期待を高めることは店舗外での情報提供が想定されていました。満足を高めるためには期待を高めることが重要だと言いましたが、その期待は店舗内でも、否、店舗内だからこそ、購買という行動が起こる直前において、よりリアルな空間において、実際の商品やサービスを目の前にして具体的に期待を高めることが出来るのです。ゆったりとした買物をするお客様の買上点数や金額が高い背景には、決して迷っているのではなく、その時間をコストと考えることなく期待を高めることに費やしているからではないかと思っています。この点は仮説であって、まだ証明されていません。今後の研究課題とさせて下さい。

まとめに変えて：買い手と売り手の協働を

　マーケティングに関わる世の中の変化とそれにどのように対応していくべきか、を本書のまとめに当てたいと思います（図表9-21参照）。
　① 例えば、コンビニエンスストアのお弁当や淹れ立てのコーヒーを見ると、どこまでが生産でどこまでが流通なのでしょうか。「流通加工」という言葉は昔からあるのですが、誰がつくって誰が流すのかという境界が希薄化しています。PBもまさに典型的なこの産物です。
　② 売り手と買い手の情報格差がなくなってくることにより、売り手の事情だけではなく、買い手との関係も変わってきます。ですから、売り手

終章　新しいマーケティングの発想と方法

図表9-21　マーケティングの新潮流からの示唆

1. 生産と流通の境界の希薄化
2. 売り手と買い手の「情報格差」の縮小
3. 製品ではなくサービス需要の拡大
4. ネット情報探索と個人のネットワーク化

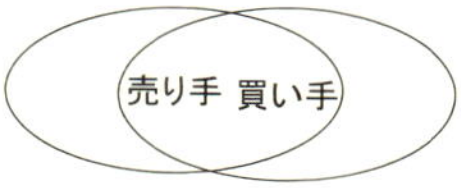

⬇

協働関係の相互構築への参画と
　協働プロセスにおける貢献の共有、の重要性

（売り手　買い手）

⬇

プロセスの共有と継続的関係→より強固な満足の維持

が買い手をますます操作が出来なくなっています。

　③　モノだけではなく、サービスが増えていき、それにお金を費やします。モノ＋αのサービスをどのように加えるのかで売り方も大きく異なってきます。

　④　小売店頭で情報を入手することが購買の前提でした。ネットの普及はそれを前提としなくなりつつあります。逆説的にいえば、だからこそ情報発信力のある店舗であって、同時にオンライン・ショッピングも可能であれば、色々な手段で個人を取り組むことが可能となってきます。

　キーワードは「協働関係の相互構築への参画」です。売り手側からの仕掛けだけではなくて、買い手側からも参加するのです。そして、協働プロセスにおいて、お互いに貢献しているという実感を共有します。生活協同組合の発想はここにあります。売り手と買い手が相互に交わる様なイメージです。

　これまでは考え方・発想として、関係性、継続性を重視し、プロセスを共有することの価値は認識されていたものの、実践出来ていたかというとはなはだ疑問です。しかしながら、もう待ったは掛けられません。どのようにしたら良いのか分からないで、手をこまねいていた人もいるでしょう。そのための武器・道具もなかったのですが、それが急速に可能となってきたのです。その一つが、ID付きのカードシステムですし、もう一つがスマートフォンでしょう。

そのためにも、まずは「期待」、「購買促進」、「満足」の３つのキーワードをどのようにすれば効率良く回せるのだろうか、回っていないとすれば、どこに問題があるのだろうか、と考えてみてください。本書がそのためのヒントを提供することに、多少なりともお役に立てたならば幸いです。

注釈

【第1章】
注1：「商業統計」は「商業の国勢調査」とも呼ばれています。概要から詳細なデータまで閲覧することが出来ます。平成9年（1997年）以前は3年ごと、以後は5年ごとに本調査を行い、その中間年に簡易調査を行っています。この調査結果を時系列で把握することによって、我が国の商業に移り変わりを知ることが出来ます。http://www.meti.go.jp/statistics/tyo/syougyo/
　また、「経済センサス」はこれまでの産業分野ごとに各府省により異なる年次及び周期で実施されていたのを改めて包括的に全産業をカバーし、経済活動を同一時点で網羅的に把握する統計情報を整備する趣旨から実施が決まり、平成21年（2009年）に第1回の調査が行われ、この関係から平成21年より従来の「商業統計」が中止となりました。平成26年からは「経済センサス－基礎調査商業統計調査」と呼ばれ、7月1日から実施されました

注2：2012年（平成24年）国内市場 EC（エレクトリック・コマース）市場は9兆5130億円。この数字は企業が個人に売る「B to C」のみで個人対個人の「C to C」は含まれません。含めれば2013年のその数値は一気に16兆円に膨らみます。そして2015年には20兆円を超えるといいます。『日経ビジネス』2014.08.11・18合併号No.1753、29ページ。

注3：流通の歴史に関わる記述は、田島義博（著）(2004)『歴史に学ぶ流通の進化』日経事業出版センター　から学んでいます。流通をタテ（歴史）とヨコ（国際比較）から論じており、専門書ですが分かりやすく解説してあります。

注4：それぞれの象限に当てはまるであろう業務を例示しておきましょう。左上には、物流関連の業務が当てはまります。卸売機能の基本といってもよいでしょう。右上には、メーカーに代わって売場活性化のお手伝いをする業務、いわゆるリテイル・サポートを称される業務がここに、また、左下には、小売業に代わって売場の維持管理を行う業務が当てはまります（この業務に特化した卸売業をアメリカでは、サービス・マーチャンダイザーと呼んでいます）。右下は、有益な情報提供、さらには、本書で提案するISM（インストア・マーチャンダイジング）・ISP（インストア・プロモーション）ノウハウの提供はこの位置の業務となります。

注5：1962年（昭和32年）に出版された2冊の書物が話題を呼ぶことになります。
　田島義博（著）(1962.10)『日本の流通革命』日本能率協会
　林周二（著）(1962.11)『流通革命』中央公論社
　その後、林はさらに林周二（著）(1964)『流通革命新論』中央公論社　を出版しています。

この当時の議論は今読んでも示唆深いと思います。

なお、田島は自著を出版する前にウォルター・ホービング著、田島義博訳（1962.5）『流通革命』を出版しています。ご参考まで。
注6：田島義博（編著）(1989)『インストア・マーチャンダイジング：流通情報化と小売経営革新』ビジネス社　本書は、ISM（インストア・マーチャンダイジング）という言葉を紹介した最初の書物です。小売科学ともいうべき新しい視点を提示しました。全9章のうち2章を私も執筆しています。同年に発刊された田島義博・青木幸弘（編著）(1989)『店頭研究と消費者行動分析：店舗内購買行動分析とその周辺』誠文堂新光社　は店頭研究の重要性を世に問うことになります。全13章。ここでも私は2章担当しました。私の店頭研究スタートともいうべき記念すべき2冊です。

【第2章】
注7：http://www.bedbathandbeyond.com/#　Bed Bath & Beyond（ベッド・バス・アンド・ビヨンド）は、1971年に設立され、今日アメリカの全土およびカナダに展開しているチェーン店です。キッチン・寝室・ダイニング・バスに関連した商品を取り扱っています。
注8：経営学には「全体最適」と「部分最適」という二つの概念があります。全体のことは考慮せずに、特定部分だけ良ければそれでよいと考えることを部分最適といい、他方、個々の部分を調整して、場合によっては特定の部分を犠牲にしても全体のバランスを考慮して、全体としての最適化を考えることを全体最適といいます。
注9：拙著（2011）『購買情報処理意欲逓減仮説の検証と示唆～入店後の買い物意欲の変化と売場の対応方法～』(財)流通経済研究所『流通情報』No488、86～100ページ。
注10：「移行ゾーン」については下記を参照。パコ・アンダーヒル(著)（2001）『なぜこの店で買ってしまうのか：ショッピングの科学』早川書房、55～65ページ。この書物でも店内における滞在時間の長さに着目しています。読みやすい書物です。
注11：ここにおける調査の詳細は下記を参照願います。
拙著（2011）「買物効率と購買成果の関連について～これからの店舗施策の方向性を求めて～」『沖縄大学法経学部紀要』第16号、43～67ページ。
注12：Vance Packard(1957), *The Hidden Persuaders*, Longman Group Limited　P.110.（林周二(訳)（1958）『かくれた説得者』ダイヤモンド社）があります。深層心理から様々な示唆を与えてくれた名著です。今読み直しても古さを感じさせません。

注13：拙著（2000）『店舗内購買行動とマーケティング適応』千倉書房、115～145ページ参照。

【第3章】
※図表の出所に(公財)流通経済研究所と記載されているものは、同研究所で主催された共同研究機構での研究成果を反映しています。その成果のいくつかは、(財)流通経済研究所(編)（2008）『インストア・マーチャンダイジング：製配販コラボレーションによる売場作り』に収録されていますので、本書とともに購読されることをお勧めいたします。
注14：本章で紹介される売場の優劣に関する研究は、インストア・マーチャンダイジング研究のベースとなる研究であるといっても過言ではありません。多くの調査・研究が小売業とメーカーの共同によるものが多く、双方の興味が重なる点がまさに「売場の優劣」の発見だったのです。そうした研究を主催し、今日に至っているのが、(公財)流通経済研究所にほかなりません。本章の基本的な研究成果はすべて同研究所によるものです。
注15：売場で優位置に商品を置いてもらうために、メーカーは棚割り提案をするのですが、必ずしも優位置を獲得できるとは限りません。特に、2位、3位以下のブランドでは、劣位置に甘んじることもしばしばあるのが実態です。そうした際に劣位置であっても露出力を高める補助機材・什器が役にたちます。什器そのものを開発して提案することさえあるのです。化粧品業界では特に多いようです。

【第4章】
注16：本書では、「購買」と「購入」は同じ意味で使用しています。どちらの言葉を使用しても差し支えありませんし、本書でもあえて統一していません。
注17：2001年4月～2004年3月、関東に店舗網をもつ食品スーパー3店舗をモデル店舗とした共同研究会（非公開）での調査結果の集計。サンプル数777名。
注18：注3の書籍の167～170ページ　など。
注19：青木幸弘・新倉貴士・佐々木壮太郎・松下光司(著)（2012）『消費者行動論：マーケティングとブランド構築への応用』有斐閣アルマ、143ページなど。認知心理学者のG. A. ミラーが唱えた瞬間的に捉えられる情報量の限界が「7±2」という説ですが、これを提唱したのが1956年とのこと。先のパッカードも1950年代でした。この当時の心理学研究は今に生きています。
注20：「情報削減」「情報創造」に関わる記述は、明治大学大学院グローバル・ビジネス研究科教授上原征彦氏にご教示いただいています。

【第 5 章】
注21：マインド・シェアは「認知度」、ハート・シェアは「好感度」を反映するものですが、購入し、満足度の高い商品に対してのそれぞれのシェアは未購入時点のそれよりアップするであろうことが想像できます。特に、「また買ってみたい」と思う商品のハート・シェアがアップするのは「行動」によって「態度」が強化されたことを意味します。終章参照。
注22：価値および満足については、下記を参照して下さい。
フィリップ・コトラー、ケビン・レーン・ケラー（著）恩蔵直人（監修）月谷真紀（訳）（2008）『マーケティング・マネジメント：第12版』ピアソン・エデュケーション、171～213ページ。
注23：下記から教示を受け、一部修正しました。
田島義博（著）（1977）『成長と膨張』産業能率大学出版部、32～34ページ。
注24：注9の拙著の86～100ページ。
注25：注17における調査結果。
注26：注9に記載の実験実施時の補足的調査として実施。

【第 6 章】
注27：注19の書籍の65～70ページなど。
注28：注13の拙著の71ページ。
注29：注17における調査結果。注13の拙著の57～89ページ参照。
注30：注13の拙著の97～114ページ参照。
注31：明治大学大学院グローバル・ビジネス研究科教授上原征彦氏にご教示いただいています。

【第 7 章】
注32：注13の 拙著の97～114ページ参照。
注33：拙著（2009）『売場における諸刺激と購買意思決定』創価大学経営学会『創価経営論集、第33巻第1号、13～22ページ。
注34：ブランド選択者23.0％のうちの17.3％、およびブランド非計画であった購買者48.7％のうちの16.3％が「広告想起」購入。サンプル数全体を母数とすると、17.9％が「広告想起」購入であった。
注35：注9の拙著の86～100ページ。
注36：注11の拙著の64～66ページ。
注37：買物最中の「独白」を研究した阿部の下記の論文にも「消費の脈絡」を想起する消費者が描かれている。
阿部周三（1983）「消費者行動分析の新展開：プロトコール・データの分析方

法」『マーケティング・ジャーナル』(社)日本マーケティング協会、第3巻第3号、24〜32ページ。
注38：注17における調査結果。
注39：注17における調査結果。
注40：注13の拙著の86〜100ページ。注11の拙著の77〜79ページ。
注41：この分析は当時創価大学大学院経営学博士前期課程に所属していた寒川明彦氏の試行錯誤の成果です。

【第8章】
注42：新規顧客を獲得するには、既存顧客の5倍のコストがかかるといわれ、「1：5の法則」などともいわれています。この他、顧客離れを5％改善すれば、その利益率は25％改善されるという、「5：25の法則」も存在します。P．コトラー（著）恩蔵直人（監）大川修二（訳）(2003)『コトラーのマーケティング・コンセプト』65ページ、17ページ。同書60ページには、下記のような記述もあります。「企業のマーケティング予算の実に70％が新規顧客の獲得に費やされている。ところが収益の90％は既存顧客からもたらされている」「新規顧客の獲得に躍起になり、既存顧客を顧みない企業の場合年間の顧客離反率は10％から30％になる」。P．コトラーは注22の書籍の248ページで「購買後の行為」の中で「満足した顧客」について述べています。
注43：拙著（1991）「消費者情報処理特性とマーケティング適応」(社)日本マーケティング協会『マーケティング・ジャーナル』第11巻第1号、4〜15ページ。
注44：注22の書籍の65〜74ページなど参照。

【終章】
注45：注22の書籍の2〜41ページを参照してください。
注46：注19の書籍の282〜284ページなど。
注47：「価値」と「関係性」という2つの視点から体系的にまとめられた下記文献が参考になるでしょう。
　　青木幸弘（編著）(2011)『価値共創時代のブランド戦略－脱コモディティ化への挑戦－』ミネルバ書房。
注47：注19の書籍の131〜133ページなど。

おわりに

　私が売場や購買者に興味を持った経緯を紹介せずに本書を閉じることはできないでしょう。そもそも、この種の研究との出会いは、学習院大学経済学部３年の時に履修した田島義博先生の「商業経済論」と「マーケティング論」の授業でした。当時のことを今でも覚えていますが、目から鱗の内容でした。「実学」とはこうことを意味するのだ、と実感しました。小売とか営業とか商品開発とか、すぐにでも実務の世界に飛び込んで行きたかった気持ちを抑えて、もう少し勉強したい、と同時に思ったのです。その理由は、あまりにも自分が何も知らない、知らなすぎる、ということを悟ったからです。事実、実態を説明することはできても、「なぜ、そうなのか」、その背景や理由や理屈を説明できないのです。

　当時は就職に困ることはなかったのですが、私は迷わず、大学院への進学を考えました。一か八かの受験でしたが、強運に助けられて早稲田大学大学院商学研究科で、宇野政雄先生の元で２年間を過ごすことになります。私が興味を持ったテーマは「流通チャネル」です。メーカー、卸売業、小売業がともに成長するための条件は、ただ一つ、「売れるしくみづくり」を構築できるか否かです。その仕組みの最前線に「売場」があるわけですし、「売場」から発想して、強靭な流通チャネルを構築できれば、高い生産性を実現・維持できるでしょう。そうすれば、誰よりも、そうした流通の恩恵を消費者が享受するであろうし、消費者の支持を得た小売業、卸売業、メーカーは間違いなく成長するはず、と極めて単純に考えました。

　そう考えた私は、大学院の修士課程を修了すると迷わずに、株式会社イトーヨーカ堂に就職しました。今では考えられませんが、無試験でした。大学院を出たからでしょうが、いきなり本社の企画室勤務。小売業のことなど何も知らないし、何も売った経験もないのに採用・起用していただいたのは嬉しいやら不安やら。盆暮れの売り出しの手伝いなど、売場に出ることが楽しくて仕方ありませんでした。経験がないから、売場で見聞きするすべてのことが新鮮でした。まったくの素人でしたが「こうしたらもっ

と売れるかも」と考え始めた時に、私の人生を変える出来事が起こるのです。

　それは、本書でも紹介した POS の導入です。世の中では、セブンイレブンの POS 導入が先駆的のように紹介されていますが、実は、その前にイトーヨーカ堂の２店舗で本格的な導入実験が行われていました。そのスタッフとして企画室の代表としてプロジェクトに参加し、様々なデータ活用の方法を模索し、全店導入の準備をしていました。実は、この時に、小売業だけでなく、メーカー、卸売業も POS データの活用をマーケティングに活かすことが必須であると説いたのが田島先生で、先生が理事長をなさっていた財団法人流通経済研究所が主催して、イトーヨーカ堂とメーカー、卸売業による共同研究プロジェクトを発足させたのです。

　このプロジェクトでは研究成果をまとめることも重要ではありましたが、何よりも、実務で実践できるノウハウを蓄積することが求められました。小売業の立場の人間として、小売業に蓄積せねばならないノウハウとはそもそも何なのだ、と自問し先輩達に教えを乞う日々でした。当時の商品部（仕入れに関わる方）、販売部（店舗の運営に携わる方）の方々に聞き、教わりました。

　POS は偉大な道具だと思いました。諸先輩の方々の仕事のやり方を大きく変革することが出来る、と確信しました。しかし、同時に、大きな限界を感じました。それは、あまりにも、私たちはお客様、消費者、購買者のことを知らな過ぎる、ということです。何が売れたかは、POS が教えてくれますが、なぜ売れたのか、なぜ売れないのかは教えてくれないのです。特に「店舗内の購買行動」に関しては、研究自体あまり進んではいないとのこと。私は決心しました。ちょうど30歳のときでした。恩師の研究所への転職を願い、その時に、タイミングよく設置された学習院大学大学院経営学研究科博士後期課程への進学を決めました。強運でした。第１位の成績で合格したのです。受験者は私一人だったようですが。

　流通経済研究所へ入所してからは、矢継ぎ早に日本を代表する小売業を組織化し、メーカー、卸売業を巻き込んだ研究プロジェクトを立ち上げていきました。「仮説」を立て調査・実験し、立証するという一貫した研究スタイルでした。当時の先輩・同僚達と共に築き上げてきた研究成果の一端が本書でも随所に紹介されています。これらのプロジェクトは、本来ク

ローズの研究でしたが、研究成果をプロジェクト参画企業の方々が実務で実践され、また、様々な波及的な研究がオープンにされるにしたがって、次第に世の中に普及していくようになりました。(財)流通経済研究所自身も、2008年に『インストア・マーチャンダイジング』(日本経済新聞出版社刊)と題してそれまでの研究の一端をオープンにした書物を発刊するに至っています。

　イトーヨーカ堂に在籍していたのは7年間、流通経済研究所に正規に在籍していたのも7年間、次に待っていたのは大学からのお誘いでした。創価大学の江口雄一郎経営学部長が直々に研究所にいらっしゃって「うちに来て研究し、教育してください」と熱く語られた姿は今でも覚えています。あの日から18年間(実は7年で辞めようと考えていたのですが)、居心地の良い場所と素晴らしい学生・院生に囲まれ、また様々な研究機会に恵まれてきました。同時に、流通経済研究所の時にクライアントであった企業の方々とは今日に至るまで公私に渡りお付き合いいただけていることに感謝したいと思います。常に彼らには刺激され続けています。

　沖縄大学に転職した経緯は、極めて明快です。沖縄が大好きになってしまったからです。

　沖縄に永住したいと思っていたら、沖縄大学でマーケティング担当教員の募集があったのです。これまで同様、一か八かの応募でしたが、人生何度目の強運なのでしょうか。沖縄での研究・教育をスタートさせることになったのです。本土の小売業と比較して、やらねばならない課題が山積みであるというのが正直な感想でした。しかし、沖縄を変革できれば、日本を変えられると直感的に思ったあの日を覚えています。

　その私が、現在では東京の下町の大学に在籍することとなりました。東京未来大学といいます。いろいろな事情はありましたが、「モチベーション行動科学部」という新たなコンセプトを立ち上げた大学に興味を大いに惹かれました。そして、大いに期待しています。考えてみれば、私がこれまで研究してきたのは「買う気」というやる気に他なりません。学際的にモチベーションを研究し、教育するという環境の中で、これまであまりお付き合いのなかった学会の先生方から、新たな知見や発想がいただけるはずと信じています。次の出版の機会があれば、新たな視点で「購買の科学」が組立てられているはずです。

この大学が、福島県双葉町出身の私の母が今も一人で住む実家に最も近い大学である、というのはおそらく神様の仕業かもしれません。それはもしかしたら、沖縄ニライカナイの神聖な神々かもしれません。

著者
渡辺　隆之(わたなべ　たかゆき)
1954年東京に生まれる。1977年学習院大学経済学部卒業、1979年早稲田大学大学院商学研究科博士前期課程修了。(株)イトーヨーカ堂(企画室)を経て、1986年(財)流通経済研究所入所。1991年学習院大学大学院経営学研究科博士後期課程修了。この間に、流通経済研究所にて主席研究員、理事を経て、1992年創価大学経営学部勤務、2000年創価大学経営学部教授。東京経済大学、東京理科大学などで講師。2011年沖縄大学法経学部教授。
2012年4月より東京未来大学モチベーション行動科学部教授、現在に至る。沖縄大学客員教授。
主たる著書：
『インストア・マーチャンダイジング』共著、ビジネス社、1989年。
『店頭研究と消費者行動分析』共著、誠文堂新光社、1989年。
『変革期の流通』共著、日本経済新聞社、1995年。
『店舗内購買行動とマーケティング適応』単著、千倉書房、2000年。
『セールス・プロモーションの実際　第2版』共著、日本経済新聞社、2011年。

〈沖縄大学地域研究所〉
1988年設立。250名余りの研究所員・特別研究員が所属し、多岐にわたる研究活動を行っている。沖縄大学の理念である「地域共創・未来共創」の下、一般に向けて「土曜教養講座」「移動市民大学」等の公開講座も運営。

売場の科学(うりばかがく)
——セルフサービスでの買い方と売り方——
〈沖縄大学地域研究所叢書〉

2014年11月29日　第1刷発行

著　者
渡辺　隆之(わたなべ　たかゆき)

発行所
㈱芙蓉書房出版
(代表　平澤公裕)
〒113-0033 東京都文京区本郷3-3-13
TEL 03-3813-4466　FAX 03-3813-4615
http://www.fuyoshobo.co.jp

印刷・製本／モリモト印刷

ISBN978-4-8295-0638-7